시칠리아 풍경

지중해 번역 시리즈 7

시칠리아 풍경

아서 스탠리 리그스 지음 | 김희정 옮김

산지니

역자 서문

번역을 통해 진정한 인문정신의 뜻을 고스란히 책 속에 담아내는 것이 독자들에 대한 예의라고 할 수 있다. 매번 번역할 때 가지는 역자들의 무게인 것이다. 이 책이 발간된 해는 1912년이다. 지금까지 시칠리아에 대한 역사서, 기행문, 여행 책자들이 봇물 치듯 쏟아져 나오지만 그 내용만은 이 텍스트의 언저리를 맴돌고 있는 수준이다.

시칠리아는 지중해에 피어난 진귀한 한 떨기의 꽃과 같은 곳이다. 아름다움과 황량함이 동시에 극치를 이룬 이곳은 갖가지 송가와 전설, 웅장하고 다채로운 건축물들로 가득한 신비한 땅이다. 그러나 시칠리아의 아름다움과 매력을 제대로 이해하기 위해서는 이 섬에 녹아든 역사를 먼저 알아야 한다. 하지만 웬만한 외국인은 시칠리아의 역사에 대해 아는 것이 별로 없다. 이상하게도, 지금까지 세계 역사에서 시칠리아가 차지해온 중요한 위치에 비해볼 때 아직까지 그 역사가 제대로 소개된 적이 거의 없다. 물론, 시칠리아 역사책이 아예 없다는 건 아니다. 그러나 이미 널리 알려진 일부 치열한 역사적 전투나 갈등상황 외에는 이 섬을 전체적으로 제대로 연구하려는 노력은 없었던 것이 사실이다.

이 책이 가지고 있는 가장 강력한 힘은 현재까지도 미치는 영향력이다. 기행문의 성격을 띤 이 책에서 여행자는 시칠리아의 풍경을 가벼운 어투로 전하고 있다. 그러나 첫 장부터 마지막 장까지 작가가 강조한 내용은 시칠리아 역사를 보는 관점이다. 사람과 상황, 시대,

사회적 조건에 따라 '역사'는 과거가 되기도 하고 당시의 현재가 되기도 하며, 앞으로의 미래를 전조하기도 한다. 그렇기에 저자가 들려주는 시칠리아의 풍경은 시칠리아 역사에 대한 과거의 현재 사이의 끊임없는 대화라 할 수 있다. '끝없는' 대화가 아닌 '끊임없는 대화'란 비완결성, 즉 과정으로서의 성격을 띤다. 시칠리아에 관한 기존의 여행서는 현재를 운운하며 과거의 위치보다 현재를 우위에 두고, 기존의 역사서는 과거와의 대화에 몰입해 현재와 미래를 돌아보는 한계를 보였다. 그러나 100여 년 전 발간된 이 저서가 오늘날까지 시칠리아를 제대로 보게 한다고 평가받는 이유는 바로 과거와 현재, 미래를 모두 동일한 시간 개념의 일부분으로 간주하고 연결하고 있기 때문이리라.

저자는 지중해 주변에서의 온갖 볼거리들이 시칠리아라는 섬에 어떻게 집결되어 있는지, 동시에 이 섬의 사람들이나 그들의 풍습, 건축물, 언어 등이 어떤 영향 아래 형성되고 그들만의 문화를 이뤄내고 있는지를 설명하고 있다. 저자가 섬 전체를 돌아다니며 직접 경험한 내용을 생생하게 전달함으로써, 여행자들뿐 아니라 시칠리아 사람들에게마저 이 섬에 대한 역사성과 호기심, 설렘을 제공하고 있다.

누구나 저마다의 시칠리아를 품에 가지고 있을 것이다. 시칠리아를 만나는 모든 이의 특별한 순간을 공유하고자 하는 이 책의 매력 속으로 동행해보자.

2015년 6월
김희정

차례

역자서문   5

들어가며   9

1   발견   21

2   팔레르모(Palermo)   36

3   소멸의 밤   50

4   성당   63

5   궁전과 사람   78

6   파노르모스(Panormos) 평지   95

7   섬 주변   108

8   시라쿠사(Syracuse)로 가는 길   127

9   항구와 아나포(Anapo) 강   142

10   시라쿠사(Syracuse), 펜타폴리스(Pentapolis)   152

11   카타니아(Catania)와 에트나(Ætna) 산   168

12   타오르미나(Taormina)   181

13   일부 산의 원경   192

14   빛과 그림자   205

15   도시의 옛 모습   217

16   북쪽 해안   225

17   서쪽 해안   242

18   안녕, 시칠리아여!   255

들어가며

시칠리아는 지중해에 피어난 진귀한 한 떨기의 꽃이다. 돌출하여 우뚝 솟은 북쪽의 거친 절벽이 층층이 누워 있는 여러 겹의 산을 따라 완만하게 남쪽으로 기울어지고 마침내 황금빛으로 빛나는 남부의 해안으로 부드럽게 잦아든다. 시칠리아는 전체적으로 거대한 삼각형 모양을 하고 있고 삐죽삐죽 곤두선 가시 같은 무수한 산봉우리들이 국토의 전 면적을 덮고 있다. 도처에 활짝 만개한 꽃들과 햇살에 물줄기를 반짝이며 빠르게 흐르는 급류를 쉽게 찾을 수 있고 대기에는 향긋한 꽃향기가 가득 차 있다. 시커멓게 입 벌린 지옥문 같은 어두운 동굴들에서는 숨이 막혀 컥컥거리는 광부들이 저 밑 지하 세계에 터 잡은 옛 신들의 궁전으로부터 세계의 유황을 실어 나른다. 해안가에 부서지는 유백색의 파도 거품은 마치 레이스 장식처럼 섬의 가장자리를 하얗게 장식하고 있다. 아름다움과 황량함이 동시에 극치를 이룬 이곳은 갖가지 송가와 전설, 웅장하고 다채로운 건축물들로 가득한 신비한 땅이다.

그러나 시칠리아의 아름다움과 매력을 제대로 이해하기 위해서는 이 섬에 녹아든 역사를 먼저 알아야 한다. 하지만 웬만한 외국인은 시칠리아의 역사에 대해 아는 것이 별로 없다. 이상하게도, 지금까지 세계 역사에서 시칠리아가 차지해온 중요한 위치에 비해 볼 때 아직까지 그 역사가 제대로 소개된 적이 거의 없다. 물론, 시칠리아 역사책이 아예 없다는 건 아니다. 그러나 이미 널리 알려진 일부 치열한 역사적 전투나 갈등상황 외에는 이 섬을 전체적으로 제대로 연구하려는 노력은 없었던 것이 사실이다. 투키디데스는 자신의 저서 『펠로폰네소스 전쟁사』에서 아티카 군대를 쓸어버리고 시칠리아를 세계 최강국 반열에 올려놓은 계기가 되었던 유명한 전투를 주옥같은 필체로 묘사하고 있다. 훗날 반기독교 시대에 접어들어 시칠리아 출신의 철학자 디오도로스도 나름대로 시칠리아의 역사에 대해 집필했다. 이것이 그나마 지금까지 이 섬에 대해서 우리에게 남겨진 정보의 주된 원천이다. 근대에 들어서는 역사가인 그로트(Grote)와 크로티우스(Curtius)가 각각 그리스 역사를 집필하는 과정에서 각자의 관심 분야와 관계된 부분에 한해 시칠리아를 설명했다. 또한, 영국의 역사가 프리먼(Freeman)은 미완성으로 끝난 그의 기념비적인 저서에서 선사시대부터 아가토클레스(Agathocles) 통치기까지의 시칠리아에 대해 그런대로 상세한 설명을 남겼다. 범위를 좀 더 넓혀보자면, 이탈리아의 아마리(Amari)는 사라센(Saracen) 제국 시대의 시칠리아를 신중하고 세련된 필체로 묘사했고, 갤리 나이트(Gally Knight)는 용맹한 노르만인과 그들의 멋진 건축물에 대해 간략하게 언급한다. 그러나 그 후로는 값어치 있는 기록은 거의 남겨진 것이 없다. 뿐만 아니라, 시칠리아 여행책자조차 다른 나라의 경우와 비해 턱없이 부족하기 때문에, 빈약한 정보 탓에 별 도움을 받지 못했던 미국인들은 자연스레 그들의 여행 일정표에서 이곳을 누락시켰고, 그 결과 오랫동안 이 파라다이스를 발견할 기회를 놓치게 되었던 것이다.

시칠리아에 대해서 사람들이 가장 흔하게 범하게 되는 실수는 이곳이 그저 막연히 이탈리아 인근 어딘가에 위치한 작은 섬이고, 주민 구성원도 대부분이 이탈리아인, 굳이 말하자면, 비밀 폭력단이나 거리의 악사, 이발사, 도랑 파는 사람, 그리고 나머지는 모두 부랑자 같은 악당일 것이라고 결론지어버리는 것이다. 확실히 시칠리아는 이탈리아에서 가깝다. 2마일밖에 떨어져 있지 않고 주민들 역시 그들의 국적이 이탈리아라는 점에서는 이탈리아 사람이 많이 사는 것도 사실이다. 그러나 유전이나 본능, 인종, 문화, 역사적 발전 같은 부분들을 따져본다면 모든 면에서 이들은 이탈리아 사람과는 거리가 멀다. 이는 한 가지 간단한 설명으로도 쉽게 알 수 있다. 아래 보이는 지도를 잠깐 살펴보면 지도에 보이는—수만 평방미터의 면적을 가진—삼각형이 동양과 서양을 가르는 지중해의 정 가운데에 위치할뿐더러, 유럽과 아프리카를 잇는 하나의 거대한 징검돌이라는 사실을 확인할 수 있다. 지중해를 문명세계의 경계로 삼았던 고대에는 이러한 지형학적 위치가 이 섬에게 특별한 정치적 의미와 중요성을 부여했다. 자연스럽게 시칠리아는 문명 세계의 중심이 되는 동시에, 주변의 나라들이 패권 전쟁을 벌일 때마다 우선적으로 차지하기 위해 싸우는 대상의 되었다.

전설에 따르면 맨 처음에 이곳을 차지했던 이들은 신들이었다. 신들 중 일부는 자비로웠고 또 일부는 매우 악의적이었다. 그들이 떠나고 나서 호머가 오디세이에서 언급한 라이스트뤼고네스, 사이클롭스, 로토파기 같은 거인족이 찾아왔다. '신화적 괴물'들이 모두 사라지고 난 후에는, 선사시대 종족인 시칸족(Sikans), 시켈족(Sikels), 엘리미안족(Elymians)과 같은 진짜 인간 정복자들이 나타났는데, 이들은 우리가 알고 있는 역사시대의 이민족과는 완전히 구별되는 다른 민족이다. 그중에서도, 로마와 투스카니의 선조와 분명 혈연관계가 있는 것으로 보이는 시칸족이 특히 주목할 만하다. 전설에는 그들이 기원전 1,100년경에 이탈리아 본토로부터 오늘날 메시나해협이라고 불리는 수로를 뗏목을 타고 내려왔다고 전해진다. 그들이 이곳에 오랫동안 거주하면서 중요한 장기 거주민이 된 탓에 이 섬에는 시켈리아(Sikelia)라는 이름이 붙게 되었고, 이 이름이 오늘날의 시칠리아(Sicily)로 변했다.

역사상 처음으로 이곳으로 이주해 온 이방인은 페니키아인이었다. 이들이 바로 구약성서에 나오는 가나인으로, 주로 티레와 시돈, 그리고 레바논 산과 지중해 사이에 위치한 좁고 기다란 저지대의 많은 소도시에 뿔뿔이 흩어져 살았다. 그들은 이스라엘인과 마찬가지로 히브리어를 사용했지만 무시무시하고 잔인한 신 바알과 아스다롯을 섬겼으며 당시 고대 세계에서 가장 용감한 뱃사람이자 교활한 무역상이었다. 티리언 퍼플 염료, 유리, 황금 보석, 그리고 자신들이 잡은 미개하고 원시적인 노예를 부려서 조각한 작은 조각상이 주요 거래 상품이었다. 페니키아인의 작은 범선은 지중해인에게 전혀 공포의 대상이 아니었다. 이들은 해안을 따라서 무역기지와 실질적인 식민지를 건설했다. 그중 하나인 타르시시의 가데스—현재의 카디즈—는 심지어 지중해의 입구를 지킨다는 헤라클레스의 기둥인 오늘날의 지브롤터 해협을 넘어 바다에 접해 있다. 페니키아가 시칠리아에 거주했던 정확한 연대를 추정할만한 단서는 아무것도 남아있지 않지만 시켈족이 들이 닥쳤던 12세기 초와 그리스인들이 도래했던 8세기 초 사이 어느 시기에 이곳에 살았던 것은 확실하다.

그리스인은 자신과 적대 관계에 있는 그리스어를 사용하지 않는 외래 민족들을 모두 '야만인'으로 통칭했다. 그러나 이렇게 불렀다고 해서 이방민족의 문명이 원시적이라는 것은 결코 아니다. 실제로 페니키아인들은 그리스는 물론 유럽의 모든 국가들을 훨씬 능가하는 수준의 발전된 제조기술을 갖추고 있었고, 그리스는 오히려 그들로부터 제조기술을 배워가기도 했다. 그중에서도 가장 중요한 것은 알파벳이다. 오늘날 유럽에서 사용되는 말하기와 쓰기와 관련된 기본 문자가 여기서 발전한 것이다. 알파벳을 발명한 것은 페니키아인들이 아닐 수도 있다. 어쩌면 단순히 그것을 다른 제조기술과 함께 더 머나먼 동방의 어딘가에서 가져온 것일지도 모른다. 그러나 그들은 알파벳을 널리 퍼뜨리고 가르치고 대중화하는 데 큰 공헌을 했고 우리는 그들에게 무엇으로도 갚을 수 없는 빚을 진 것이다.

세계 역사에서 중요한 역할을 하는 지역으로서의 시칠리아의 진짜 역사는 그리스인이 이 땅에 찾아온 때부터 시작되며, 그 독특한 불변의 매력이 빛을 발하게 되는 것도 이때부터다. 오디세이 시대처럼 아주 오랜 옛날부터 그리스인들은 시칠리아에 대해 거의 아는 것이 없었다. 그 놀라운 신화를 읽어본 사람이라면 페넬로페의 구혼자들이 변장한 오디세우스를 시켈인에게 팔아버리겠다고 위협했던 사실과 래르테스 노인에게 시켈인 여자 노예가 있었던 것을 기억할 것이다. 그러나 이는 사실 교활한 페니키아 상인이 모험심 많은 탐험가를 겁주어 쫓아낼 계산으로 이야기를 꾸며낸 것에 불과했다. 따라서 그로 인해 그리스인이 이곳에 최초로 정착하게 된 것은 아주 우연한 사건이었던 셈이다.

8세기 말, 폭풍에 휩쓸려 시칠리아에 도착한 이오니아 출신의 그리스인 테오클레스는 작은 배의 갑판에 서서 낯선 땅을 바라보았다. 고향으로 돌아가기에 앞서 잠시 이곳을 둘러본 그는 이 땅이 살기에 괜찮은 곳이며 다른 거주자들과 함께라면 쉽게 정복할 수 있겠다고 보고한다. 고국의 동료들은 그의 이야기를 듣고 마음이 움직였다. 그들은 상인이 아니라 식민지 개척자였다. 그 뒤 140년에 걸쳐 그들은 시칠리아 해안 지역 대부분—트리나크리아(Trinakria), 세 개의 프로몬토리스(곶, Promontories)—을 차지했고 곧 이 섬을 제2의 그리스로 만들었다. 실제로 코린스에서 온 도리아인에 의해 기원전 734년에 세워진 도시국가 시러큐스(Syracuse)는 훗날 지혜와 아름다움, 힘, 모든 면에 있어서 아테네와 어깨를 나란히 하는 강대국이자 경쟁자가 되었다.

시칠리아의 많은 독립된 도시국가가 거쳐온 격렬하고 지속적인 투쟁의 역사는 그들의 천재성을 자극하여 건축, 예술, 문자의 경이로운 발전을 초래하는 결과를 낳았다. 그리스 문명의 숭고한 순수함은 웅장한 신전에서 표현의 절정에 이르렀고 그 장엄함과 단순함은 능가할 것이 없었다. 오늘날 시칠리아에 남겨진 20개 정도의 경이로운 신전의 유적 모두가 동일한 스타일로, 대부분 엄청난 규모를 자랑한다. 현재 박물관에 전시된 조각가의 작품과 화폐 주조자의 주화를 예로 들자면, 소간벽 기둥은 신전 장식에 투영된 그리스 이상의 진화과정을, 그리고 주화는 그리스 본국에서조차 견줄 자가 없는 순수한 아름다움과 섬세함을 생생하게 보여준다.

여행객으로 잠시 머물거나, 아니면 남은 인생을 보낼 요량으로 시칠리아에 왔던 걸출한 그리스의 문학가들은 많은 불멸의 작품들을 남겼는데, 시모니데스와, 열광적인 동시대의 추종자들이 "순수하고 달콤하게 미소 짓는 바이올렛 왕관을 쓴 사포"라고 칭송한 사포, 예스러운 서정시로 초기 시칠리아의 역사를 서술한 핀다로스, 그리고 불멸의 시인이자 극작가인 아이스킬로스가 여기에 속한다. 만약 이들의 타고난 천재성이 절정에 이르렀다면 과연 어땠을까 하는 의문이 잠시 든다. 히메라 태생의 서정시인 티시아스는 서정시의 코러스를 만들고 나서 스테시코러스(Stesichorus)라는 별명을 얻었다고 전해진다. 에피카르모스(Epicharmus)는 희극의 창시자로, 특유한 시칠리아풍 희극을 만들어냈다. 그의 작품 중 일부는 신화를 다루고 있지만 대부분은 요리법에 관한 것이다. 그의 희극 「헤베의 결혼(The Wedding of Hebe)」은 식도락가들에게 당대 시칠리아의 맛있는 음식 목록을 제공한다. 시칠리아 사상가들 중 가장 뛰어났던 아크라가스 출신의 엠페도클레스는 의사이자 시인으로 유명해졌다. 필리스투스(Philistus), 그리고 아지리움 출신의 디오도루스는 일류의 반열에 오른 역사가들이다. 수학자 아르키메데스의 명성은 만고불멸하며, 시라쿠사 태생의 테오크리토스(Theocritus)는 목가적인 전원시를 세상에 최초로 선보였다. 언덕을 방황하는 목동이 양떼에게 불러주는 짤막한 노래의 선율은 몹시 아름답지만 이것은 그의 시대보다 수세기 이전에 있었던 경쾌한 노래의 패러디였다.

상인의 기질을 타고난 페니키아인은 그리스 식민지 개척자와 어떤 문제도 일으키지 않았지만 페니키아의 막강한 아프리카 딸, 카르타고가 성장함에 따라 카르타고는 이 비옥한 땅에 영구적인 발판을 확보하기 위해 길고 처절한 싸움을 시작했다. 마흔여섯 개의 국가와 연합한 페르시아의 크세르크세스가 모국인 그리스를 향해 진군하던 절체절명의 시기를 택해 카르타고는 공격을 감행하기로 결정했고 시칠리아는 어디서도 원군을 기대할 수 없었다. 그러나 "제우스는 바알보다 훨씬 강했다." 두 이방의 군주는—혹자에 의하면 같은 날— 시칠리아 히메라에서 카르타고 군대를, 살라미스에서 페르시아군을 각각 참패시켰다. 만약 이 전투가 일어나지 않았다면 유럽 문명은 지금과는 전혀 달라졌을 것이다. 카르타고는 비록 패하긴 했으나 완전히 괴멸되지는 않았다. 그들은 침략을 멈추지 않았고 이백 년 후에는 결국 에피루스의 왕 피로스가 시칠리아를 구하기 위해 그리스에서 건너와야 했다. 훗날 섬을 떠나면서 그는 이와 같은 예언을 남겼다고 한다. "내가 로마와 카르타고에게 남기는 이 땅은 끝없는 다툼의 땅이다!"

피로스가 옳았다. 다툼은 곧 첫 번째 포에니 전쟁으로 시작되었고 카르타고의 참패로 끝났다. 그들이 섬에서 쫓겨나자마자 로마인이 찾아와 정착했고 기원전 214년 무렵에는 섬 전체를 점령했다. 시칠리아는 로마의 첫 번째 속주가 되었으며 '뜨내기 야전 정부' 통치하에서 겪을 수 있는 최악의 쓴맛은 모두 맛보았다. 로마가 이룩한 평화로 수세기 동안 섬은 안정을 되찾았고 도시국가들은 더 이상 서로의 목에 칼을 들이대지 않아도 되었다. 그러나 이렇게 강요된 평화의 대가로서 아르카가스와 시라쿠스 등 기존의 번영하던 중심도시는 변변찮은 지방의 소도시로 몰락했고 지적인 발전은 멈춰버렸으며 로마가 통치했던 천 년 동안 시칠리아는 단순한 착취의 대상으로 전락해 쇠락의 길을 걸었다

무기력 상태에 빠진 시칠리아는 약탈에 혈안이 된 사라센에겐 손쉬운 먹잇감이었다. 억압에 찌든 당시의 시칠리아로서는 미약한 저항밖에 할 수 없었다. 민족 정서에 불을 지필만 한 것은 아무것도 없었고 오합지졸의 중구난방식 반항은 피정복으로 끝났다. 일부 열성적인 기독교 신자만이 개종을 요구하는 무슬림에 저항하는 모습을 보여주었을 뿐이다. 965년에는 모든 것이 끝났다. 사라센이 알라와

선지자의 이름으로 타락한 로마인을 몰아내고 찬란한 이국의 문명 국가를 세웠다. 지적인 활동과 농업개발을 장려했던 무슬림의 통치는 비록 자신이 몰아낸 로마의 문명처럼 그 역시 영속적이지는 못했지만 그럼에도 불구하고 낙후된 기독교도를 부끄럽게 할 정도로 화려하고 신속한 발전을 이뤄냈다.

시칠리아를 빚어낸 위대한 마지막 창조자는 노르만인이다. 이들은 이탈리아 본토에서 비잔틴 제국을 조각내는 과정에서 벼려낸 날카로운 칼로 무장한 기사들로, 시칠리아의 무슬림을 정복하고 스스로 자신의 왕국을 세웠다. 시칠리아의 가장 위대한 영광의 시대가 이 정복과 더불어 도래했다. 노르만족은 봉건제도라는 화려한 직물을 발전시켰고 여러 예술분야뿐 아니라 평균 수준을 뛰어넘는 우아하게 빛나는 문명이 새로운 왕국에 입혀졌다. 단테 자신도 인정하듯이 이탈리아어는 팔레르모(Palermo)의 황제 프리드리히 2세의 궁전에서 발전하기 시작했다. 독일의 황제뿐 아니라 시칠리아의 왕을 겸했던 프리드리히의 막강한 권력은 이 무렵 지상의 모든 왕의 임명권을 갖고 있다고 주장하는 교황 측에서 볼 때는 눈엣가시였다. 그래서 프리드리히가 사망하자 곧 교황은 시칠리아의 왕위를 자기가 신뢰하는 앙주의 샤를 백작에게 넘겨주었고, 샤를은 프리드리히의 아들 맨프레드로부터 섬을 찬탈하여 결과적으로 형편없는 통치를 한 자신의 부관에게 넘겼다. 그로부터 16년 후인 1282년, 프랑스는 시칠리아 베스퍼스의 끔찍한 대학살에서 그간 자행한 폭압의 대가를 톡톡히 치르고 섬에서 완전히 철수했다.

그 후 시칠리아는 그들의 마지막 노르만 왕이었던 맨프레드의 사위, 돈 페드로 데 아라곤에게 자신들이 왕이 되어줄 것을 부탁했다.

그로부터 곡절 많은 아라곤 왕조가 세워져 1409년까지 지속되었다. 아라곤 왕조가 멸망하자 시칠리아는 스페인에 속하게 되어 스페인 총독의 지배를 받았다. 그러나 이들은 자신이 다스리는 백성에게 이보다 더 심할 수는 없다 싶을 정도로 무심했다. 18세기 초 스페인이 철수하자 섬에 남겨진 것이라곤 빈곤과 불행뿐이었다.

시칠리아는 오래전부터 문명 세계의 중심에서 밀려나 있었다. 그리고 강대국들의 단순한 부속물로서 힘의 균형을 유지하려는 강국들의 처절한 싸움의 결과에 따라 이리저리 던져져왔다. 이때부터 시칠리아의 이야기는 프랑스, 스페인, 오스트리아, 심지어 영국까지 서로 뒤얽힌 복잡한 기록이 된다. 그동안 이 섬의 근간이자 생명력인 평범한 사람들은 참을 수 없는 가혹한 상황을 견디며 신음해왔다. 1851년, 당시 시칠리아를 나폴리의 일부로서 통치했던 부르봉 왕가에 관한 기록을 남긴 글래드스톤에 의하면 그들의 행위는 "종교, 인간성, 문명, 품위에 위배되는 것이었다."

그러나 가장 어두운 시절에도 시칠리아는 잊히지 않았다. 도움을 청하는 끈질긴 호소와 사악한 부르봉 왕가에 끊임없이 저항하는 과정에서 쏟은 피는 자유를 사랑하고 모험 정신으로 무장한 주세페 가리발디로서는 무시하기 어려운 커다란 울부짖음이었다. 그가 이끄는 불멸의 '천인대'로 이 부름에 답한 결과, 그는 단순히 시칠리아의 해방자가 되는 데 그치지 않고 이탈리아 반도의 뿔뿔이 흩어진 각 도시들을 한데 모아 하나의 새로운 국가로 주조하는 망치가 되어 역량을 발휘했다. 마침내 한 사내가 홀로 섬의 혼란스런 역사에 마침표를 찍고, 섬이 개인적 위대함만을 좇는 강대국의 야욕의 대상이 되는 악순환을 종료시키고 더 크고 더 강력한 중요한 전체로 시칠리아를 통합시켰다.

시칠리아란 나라는 존재한 적이 없으며, 시칠리아어도 없었던 것은 분명하다. 그러나 지중해 인근에 살았던 모든 위대한 종족은 한때 저마다 시칠리아 역사에서 중요한 일부를 담당해왔고, 번갈아가며 언어와 풍습, 건축과 사람에 지울 수 없는 흔적을 남겼다. 어떤 사람에게서는 고전적인 아름다움의 순수한 그리스인의 얼굴이 보이는가 하면, 또 어떤 사람에게선 불타는 사막과 열린 대지와 무한히 펼쳐진 별빛 가득한 밤하늘에서만 풍길 수 있는 사라센인의 차분한 시선을 느낄 수 있다. 옛 로마인의 모습은 결코 알 리가 없는, 허리를 구부려 일하는 한 사내의 얼굴과 자부심 넘치는 침묵에서는 로마인의 모습이 보인다. 언덕 위에는 그리스 본토에서만 볼 수 있는 더없이 사랑스러운 그리스 사원의 아름다운 흔적이 늘어서 있고, 도시에는 여러 민족의 건축술에 드러난 천재성과 정신이 빛과 바람이 잘 통하는 웅장하고 거대한 건축물에 융합되어 환상적인 조화를 이룬다.

온갖 아름다움의 고향, 모습과 의상에서 다양한 개성이 만개하는 사람들의 거처, 이것이 오늘날의 시칠리아이다. 시칠리아 사람이 그러하듯 매순간 즐거운 순간을 즐기는 호의적인 여행자는 이 기쁨의 섬에 찾아오면 잊을 수 없는 매력과 향기를 마음껏 누릴 수 있다.

1

발견

봄의 시칠리아는 사막의 오아시스와도 같다. 우리가 이 섬에 대해 아는 것이 없다는 사실은 매우 유감스럽다. 기껏해야 오래전 학창시절 지루한 지리시간에 들었던 수업내용과, 실제 조직원이 시칠리아와는 거의 상관없는 마피아에 관해 신문 기사에서 본 막연한 지식이 전부다. 그러나 거대한 베수비어스 분화로 인한 화산 먼지 구름 속에서 2주를 보낸 우리가 그 숨 막히는 대기에서 탈출할 계획을 세울 때, 로마로 향하는 여행자 모범 코스는 화산의 용트림에 잔뜩 겁에 질려 있던 우리에겐 더 이상 매력적으로 다가오지 않았다. 우리는 로마 대신 거칠고 위험한 미지의 세계에 들어설 때와 같은 전율을 느끼며 시칠리아로 향하기로 결정했다. 짐을 싸서 복도에 둔채, 우리는 그동안 위험을 무릅쓰며 베수비어스 근처를 탐방하면서 친해진 택시 기사, 그레고리오에게 다가갔다.

"오늘은 어디로 갈까요?" 그는 짐을 들고 있지 않은 우리를 보고 유쾌하게 미소 지었다.

"증기선이 있는 데로 갑시다, 그레고리오. 우린 시칠리아로 갑니다."

"시칠리아!" 그는 너무 놀라서 들고 있던 채찍을 떨어뜨렸다. "세상에!─어째서요?"

나폴리를 여전히 두껍게 감싸고 있는 화산재의 희뿌연 안개로 이 질문에 대한 대답은 이미 충분했지만, 나는 설명을 덧붙였다. "숨을 쉬고 싶어요. 우린 휴식이 필요해요."

"그건 그렇죠, 하지만─." 그는 감정에 북받쳐 말문이 막혔다. 여기 이곳 나폴리는 베수비어스가 며칠 동안이나 계속해서 으르렁대는 바람에 수천 명의 외국인들에게 버림받아 비참한 공황상태에 빠졌다. 골목 구석구석마다 수십 대씩 택시가 멈춰 서서 녹슬어가고 있었고 이제 그레고리오 역시 일손을 놓게 생긴 것이다. 이건 너무 가혹했다! 우리가 아무리 다시 돌아올 거라고 약속을 해도 이미 그의 미소를 앗아간 우울함을 없앨 순 없었다.

"에효!" 그는 머리를 설레설레 흔들며 나직이 탄식했다. "선생님이 다시 돌아올 수만 있다면. 누가 알겠어요! 시칠리아 사람은 죄다 악당에 강도, 살인자인데─."

이제 와서 취소하기에는 너무 늦었다. 그레고리오의 유쾌한 예언에도 불구하고 그는 택시에 슬픈 그림자를 길게 늘어뜨리고 어쨌든 우리를 부두로 데려다주었다. 우리가 항해를 시작한 시각은 13일의 금요일, 6시 13분이었다. 운명의 숫자 또는 시들한 항해 미신에 대한 존경심이 부족해서였는지, 아니면 뛰어난 항해술 덕분이었는지, 우리가 탄 빠르고 날씬한 작은 갈릴레오 갈릴레이 호는 우리를 찬란한 여명이 밝아오는 새벽녘에 무사히 시칠리아에 데려다주었다. 그리고 한 시간 뒤에는 수도인 팔레르모가 골든 셸을 가린 자욱한 안개를 뚫고 희미하게 윤곽을 드러냈다.

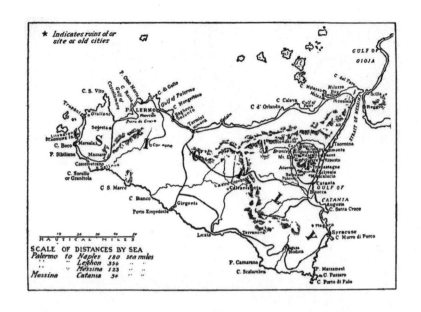

항해는 순조롭고 즐거웠다. 증기선은 깨끗했고 바다는 고요했다. 그러나 항해를 즐기는 대신 바다를 두려워한다면 페리로 2마일밖에 떨어져 있지 않은 기차로 나폴리에서 편하게 출발해 레지오와 메시나 해협을 통과해서 편하게 가는 루트를 선택해도 좋다. 아니면, 바다 여행을 즐기는 여행자라면 연중 언제든 뉴욕에서 출발하는 수많은 지중해 여객선 중 하나를 골라 타고 팔레르모까지 한 번에 갈 수도 있는데, 그런 여객선은 아주 크고 안정감 있기 때문에 제 아무리 겁 많은 사람이라도 두려움 없이 항해를 즐길 수 있을 것이다. 하지만 만약 돈이 문제가 된다면 이탈리아를 경유하는 편이 좋다. 그곳에서는 『테제레(tessere)』라는 시칠리아 여행 소책자를 구할 수 있는데 『테제레』는 작은 포켓용 쿠폰책자로, 1월부터 6월까지 로마 남부의 모든 대도시에서 판매된다. 이 책에는 절취가 가능한 쿠폰이 들어 있어서, 이 쿠폰을 이용하면 교통수단, 음식, 숙박, 상품 및 영화관 관람에 대해 10%에서 75%의 할인 혜택을 받을 수 있다. 한 권당 가격은 10리라(2달러)이며, 해당 쿠폰에 출발역과 도착역 이름, 날짜를 기입해서 매표소에 제출하면 모든 철도 열차와 증기선에서 원하는 등급에 따라 할인을 받을 수 있다. 이 방법을 통해 절약할 수 있는 비용이 만만치 않기 때문에 이동에 드는 경비는 전체 여행경비에서 아주 적게 보일 것이다.

팔레르모, "예전의 팔레르모는 … 떠오르는 태양을 똑바로 직시한다."

너무 좋아서 오히려 사실이 아닌 것처럼 보이지만, 사실 거기에는 그럴만한 이유가 있다. 플로리오—루바티노 증기선박회사의 소유주로, 시칠리아에서 가장 공공심이 강한 사내인 플로리오 백작은 섬을 리조트 장소로 대중화하고 성수기에 국내 여행을 활성화시키기 위해, 그리고 궁극적으로는 국민과 국가 모두의 수입을 모두 늘리기 위해서 자신의 개인 증기선에 60%의 할인 혜택과 철도교통편에 특별 할인율을 적용해줄 것을 요구하며 정부를 설득했다. 다양한 대형 상점, 영화관, 카페, 호텔이 그의 논리적인 주장이 일리가 있다는 것을 눈치 채고 재빨리 그를 따라했다. 더욱이, 늦은 겨울철에는 팔레르모에서 연례 스포츠 대회가 개최되기 때문에 모든 비용 할인이라는 유인책을 쓰는 것이 후원업체를 늘리고 연간 스포츠 경기와 레이스를 이전보다 더 확실한 섬의 개성으로 만들 수 있었다.

흥미롭게도 시칠리아인들은 원래 형식적인 절차를 좋아하는 편이었지만 『테제레』를 센스 없는 규정으로 질식시키지 않았다. 손님이 도시를 떠나고 싶어 하면 호텔 직원은 쿠폰책자에 필요한 내용을 기입해 주고 철도열차 티켓 판매원은 손님의 사인 말고 다른 것은 신경 쓰지 않기 때문에 따로 신분확인용 사진 문제를 가지고 머리 아파할 필요가 없다. 하지만 부주의한 호텔 직원에게는 『테제레』를 주면 골치가 아파진다! 한 번에 대여섯 개씩 『테제레』를 처리하는 경우가 부지기수라서 잘못하다간 『테제레』가 다른 손님의 것과 섞일 수 있다. 조그만 녹색 종잇조각에 거의 알아보기 힘든 이탈리아어로 적힌 이름을 힘들여 해석하고 싶은 사람은 없기 때문에 아무리 유창하게 설명하더라도 제대로 된 티켓은 받아내기 어렵고 그렇게 되면 새 책이 필요해진다.

이 지중해 섬에서는 겨울과 봄이 여행하기에 가장 이상적인 계절이다. 시대를 초월하여 시칠리아는 온화한 기후로 칭송받아왔다. 키케로가 로마의 지배 아래 시칠리아 감찰관으로 지낼 때 이곳에서는 태양이 하루에 한 번 이상 미소 짓지 않는 적은 없다고 했던 그의 말은 전혀 과장이 아니었다. 멘토네 혹은 리비에라를 따라 늘어선 다른 어떤 휴양지도 시칠리아보다 더 따뜻하고 더 감각적인 매력을 자랑할 수는 없다. 시칠리아 겨울 중 가장 비가 많이 오고 나쁜 날씨라는 1월은 북유럽의 5월 첫 2주에 해당하는 날씨이다. 그리고 조금 더 지나 섬이 본격적인 여행철로 접어들면 태양은 맑고 뜨겁게 빛나고 오버코트는 저녁때 외에는 필요가 없다.

잘 익은 녹색 과일과 꽃을 오렌지와 레몬 나무와 함께 동시에 볼 수 있으며, 4월이 되면 까칠까칠한 오래된 올리브 나무가 이제 막 자줏빛으로 익어가려는 육중한 녹색 과일의 무게를 견디지 못하고 휘어진다. 공기는 수많은 꽃향기로 가득하고, 철도 트랙이 때로는 몇 마일씩 이어진 6~8피트 높이의 제라늄 울타리 사이로 내달리며, 톡 쏘는 듯한 알싸한 향기가 달리는 기차 안을 가득 채운다. 여름 기후는 겨울만큼 온화하여 건강에 좋다. 심지어 7월과 8월의 평균 기온도 화씨 77도 또는 78도 정도밖에 되지 않아서 미국의 대서양 연안의 여러 주의 날씨와 흡사하다. 가끔씩 아프리카 열풍이 섬을 가로질러 휩쓸 때는 수은주가 화씨 100도까지 올라가지만 열풍은 여름에 한겨울 날씨가 출연하는 것처럼 매우 드문 현상이다.

건강과 휴식을 찾는 지칠 대로 지친 도시 생활자는 이런 종류의 기후에서 이상적인 환경을 찾아낸다. 비록 호텔은 세련된 뉴욕과 런던의 호텔들과는 견줄 바가 아니지만, 그런대로 안락하고 가격 면에서도 합리적이다. 또한 이곳의 호텔에는 대부분 훌륭한 정원이 딸려 있어서 그곳에서 차를 마시거나 휴식을 취하고 향기로운 정자들 사이를 마음대로 거닐 수 있다. 어떤 호텔은 상당한 규모의 새장을 자랑하기도 하고, 또 어떤 호텔은 가파른 울퉁불퉁한 벼랑 끝자락에 자리 잡아서 바로 아래로 푸른 아프리카 지중해와 수평선의 안개를 뚫고 희미하게 드러난 검은 대륙의 봉우리를 조망할 수 있다. 가장 잘 알려진 호텔의 대부분은 역사적인 장소에 위치하고 있어서, 역사적 지식과 상상력을 동원해 과거의 모습을 생생하게 연상해볼 수 있다. 풍족한 식사가 제공된다면 좀 더 도움이 될 수도 있을 것이다. 여행자들은 가끔 식사 후 잠든 꿈속에서 타오르미나의 포위 공격에 맞서 싸우기도 하고 900피트의 가파른 경사로에서 그리스 독재자과 뒤엉켜 아래로 굴러떨어지다가 자신의 침실 돌바닥에서 깨어나기도 한다!

문자 그대로 모든 조각이 질긴 염소 고기가 제공되는 먼 곳의 일부 외진 호텔을 제외하곤 음식은 대체로 훌륭한 편이다. 언덕 중심지에 위치한 대부분의 호텔이 내놓는, 프랑스어로 보통 포도주(vin ordinaire)라고 표현하는 이 고장 특유의 독특한 와인은 매우 순수하고 훌륭하며, 호텔들은 총체적인 매력 포인트와 청결 상태에 따라 등급이 잘 매겨져 있다. 종업원에 대해서는 그다지 할 말이 많지 않다. 시칠리아인은 먼지를 신이 주신 것으로 받아들이기 때문에 어떤 상황에서도 이 문제에 집착해서 지나치게 그들과 심한 말다툼을 하지 않는 것이 좋다. 하지만 그들 역시 편견 없는 시각으로 볼 때 외국 손님의 까다로운 기준에 맞춰 최선을 다하려고 노력한다. 손님을 기쁘게 해주려는 시칠리아인의 최선의 노력은 따뜻한 마음과 만면에 유쾌한 미소를 띤 상냥함을 보여주는 것으로, 기꺼이 짐을 들어다 옮겨주고 손님을 지켜주기 위해서 필요하다면 때로는 폭력 행사도 서슴지 않을 정도로 헌신적이다.

실제로 자신의 이익과 즐거움을 위해 봉사할 기회를 반기는 것은 너무도 오랫동안 아무 보람 없이 살아온 사람들의 특징이다. 이러한 봉사는 받는 즐거움만큼이나 주는 것 자체가 보상이 된다. 더욱이, 그 보상이 반드시 금전의 형태를 갖출 필요도 없다. 이탈리아에서는 어딜 가든 팁! 팁! 팁! 소리를 들어야만 한다. 그러나 시칠리아에서는 기쁘게도 감사의 말 한마디와 미소가 현금 팁과 같은 효력을 발휘한다. 실제로, 팁은 종종 거절당한다. 한번은 내가 어떤 어린 소년에게 사소한 서비스에 대한 대가로 10센트에 해당하는 1리라를 주려고 했는데 그 순간 소년의 얼굴에 스친 표정을 나는 잊을 수가 없다. 나를 올려다본 짙은 갈색 눈동자에 상처받은 자존심이 스쳐갔고 때 묻은 작은 손은 말없이 동전을 밀어냈다. 또 한 번은 팔레르모의 어느 저명한 농업학교를 탐방하던 중이었는데, 담당자였던 젊은 사제가 농담 반, 분노 반이 섞인 어조로 이렇게 항의했다. "선생님이 저의 어머니에게 돈을 주셨지요!" 이탈리아에서는 어디서나 돈을 기대하기 때문에 그게 사과가 필요한 발언이었다는 건 알 수 없었다. 극도로 가난했지만 다정하고 의연했던 젊은 사제는 나의 담배 한 개비를 깔끔한 감사의 인사와 함께 받으며 이렇게 대답했다. "아, 여기에 차이가 있어요! 우리 시칠리아 사람은 단순하고 친절합니다. 우리는 예의 바른 외국인을 위해서라면 우리가 할 수 있는 건 무엇이든 해주고 싶어 해요. 그러니, 친구여, 밖에서 돈으로 우리의 아이들을 타락시키지 마세요." 이것이 자신의 학생에게 주는 팁에 관한 그의 이별의 충고였다.

인물과 관련된 특징은 얼굴과 의상에만 그치지 않는다. 더 먼 곳에서 관찰되는 고대인의 옷과 얼굴은 큰 센터의 대단히 현대적이고 잘 갖춰 입은 사람들과 현격한 대조를 이룬다. 팔레르모에서 마차로 겨우 15마일밖에 떨어지지 않은 피아 데이 그레치(Piana dei Greci)—15세기 후반에 세워진 알바니아 식민지— 산에 사는 농부들은 축제 때가 되면 아직도 수를 놓은 비단 가운과 금이 주렁주렁 달린 무거운 바지로 된 매우 아름다운 의상을 입는다. 주례를 보는 사제에게 미리 돈을 내고 신혼부부에게 적당한 선물을 약속하면 호기심 많은 여행자를 위해 전통 결혼예복을 입기도 한다.

그러나 옷은 전통 의상이든 현대 의상이든 갈아입으면 그만이지만, 옷을 입는 사람의 태도는 언제나 한결같이 정중하고 예의 바르며 낯선 이를 기쁘게 해주는 것 외에는 아무것도 바라지 않는다. 마부도 여기서 예외가 아니다. 시칠리아에 처음 도착했을 때 우리는 나폴리 마부들의 끈덕짐과 악당짓에 격분하느라 지칠 대로 지친 상태였다. 다행히 그레고리오는 예외였지만 말이다. 하지만 기쁘게도 우리는 팔레르모에서 잘 자란 작은 아랍산 종마가 끄는 깨끗하고 잘 관리된 4인승 4륜 포장마차를 단돈 10센트만 주면 반 마일 이상 타고 갈 수 있다는 사실을 알게 되었다. 팁은 줄 필요도 없었고 요구받지도 않았다.

더 먼 거리를 타고 가는 데 드는 비용은 같은 요금을 기준으로 했다. 몇 주 동안 우리는 아름다운 말과 비할 데 없이 훌륭한 마부였던 구알테리오가 끄는 마차를 이용했다. 요금은 하루에 2달러였는데, 시칠리아인이 보기에는 충분히 관대한 팁이 포함된 가격이었다. 마차는 구알테리오가 우리에게 그럴 거라고 확언했듯이 "부드럽게 달렸고" 그의 말대로 "다른 마차들처럼 더럽지도" 않았다. 물론, 시칠리아의 마부는 정중한 매너와 매력적인 미소, 부드러운 목소리, 그리고 숙녀를 대할 때 "아가씨, 타시겠습니까?"라는 정해진 멘트로 부단히 노력하지만 (여자들은 보통 그 말에 넘어가고 마부는 돈을 번다), 사실 나폴리나 세계 다른 곳의 택시 기사들처럼 그들 역시 그렇게 믿음직하진 않고 가이드로서도 신뢰하긴 어렵다. 우리가 팔레르모의 끝에서 끝까지 산재해 있는 무수히 많은 기다란 돌탑 중 하나를 처음 발견하고 약 20피트의 높이로 치솟은 그것이 온통 가는 덩굴로 덮여서 수많은 물줄기를 떨어뜨리고 있는 모습을 보고 이게 무엇이냐고 묻자 구엘테리오는 천사같이 해맑은 미소를 지었다.

"이건 별거 아니에요, 선생님." 그는 즉시 대답했다. "감시탑이라는 건데, 라 파보리타의 왕 샤토가 경비대를 시켜 자기 전 재산을 한 번에 감시하려고 세워둔 거랍니다." 왕실 경비대가 의무인 일과 시원한 샤워의 즐거움을 함께 해결했다는 건 흥미로워 보였다. 그러나 내가 의심하는 눈치를 보이자 구알테리오는 위에서 바깥쪽 아래로 이어지는 철제 사다리를 손으로 스윽 가리켰다. "보세요." 그는 말했다. "경비대가 오르내리던 사다리가 아직 저기 있잖아요?" 나중에 우리는 이 건축물이 보기에 아름다울 뿐 아니라 동시에 관개시설로도 쓰였다는 사실을 발견했다. 이것은 기발한 아이디어였다. 마부가 손님의 신뢰를 받는 비법이란 원래 거의 없거나 있어도 배울 수 있는 게 아니다. 어쩌면 비법이란 게 있을지도 모른다. 구알테리오의 비법은 무해하고 정감 있고 기발하고 창의적인 것이라서, 그에게 정확성을 요구하는 엄격한 규칙을 가르친다는 건 오히려 천진한 사람을 망치는 유감스러운 일이 될 것이다.

이런 식의 과장이나 은유적 설명을 할 수 있는 시칠리아인은 마부뿐만이 아니다. 원시적인 부족에게선 아직도 이런 성향을 찾아볼 수 있는데—시칠리아인 대다수는 아직도 여전히 원시적이다— 그들은 질문을 하는 사람이 가장 알고 싶어 하는 것이 무엇인지 직감적으로 파악해 답해준다. 시칠리아인에게 진부한 삶에 대한 시적 상상력과 과장하는 능력을 남긴 것은 분명 사라센인의 피일 것이다. 어쨌든 이런 성향은 섬 주민 누구한테서나 발견되는 것으로, 급하게 허둥대는 외국인을 제외하곤 누구도 특별히 이 점을 문제 삼거나 미개하다고 생각하지 않는다. 사실, 주변 환경과 자연스럽게 어울리는 사람은 매력적이다. 올리브빛 피부와 야성적인 모습으로 고향의 중앙 분수대 근처에 모여 서서 수다를 떠는 젊은 아가씨들은 그리스 처녀의 우아함을 고스란히 되살린 듯한 머리 위에 붉은 그리스 암포라의 거대한 복제품을 이고 있다. 파우누스의 머리를 하고, 반쯤 벌거벗은 불그레한 몸뚱이는 그 자체가 옷처럼 보이며, 민첩한 염소 떼와 함께 가파른 언덕 위를 거니는 활기 넘치는 어린 염소지기는 단순한 돌무더기에서도 생명력 있는 존재를 불러낼 수 있을 것만 같다. 판과 비슷한 파우누스는 피리로 테오크리투스가 사랑했을 만한 선율을 자신의 염소 떼에게 불러준다. 얼굴이 거무스름한 산지기는 자기가 사는 거친 언덕만큼이나 부스스한 옷을 걸치고 그 위에 크고 거친 숄을 두른다. 그리고 뱃사람은 배 위와 육지에서 부츠를 신거나 맨발로 이리저리 돌아다닌다. 작은 인형극장, 야외 시장에서의 노숙자 식사, 축복받은 염소, 수많은 축제로 가득한 도시의 사람들도 소박하기는 마찬가지다.

여행자를 즐겁게 하는 인물은 시칠리아 사람만이 아니다. 때로는 그들과 그리 멀지 않은 곳에 있는 우리와 같은 미국인도 큰 즐거움을 준다. 하루는 산에 위치한 작은 호텔에서 저녁 식사를 하고 있는데 검은 머리에 기다랗고 까만 눈을 가진 한 발랄한 아가씨가, 왔노라, 보았노라, 정복했노라 식의 당당한 분위기를 풍기며 내게 다가오더니 자신의 이름, 주소, 아버지의 직업을 단숨에 말하고 내가 뭐하는 사람인지 물었다. 나는 넋이 잠깐 나갔지만, 곧 그녀의 친구들— 그녀의 일행은 다섯 명이었다— 가운데 한 사람이 "오, 돌시는 신경 쓰지 마세요. 이상한 애는 아니에요."라며 나를 안심시켜준 덕에 비로소 나도 자기소개를 할 수 있었다.

이 여행객들은 미국인 특유의 에너지를 뿜내며 하루만에 도시 관광을 '끝냈다.' 그리고 다음 날 아침, 그들은 우리가 미처 아침 식사를 시작하기도 전에 세 마리의 말이 끄는 짐을 가득 채운 4인승 4륜 마차를 타고 떠나가버렸다. 그 마차는 낡을 대로 낡아서 곧 부서질 것 같았기 때문에 우린 감히 탈 엄두도 못 냈던 것이다. 그 아가씨들이 과감하게도 그걸 탔다는 사실이 대단해 보였다. 말없이 웃고 있는 마부 옆에 턱하니 자리 잡고 앉은 돌시네아—이 이름이 맞는지는 모르겠지만—는 두 손에 가이드북, 우산 등을 잔뜩 든 채 주변의 모든 것을 파악하고 말겠다는 듯 사방을 한번 스윽 훑더니 시칠리아인 같은 민첩한 몸짓으로 의기양양하게 마차에게 출발하라고 명령했다. 호텔 매니저는 문가에 서서 눈을 끔뻑이며 멍하게 서 있었다. 딱딱 부딪치는 말발굽 소리가 멀리 사라지자 그는 손등으로 이마의 땀을 닦으며 입술을 움직였는데 분명 이렇게 말하는 것 같았다. "대단한 미국인이야!"

또 다른 식당에서는 한 뚱뚱한 독일인이 묵직하게 앉아서 주머니에서 개 목걸이 같은 것을 꺼내 조심스럽게 목에 두른 다음, 양쪽 끝에 달린 스프링 걸쇠에 냅킨을 걸고 그것을 자신의 넓은 턱 위로 신중하게 펼쳤다. 시칠리아에는 여행하는 독일인이 꽤 많다. 그들은 특히 고대 역사에 관심이 많은 듯하다. 시라쿠사에 있는 라토미(latomie)

의 한 관리인은 이렇게 투덜댔다. "올해 여기 왔던 사람들 대부분이 독일인이었어요. 난 독일인을 좋아하지 않아요. 그들은 도무지 돈을 쓸 줄 모르거든! 이젠 미국인들이 잔뜩 왔는데, 이 사람들은 돈을 펑펑 쓰죠." 우리가 떠나고 난 뒤 어쩌면 그는 어떤 미국인은 독일인과 아주 비슷하다는 결론을 내렸을지도 모르겠다. 영국인도 이곳을 많이 찾는다. 그들은 어디든 없는 데가 없으니까. 그들은 재미있을 때도 있고 지루할 때도 있다.

오늘날 이곳을 찾는 사람들은 주로 이런 사람들이지만, 전설과 동화에서 이 섬에 살던 사람들은 님프(nymph)와 여신, 신, 악마, 영웅들로 매우 흥미진진한 인물들이다. 에트나의 그을린 동굴에는 냉혹한 불의 신 시켈이 살았다. 높은 중앙 고원에는 프로세르피나가 데이지 꽃다발을 만들며 앉아 쉬던 연못이 있는데 바로 이곳에서 그녀는 플루토에게 납치되어 끌려가 저승의 왕비가 되었다. 고대의 서쪽 언덕 정상은 헤라클레스가 에류크스 왕과 싸웠던 결투장이다. 그리고 동부 해안에는 키클로프스 중 하나인 사이클롭스가 달아나는 오디세우스에게 무력하게 분노를 터뜨리며 내던졌다던 바위들이 흩어져 있다.

그러나 자연의 경치가 지닌 아름다움과 중요성을 이해하는 데 이런 서사시를 꼭 들먹일 필요는 없다. 시칠리아 아펜니노 산맥은 구름 위로 우뚝 솟은 바위투성이의 섬의 등뼈로서 두 갈래로 갈라진 번개처럼 지그재그로 북동쪽 코너에서 중앙 남부 해안을 향해 급격하게 뻗어 내려간다. 신화와 역사의 위대한 황금벌집인 그리스 신전이 서 있는 언덕 꼭대기와 에메랄드 습지는 등대풀과 미나리아재비의 황금빛으로 반짝이고, 셀 수 없이 많은 양귀비꽃의 짓궂은 붉은 혀로 알록달록하게 장식되어 있다. 오렌지, 레몬, 유자, 아몬드와 캐롭 나무

"펠레그리노(Pellegrino) 산이 팔레르모의 초승달 모양 항만에
거대한 자태를 드러내고 있다."

가 가득한 밝은 숲에서 풍기는 과일과 꽃 향기는 거의 압도적인 달
콤함으로 공기를 가득 채운다. 넓은 갈색 들판은 연녹색의 꺼끌꺼끌
한 배나무로 뒤덮여 있고, 새로 갈아엎어 촉촉한 붉은 고랑이 드러
난 광활한 대지는 입을 벌리고 씨앗이나 새싹을 받아들이기를 기다
린다. 그리고 어디서든 몇 에이커에 걸쳐 낮은 격자 구조물과 초록이
우거진 포도원을 목격할 수 있다. 언덕 위에서 내려다보면 신이 사랑
했던 이 나라는, 마지막 주자의 손에서 떨어진 그 자리에 그대로 남
겨진, 접히고 헝클어지고 색감이 선명한 커다란 조각보 이불처럼 보
인다.

　접근할 수 없이 험준한 절벽 끝에 위치한 그림 같은 마을들은 사
방의 절벽과 자연의 보호를 받고 있어서 완벽히 고립된 느낌을 준
다. 아프리카 해의 황금빛 모래 위에 세워진 다른 하얀 도시들은 바
로 문 앞까지 탐욕스럽게 다가와 두드리는 에메랄드빛 파도에 추파

를 던진다. 그리고 앞바다의 멋진 다랑어 어장에선—찬란한 햇빛이 펄럭이는 하얀 돛 위에서 반짝이고—포획자의 창끝을 피하려 몸부림치는 사나운 괴물 주위로 바닷물이 끓어오른다. 물은 붉은색, 녹색에서 마침내 검은색으로 물들고 하얗게 반짝이는 해변에는 마치 스페인의 멸종된 엄청나게 큰 유백색 고등어처럼 거대하고 매끈한 생선들이 줄줄이 던져진다!

뭘 더 기대할 수 있단 말인가!

2

팔레르모 PALERMO

승객 증기선의 대부분은 새벽 직후 날씨가 상쾌한 봄 같은 늦겨울에, 아니면 아예 진짜 봄에 팔레르모에 입항한다. 그레이트 만은 도금한 녹주석같이 잔잔하고 여기저기 점점이 흩어진 작은 배들은 만의 양 끝에 보이는 절벽의 자주색 윤곽과는 대조적으로 너무도 조용한 나머지 멈춰 선 조각처럼 보인다. 오른쪽에는, 펠레그리노 산이 그 각진 거대한 윤곽을 어렴풋이 드러낸다. 만의 다른 쪽에는, 자파라노 산이 운무를 젖히고 모습을 보이는데, 이 울퉁불퉁한 두 산 사이에 놓인 만은 해안에서 바깥쪽으로 뻗은 기다란 방파제에 의해 바다로부터 차단되었다. 방파제 안쪽에서는 검은 대서양 횡단 여객선이 승객을 기다리고, 경쾌한 작은 보트 군단은 기묘한 뱃머리를 높이 치켜세우고 눈부시고 현란한 색으로 도색한 채 물 딱정벌레처럼 이리저리 옮겨 다닌다. 풍부하고 부드러운 색상과 매혹적인 선으로 가득한 평범한 낚싯배는 느릿느릿 움직이는 파도를 타고 빈둥거리거나, 아니면 방파제 옆에서 떠나지 않는다. 그리고 잔뜩 녹이 슨 작은 '쉴 곳 없는 화물선'은 흰색의 깔끔한 플로리오 루바티노 여객선과 극명한 대조를 이룬다.

시간이 아무리 이르더라도 팔레르모 남자들의 반은 배가 항구로 들어올 때 유쾌한 환영 인사를 하기 위해 부두로 나간다. 여관안내인과 짐꾼들이 우르르 한꺼번에 부두로 밀려들어 서로 자기를 알리겠다고 남보다 더 소리 높여 큰 목소리로 아우성친다. 그들의 괴이한 짧고 날카로운 외침은 전투적이고 도전적이며 마치 거대한 축음기에서 터져 나와 소란스런 대기 위로 느슨하게 퍼지는 것처럼 들린다. 그러나 이런 열의 넘치는 소동에도 불구하고 다들 소리 지르기에 바빠 짐을 챙겨줄 사람을 찾기란 어렵다. 그러나 일단 사람을 구하면 그는 땅의 요정처럼 순식간에 사라졌다가 몇 분 뒤 다시 돌아와, 자신이 이미 세관의 감시를 피해 당신의 짐을 무사히 빼돌렸으며 이제는 핸드백에 대해서도 천재적 솜씨를 발휘할 준비가 되었다는 기쁜 소식을 전한다.

팔레르모의 현대식 상업 항구는 얕은 수위 때문에 이제는 거의 작은 어선과 노 젓는 배를 위한 정박지로만 사용되는 옛 항구 라 칼라와 아주 다르다. 두 정박지 사이에는 옛 땅의 뭉툭하고 작은 곶이 튀어나와 있는데 이것이 옛 팔레르모의 만을 분리했던 혀처럼 긴 고대의 땅을 상기시킨다. 그 돌출한 손가락 같은 땅 위에 페니키아인은 웅장한 도시를 건설하고 거기서 떠오르는 태양을 똑바로 바라보았다. 그 도시의 옛 이름이 무엇이며, 시민들이 스스로를 어떻게 불렀는지는 지금 알 길 없다. 우리에게 알려진 것은 세계의 항구를 뜻하는 파노르모스(Panormos)라는 그리스식 이름뿐이다. 비록 페니키아인이 세상에서 완전히 자취를 감추고 그리스가 위대한 나라가 되었다고는 하지만, 페니키아가 건설했던 이 도시는 여전히 시칠리아에서 가장 아름다운 번영의 중심지이다. 반면, 그리스의 대도시 아크라가스와 시라쿠스는 한때 찬란했던 문명의 부서진 윤곽만 남기고 미라처럼 말라버렸다.

팔레르모는 행복을 뜻하는 라 펠리체(La Felice)라는 이름을 오랫동안 가지고 있었고 또 그만한 자격이 충분했다. 이곳은 진줏빛의 주택과 홍옥의 붉은 지붕을 인 하얀 도시로, 수평선과 섬의 가장 비옥한 평야의 풍부한 녹지대 위에서 포도나무 넝쿨이 덮인 어두운 언덕을 배경으로 황금빛 햇빛을 받아 희미하게 빛난다. 바다의 가장자리에서부터 구름의 베일로 가려진 험준한 바위 위 하얀 신들의 자리에 이르기까지 거대한 자연의 원형극장이 이 빛을 받아 환해진다. 도시는 콘카 도로(Conca d'Oro), 골든 쉘의 따뜻한 무릎에 화려한 모습으로 세워졌는데, 여기서 무수히 많은 오렌지와 레몬 나무가 꽃을 피우고 그 황금빛 열매가 푸른 나뭇잎 틈에서 보이곤 했기 때문에 이 완만한 평야에 이런 이름이 붙은 것이다. 핑크와 화이트 아몬드, 유자, 종려나무, 꽝꽝나무, 그리고 석류 덕분에 이곳은 아라비(Araby)의 재스민과 제라늄, 창백한 백합과 장미향이 풍기는 하나의 거대한 식물원이 되었다. 수세기 전에 사라센인에 의해 도입된 관개 시스템은 여전히 이 평야에서 제대로 작동하면서 생산성을 20배나 증가시키고 있다. 도시 외곽으로는 화려한 별장과 훌륭하고 아름다운 정원이 있어서 완만하게 경사진 에메랄드 빛 대지의 뺨에 홍조를 더해준다. 미국인이라면 절대 놓칠 리 없는 시칠리아의 모든 공원과 정원의 한 가지 특징은 왕족, 귀족, 평민과 같은 금지 표지판이 없다는 것이나. 이 장려한 꽃과 수목의 전시회는 실제로 항상 일반대중에게 열려 있으며 소풍객이 쓰레기를 남긴다거나 나뭇가지나 꽃을 꺾어 기분이 상하게 되는 일도 없다. 시칠리아인은 소유자의 권리 침해가 즉시 공원과 정원의 폐쇄를 초래한다는 것을 잘 알고 있으며 자신의 출입 권리를 존중한다.

많은 사람들이 팔레르모에 오면서 기대하는 건 관광객으로 생계를 유지하겠다고 작심하고 필사적으로 덤비는 자국 내 같은 처지의 사람들처럼 수많은 가이드와 거지들로 바글거리는 믿기 힘들만큼 더러운 전형적인 남부 이탈리아의 항구도시다. 그런 현실을 기대한 자에게는 세 곱절로 환영 인사를 보내고 싶다. 그들이 보게 될 것은 아름답고 화려하고 저항하기 어려운 매력과 활기와 온갖 색채로 가득 찬 도시와, 잘 차려입고 질서 정연하고 예의바른 시민이다. 적어도 지금까지 내가 보아온 바로는 그렇다. 그들은 느긋하게 가벼운 수다를 즐기면서 팔짱을 끼고 걸어가며 좁은 보도를 정체시키지만 외국인이 정중하게 "실례하겠습니다, 선생님!(Permesso, Signori!)"이라고 말해도 결코 황급히 비켜주려고 미동도 하지 않는다. 오히려, 속도를 내라는 재촉을 받으면 잠깐 멈춰 서서 상대가 그런 재촉을 하는 것 자체가 그저 놀랍다는 듯이 쳐다본다.

큰 십자 모양으로 도시를 관통하는 주요 도로에는 손님을 유혹하는 상품들로 쇼윈도를 진열한 멋진 상점들이 줄지어 늘어서 있다. 청결하고 편리한 트롤리 시스템은 얇은 회색 선의 주름이 잡힌 수도의 얼굴에 피를 공급한다. 매혹적인 검고 좁은 비콜리(vicoli) 줄기 같은 수많은 골목길이 주택들 사이사이마다 뻗어 있기 때문에, 호기심 많은 사람은 행여 길을 헤매더라도 자신의 호기심과 관심을 창피해 하거나 그것을 두려워할 필요가 없다. 모든 골목과 샛길과 통로는 티끌 하나 없이 깨끗하다. 한편, 심지어 상업 지구에까지 낭비다 싶을 정도로 화려하게 만들어진 도시의 정원은 형언할 수 없이 아름답다.

처음 이곳에 도착한 사람이 감지할 수 있는 것은 빛, 색깔, 소리의 낯설고 이국적인 화려한 메들리와, 사람과 동물, 기이하게 생긴 건축물과 이상한 모양의 탈것, 길거리에서 들려오는 기묘하지만 듣기 좋은 외침소리들, 반은 눈에 보이는 그대로, 또 반은 추측으로 짐작해보는 도시의 영혼인 희미한 향기가 밴 화창한 공기, 이 모든 것이 한데 어우러진 불가해한 느낌이다.

최고의 기념물인 두 개의 주요 도로는 스페인이 남긴 것이다. 그들이 시칠리아를 좋아하지 않았을지는 모르지만, 적어도 자신을 챙기는 것과 편리하고 안락한 생활에 상당히 관심이 많았던 건 분명하다. 스페인 총독, 돈 페드로 데 톨레도는 청명한 바다가 시작되는 곳부터 도심 중앙을 가로질러 말끔하고 넓은 도로를 달렸고 자신의 이름을 따서 이곳을 톨레도라고 이름 지었다. 이곳은 현재 코르소 비토리오 엠마뉴엘이다. 실제로 이탈리아에서는 그 중요성이 인정되는 도시에는 모두 통일 국가의 첫 번째 왕의 이름을 붙여 그에 대한 사랑을 증명해왔다. 톨레도를 통과하는 다른 방법으로는, 얼마 지나지 않아, 총독 듀크 데 마퀘다(Duque de Maqueda)가 건설한 마퀘다 거리(Via Maqueda)가 있다. 이 두 거리가 직각으로 교차하는 특이한 사각형—실제로는 팔각형이지만—을 엉뚱하고 기발한 시칠리아인은 콰트로 칸디(Quattro Canti) 또는 네 모퉁이(Four Corners)라고 부른다. 인접 건물의 측면은 오목하게 들어가 있고 각각의 파인 홈에는 사계절을 상징하는 조각들과 스페인 왕, 그리고—동료를 잘 만났더라면 가능했을지도 모를— 성녀의 상이 들어 있다.

코르소에서 보낸 첫날 아침에 우리는 군중의 한가운데서 터져 나오는 무서운 소리에 갑자기 굳은 것처럼 멈춰 섰다.

"물장수의 우렁찬
고함소리에는 뮤지컬적인
감각과 매력이 있었다."

"저게 뭐죠?" 나는 카메라를 제 위치로 고정시키며 외쳤다. "싸움
이 났군요. 누가 죽기라도 했나요?"

그러나 아내는 사진 같은 것 때문에 낯선 땅에서 과부가 되고 싶
어 하지 않아 했고 나를 못 가게 멈춰 세웠다. 가만히 들어보니 울부
짖음은 잠시 멈췄다가 다시 시작되었다. 화가 나 있고 반항적이며 심
지어 싸우려는 듯한 울음소리는 거리의 온갖 소음을 덮으며 더 분명
하고 크게 한동안 이어지다가 스스로의 강인함에 도취된 위대하고
장난기 많은 짐승의 울음처럼 차츰 아름답고 맑은 음색으로 작게 잦
아들었다. 어슬렁대며 곁을 지나치는 군중 가운데 그 누구도 이 놀라
운 화산폭발 같은 목소리에 전혀 신경 쓰지 않았다. 우리 옆의 매혹
적인 상점들 중에서도 무슨 일인가 해서 손님이 쏟아져 나온 곳은 단
한 군데도 없었다. 화려하게 색칠된 작은 카트 손잡이에 매인 왜소한

사르디니아 당나귀 역시 귀조차 쫑긋거리지 않고 가볍게 천천히 앞으로 걸어갈 뿐이었다. 사람들 틈에 섞여 그대로 앞으로 움직이던 우리는 모퉁이에 도착했을 때 소심하게 서로의 눈치를 살폈다. 두 저택의 담벼락 모서리에 서 있던 사람은 달짝지근한 물을 파는 물장사였다. 크고 붉은 양손잡이가 달린 항아리를 한쪽 귀로 들고 있는 그의 옆에는 멋들어진 작은 노랑—빨강—파랑의 가판대가 쨍그랑거리는 병과 유리잔으로 반짝거렸다. 우리가 걸음을 멈추자 그는 다시 한 번 그 뮤지컬스런 고함으로 우리를 놀라게 했다. 그리고 우리가 그의 "아아아쿠우우아아! 아아쿠아아아아 도익!"을 사지 않으리란 걸 알자, 회화적인 몸짓과 포즈로 대신 인사했다. 그는 아직도 그곳에 있다. 아니면 또 다른 물장수가 멋진 모퉁이에서 사업을 이어나가고 있을 것이다.

마퀘다 거리 근처에는 최신 유행의 번화가인 루기에로 7세(Ruggiero VII)와 아베니다 델라 리베르타(Avvenida della Libertà)가 있고 온갖 클래스의 드라이브 길과 오후 산책로가 이어진다. 이 근사한 거리에는 온갖 탈것들이 끊임없이 오고 간다. 이쪽에서 은빛 마구를 장착한 혈기왕성한 말들이 젊은 플로리오의 세련된 런던 트랩을 끄는가 하면, 저쪽에서는 오래전에 사라졌어야 할 곧 무너질 듯 낡은 4인승 4륜 포장마차가 풍채 좋은 가족 여섯 명을 태우느라 류머티즘에라도 걸린 것처럼 스프링이 삐거덕거리고, 이 마차를 끄는 늙은 말은 숨을 헐떡이며 스러져가는 근력에 심한 과부하를 받는 것처럼 느낀다. 새 빅도리아를 끄는 혈기와 자부심으로 가득한 훌륭한 젊은 아라비아산 말은 공작 카트를 따라가면서 또 다른 별도 집회, 이번엔 총각파티를 지나쳐 앞서 간다. 화려하게 차려 입은 젊은이들이 시가를 물고 머리엔 밀짚모자를 쓴 채로 얌전한 처녀들에게 추파를 던진다. 처녀들은 우아한 마차와 카트에 기대앉아서 말없는 어머니 옆에 앉아 있다.

팔레르모 시민이라면 누구나, 할 수만 있다면 모두 이런 사교성 드라이브를 즐긴다. 좀 싸게 빅토리아 시대의 탈것을 빌리건, 아니면 저녁도 굶고 잠자리에 들건 아무려면 어떤가. 도시의 위풍당당한 거리에서 바람을 쐬는 고귀한 사람들과 풍요로운 외국 여행객들 틈에서 저녁 산책을 하는 것으로 우아한 여흥을 즐기는 귀족 놀이에서 이미 최상의 즐거움을 맛보지 않았는가?

둘이나 세 가족이 하나의 마차와 말, 마부를 함께 소유하거나 번갈아 쓰는 것은 흔하게 있는 일이 아니다. 어떤 상황에서든 일이 년 동안 보수를 받지 못한 마부는 도망갈 수도 없다. 비슷하게 괴로운 시간동안 제대로 영양가 있는 건초를 먹지 못한 수척한 말은 달아나고 싶어도 그럴 수 없다. 만약 그들이 음모를 꾸며 도망치기로 한다면 낡은 마차는 소유주의 수중으로 넘기느니 그냥 산산조각 내버릴 것이다.

혼자 마차를 소유하기에는 너무 가난하고 누군가의 고용인이 되기에는 자존심이 너무 센 귀족은 자신보다 소박한 형제의 전술을 채택하여 허세와 경제력에서 자신과 비슷한 처지에 있는 다른 귀족과 장비를 공유한다. '파티 장치'라고 할 만한 공동 소유의 특징은 단 하나, 사치이다. 백작, 남작, 왕자는 당연히 '무기'를 자신의 지위를 나타내는 휘장으로서 자랑한다. 그리고 이런 상징은 반드시 자신의 마차 문에 새겨넣어야 한다. 그래야 누구든 길을 가던 사람이 그것을 봤을 때 마차에 타고 있는 사람의 이름과 신분을 단번에 알 수 있으니까 말이다. 시칠리아인은 이런 딜레마에서 탈출할 기발한 방법을

"세상 어디서도 패널을 대고 조각을 새겨 넣은
시칠리아의 노란 카트와 같은 것은 찾아볼 수 없다."

생각해냈다. 귀족은 우선 자신의 표식이 박힌 마차 문을 한 세트 구비한다. 지친 말이 왕자님을 그의 '궁전'에 모셔다드린 다음 왕자의 표식이 박힌 문을 신속하게 떼어버리고, 다시 공작이나 남작이 사는 성으로 달려가면 공작 나리나 남작 나리가 자신의 개인 장비를 조용히 마차에 장착하고 외출하는 것이다!

세상의 모든 탈것 가운데서도 신화와 역사 전체를 충격적인 그림으로 묘사한 패널을 대고 조각을 새겨 넣은 시칠리아의 노란 카트와 같은 것은 어디서도 찾아 볼 수 없다. 우리가 봤던 패널의 장면은 팔로스에서 항해를 시작한 콜럼버스가 아메리카를 발견하는 내용이었다. 거기에는 에이커의 성채에서 벌어진 잔혹한 전투, 산타 로잘리아의 암자, 그리고 후미판에는 베스퍼스의 대학살이 생생하게 묘사되어 있었다. 평범한 카트와 마찬가지로 이런 카트들은 절대 과하게 크지는 않았다. 그러나 매우 정교하게 제작되었기 때문에 예술품 유출을 금지하는 법 조항의 제재를 받았다. 바퀴, 축, 차축, 측면과 버팀용 기둥 모서리 및 후미판 모두가 기하학적 디자인으로 말끔하게 제작되었고 차축 위에는 카트 하단까지 다량의 복잡한 소용돌이 장식과 그 중간에 앉은 축복받은 소유자의 수호성인을 새겨넣었다.

"마부한테서 진실을 듣고 싶거든 먼저 차축 위 성인에게 맹세를 시켜라." 이 말은 팔레르모에서는 거의 속담이나 마찬가지다. 택시에도 성인이 있었으면 좋겠다!

마찬가지로 말도 화려하게 꾸미는 경우가 많다. 말의 두 귀 사이에는 3피트 길이의 수탉 깃털을 꽂고 안장에는 보라색 꽃다발을 줄줄이 얹고, 새된 작은 종들을 듣기 좋게 울리는 간격으로 온통 뒤덮는다. 이 화려한 모습은 평범하게 손님을 실어 나를 때 하는 치장이며, 근무 시간이 끝나면 가족이 의자를 들여 놓고 위풍당당하게 나들이를 나간다. 재갈 또한 마구만큼이나 괴이한데, 이건 아예 재갈이라고 할 수도 없다. 차라리 말의 코에 느슨하게 묶인 스프링 스틸 강철판이나 양쪽에 돌출한 수평 단자에 가깝다. 단자에 부착된 고삐 덕분에 마부는 자신의 말을 완벽하게 통제할 수 있는데, 고삐를 약간 잡아당기는 것만으로도 효과적으로 이 짐승의 숨을 차단할 수 있기 때문이다. 이는 말이 도망치는 것을 불가능하게 만들지만, 보통의 경우보다는 훨씬 더 인도적인 것이다.

도시의 거리청소 부서는 보기처럼 그렇게 만만한 곳이 아니다. 겉모습은 이 부서의 강점이 아니다. 도시를 티끌 하나 없이 유지한다는 것이 포인트다. 카트는 화려한 4륜 마차를 상징하는 단순히 오래된 예일 뿐이다. 카트를 끄는 동물은 작은 사르디아산 당나귀로서, 이 나귀들은 여느 애완용 양만큼이나 예쁘고 온순하며 몸집도 그와 거의 비슷하다. 우리가 마퀘다 거리에서 본 아주 부드러운 회색 털의 앙증맞은 예쁜이는 자기가 그렇게 불쾌하고 힘든 일을 해야 한다는 사실에 당연히 몹시 속상해하는 것 같았다. 우리는 그 말을 토닥여주며 위로해주었지만 우리의 온갖 애정 공세에도 그 짐승은 꿈쩍도 않고 그저 고개만 늘어뜨린 채 용감한 짐승답게 자신의 운명을 조용히 받아들였다.

사람들이 거리를 건조실처럼 쓸 수 있는 건 아마도 거리가 깨끗하기 때문일 것이다. 나폴리에서는 사람들이 거리에서 빨래를 하고 좁은 통로의 창문과 창문에 옷을 널었다. 그러나 팔레르모 사람들은 한술 더 떠서 집의 정면을 평범하게 펄럭이는 시트로 덮는데 심지어 큰길에서 멋들어진 드라이브 나들이를 할 때도 그렇게 한다.

마퀘다 거리에는 두 개의 대형 극장이 있다. 마시모, 또는 최대 극장은 웅장한 건축물로, 이름이 그럴듯하다. 이곳은 이탈리아뿐 아니라 전 유럽에서 가장 큰 극장이며 고대 그리스 이념을 품격 있게 채용하여 시대적 요구를 나타냈다. 한 블록 더 가면 폴리테아마 가리발디 극장이 있다. 로마의 개선문 입구 외에, 2층으로 된 그리스식 주랑이 프레스코 벽화를 둘러싸고 늘어서 있다. 프레스코화의 극채색이 너무도 뛰어난 폼페이 양식을 따르고 있기 때문에 사람들은 팔레르모가 이탈리아 예술의 새로운 르네상스의 발상지가 될 수 있다고 말한다.

어떤 계층의 사람이건 시칠리아인은 항상 회화적 성격을 지니고

"도시의 청소부서는 보기처럼 그렇게 만만한 곳이 아니다."

있으며 항상 개인적이다. 이들은 아무리 애쓰더라도 자신 이외의 다른 인물은 될 수 없다. 도시에서 대중의 생활은 무대에 올린 쇼와 같고, 그 쇼에서는 심지어 필요 이상의 것도 이제까지 적절한 설정과 행동에 대해 정해진 관심을 표하는 것으로 가득 채워진다. 물장수야말로 이 압축된 회화적 성격을 잘 보여주는 전형이다. 처음의 충격이 가시고 나면 그의 우렁찬 고함소리에서 뮤지컬적인 느낌과 매력을 발견할 수 있을 것이다. 그는 이집트와 카이로의 거리를 소환해낸다. 진짜로 그는 고대 아랍 풍습의 유물이다. 당신은 그를 어디서든 볼 수 있다. 특히 코니아일랜드의 중심부에서 파생된 조각인 피에라 디 파스쿠아(Fiera di Pascua)를 부활절 시장으로 통하는 여러 길목에서 쉽게 찾을 수 있다. 여담이지만, 부활절은 시칠리아를 여행하기에는 특히나 좋은 시기인데, 이때 다수의 축제들이 진행되기 때문이다.

시장에 대해서 말하자면, 마시모 극장 옆 광장에 아무 장식도 없

는 큼지막한 헛간들이 하룻밤 새에 여기저기 세워진다. 버섯같이 생
긴 강한 햇빛을 받는 바벨이 엄청난 속도로 지어지고 장식한 상점과
외양간과 부스에는 양철제품과 장난감부터 묵주와 채소까지 상상
할 수 있는 것은 모조리 다 들어온다. 부스 근처에는 쾌활한 사람들
이 한 무리씩 왔다가 사라지곤 하는데, 이들은 서로를 밀고 떠들어대
며 서로에게 곤혹스런 농담을 던지고 사탕과 프랑크푸르트 소시지
와 비슷한 시칠리아 소시지를 먹는다. 악대는 기분이 내킬 때마다 지
붕이나 작은 헛간 창문에서 단속적으로 끔찍한 음악을 울려대는데
이들이 붙인 전설을 그린 그림이나 원근법이 파괴된 충격적인 그림
은 예술가가 해부학 원칙을 완전히 무시한 게 아니라면 시장에서 제
일 눈에 띄는 특징일 것이다. 오래된 등유 깡통으로 만든 갑옷을 입
고 절대로 사라지지 않는 냄새를 풍기는 '호객꾼'은 우스꽝스런 광
대와 짧은 치마를 입은 댄서와 경쟁을 벌이며 서로 자신의 인형극과
'연주' 쇼를 보러 오라고 손님을 부른다. 시칠리아 사람은 모두가 사
진기 앞에 포즈 취하기를 좋아한다. 정말이지 이들은 넉살 좋게도 아
무 카메라 앞에나 불쑥불쑥 끼어든다. 그들이 그러는 것을 여행객이
원치 않고 또 자신은 자기 사진은 한 번도 보지 못할 거라는 걸 알더
라도 마찬가지다.

내가 카메라로 기이하게 생긴 가판대에 조준하자마자 곧 사람
들이 빽빽이 달려들어 부스를 완전히 가리고 다들 옆의 이웃에게
"Aspett'! Aspett'! Il fotografo!"라고 외쳤다. 내가 제발 좀 비켜날라고
애원해봤지만 소용없었다. 구알테리오도 소리를 지르고 위협하고 따
졌지만 역시 소용없었다. 흥에 겨운 사람들은 웃으면서 알았다고 고
개를 끄덕였지만 여전히 돌처럼 꼼짝도 하지 않았다. 이 혼란의 와중

에 권위 있는 경찰관이 앞으로 나와 정중하게 경례를 하고 내게 이렇게 말했다. "신사 분께서 다시 거리로 나가주시면 고맙겠습니다. 선생님이 시민들의 주의를 끌고 광장 전체를 막고 계십니다."

그런 다음, 그는 서두르지 않고 인간 만화경 쪽으로 몸을 돌렸다.

"코니아일랜드에서 파생된 부활절 시장의 양철 갑옷을 입은 호객꾼."

3

소멸의 밤

팔레르모에는 굴뚝이 없다. 허름한 오두막이나 궁전 모두 요리할 때를 제외하곤 불을 때지 않고, 더 가난한 계층에서는 그마저도 집에서 하지 않는다. 사람들은 '경제적 부엌(쿠치네 에코노미체, cucine economice)'의 단골손님이며, 특히 큰 공공 시장 인근에 사는 사람들이 그러하다.

이러한 전형적인 도시 생활의 면모를 타블로이드 형태로 보고 싶어서 우리는 하루는 저녁식사를 일찍 끝내고 구알테리오에게 우리를 더 가난한 구역으로 데려가 달라고 부탁했다. 그들이 집과 오래된 시장 양쪽에서 저녁 식사하는 모습을 모두 보고 싶었기 때문이다. 내 말에 그대로 순종하여, 그는 수많은 좁은 골목, 주택 사이의 작은 협곡 같은 어두운 틈으로 우리를 안내했다.

이상한 그림자 형태가 마차를 끄는 말의 발밑을 획 스치고 지나갔다. 어두컴컴한 출입구가 열릴 때마다 작은 조 하나에만 의지한 더 깊은 어둠이 저편에 나타났다. 여기저기에서 우리는 흐릿한 실루엣을 많이 지나쳤다. 모자를 쓴 어떤 굶주린 남자는 식탁처럼 보이는 것 앞에 선 채로 빈약한 식사를 목에 삼키고 있었고, 렘브란트의 그림에나 나올 것 같은 여자들이 흐릿한 실내를 배경으로 해서 평온한 모습으로 뜨개질을 하거나 수선을 하고, 아니면 책을 읽거나 또는 아이를 달래고 있었다. 마부가 날카롭게 소리를 지르자 길가에 앉아 놀던 아이들이 달아났는데, 길이 너무 비좁았기 때문에 마차가 통과하면서 바퀴 양 옆의 주택의 벽이 긁혔다. 뜨개질을 하던 여인들은 우리가 지나갈 수 있도록 잠시 의자를 들고 집 안으로 들어가야 했다. 가로등은 넓게 간격을 두고 약하게 깜박였는데, 그런 거리를 대여섯 개 지나자 우리는 피에라 베치아 또는 올드 마켓의 본거지인 약간 우울한 피아자 카라치올리(Piazza Caraccioli)의 눈부심과 광휘 속으로 뛰어들었다.

빅토리아를 광장 한쪽에 세워두고 우리는 부활절 시장만큼이나 시끄럽고 그보다는 더 회화적인 아수라장 속을 걸어 다녔다. 그 장면을 정확히 묘사한다는 건 불가능하다. 그걸 직접 보지 않은 사람이라면 시칠리아 하류 계층의 이 생생한 삶의 단면을 설명한 어떤 인쇄물을 보더라도 그 실체를 결코 이해할 수는 없을 것이다.

눈부신 빛과 캄캄한 어둠이 중간 지대나 온건한 어둠의 단계를 거치지 않고 순간적으로 획획 교차되고, 서두르는 사람들은 바쁜 일개미처럼 여기 저기 무리지어 몰려다닌다. 현장의 혼란을 더 부추기는 것은 "물!", "올리브!", "아티초크!"를 외치는 거리의 행상과 판매상인들이다. 산만한 외침의 합창은 살 마음도 없고 사봤자 쓸 수도 없는 손님에게 온갖 종류의 물건을 사라고 권하는 좀 더 낮은 목소리의 끈질긴 설득으로 변한다. 외국인을 전문으로 상대하는 성격 좋은 상인도 있다. 도처에 수많은 남자, 여자, 아이들이 있는데, 일부는 선 채로 음식을 먹고, 일부는 음식을 집으로 가져간다.

"내장 튀김 장사가 바구니 옆에 쪼그리고 앉아 있다."

그들은 숯이 든 작은 들통을 머리에 이고 음식이 끓는 주전자를 들고 간다. 조리 중인 고기와 야채에서 나는 김과 냄새, 램프의 연기, 촛불, 횃불과 타는 지방과 프라이팬 속의 기름, '경제적 부엌'의 화덕, 목탄의 불, 석탄 스토브에서 새어나오는 가스, 신선한 야채, 고기, 생선, 소금과 막 꺾은 신선한 꽃과 염소에 나는 온갖 냄새들은, 값싼 포도주를 큰 통에서 열어 놓은 상점의 들통과 병에 쏟아 붓는 과정에서 나는 톡 쏘는 향과 한데 섞이는데, 이 냄새가 생각보다 나쁘지는 않다.

이런 풍경 전체가 즐거워 보인다. 한쪽의 커다란 포도주 가게는 앞쪽이 전체적으로 탁 트여 있어서 두 줄로 정렬된 술통과 햇빛을 받아 반짝이는 구리 쟁반들이 다 보인다. 저쪽에 있는 채소가게는 긴 줄에

"사람들은 벼룩시장의 단골손님이다."

매달린 양파와 채소더미, 화환으로 완전히 덮여 있었는데, 가게 주인
은 문 위에 바스락거리며 잔뜩 매달린 양파들 틈에 섞여 사실 양파
색과 잘 구분도 가지 않고 알아보기도 힘든 성 밤비노의 상을 나름
녹색 잎사귀와 작은 장미 모양의 리본을 써서 성상의 배경을 공들여
멋지게 꾸며놓았다.

　우리 옆에 작은 레스토랑이 있었는데 앞쪽 전체가 매혹적으로 입
을 벌리는 가스 레인지였다. 반대편에는 아티초코 장사가 피운 숯불
에서 맹렬한 불꽃이 타오른다. 튀긴 위와 내장을 파는 장사가 구멍
뚫린 국자를 손에 들고 기름이 지글거리는 팬과 바구니 옆에 앉아 있
는데, 이건 미국의 프랑크푸르트 소시지 만드는 사람과 완전히 똑같
은 모습이다. 한편 물장사는 앞뒤로 흔들리며 찰랑거리는 유리잔들

로 가득한 짙은 색의 스탠드를 매고 쾌활하게 고함을 질러댄다.

실에 매달거나 나무판에 붙여서 상점 앞에 걸어둔 빈 달걀에는 파랑, 빨강, 노랑의 엄청나게 화려한 표식으로 각 달걀의 가격이 표시된다. 팔레르모 사람들도 우리처럼 "그냥 달걀," "신선한 달걀," "매우 신선한 달걀"을 구분하는 게 분명하다. 가격이 천차만별이기 때문이다. 그러나, 우리가 지켜본 바에 의하면 신중한 구매자는 가격 표시 같은 건 믿지 않고 달걀을 하나하나 신중하게 들어서 무게를 가늠한다. 그런 다음, 열 개도 넘는 깨지기 쉬운 달걀들을 북적이는 인파에도 아랑곳없이 주머니에 다 집어넣는다. 구매자가 어떻게 주머니를 오믈렛 범벅으로 만들지 않고 무사히 귀가할 수 있는지 도무지 알 수 없다. 우리로선 인파를 뚫고 제대로 지나가기도 벅차기 때문이다. 하지만 내가 달걀 장사에게 이 의문을 털어놓자 그는 달걀을 깨뜨리는 사람은 아무도 없다고 단언했다.

미국식 간이식당처럼 생긴 그럴싸한 식당을 운영하는 남자가 카운터 뒤 연기 나는 좁은 공간에 서서 손님에겐 보이지 않는 조리대에 프라이팬을 올려놓는다. 그의 왼쪽에는 잘게 썬 향이 강한 치즈가 담긴 오목한 그릇과 버터와 롤빵이 담긴 접시들이 놓여 있다. 그는 아주 인기 있는 요식업자였기 때문에 우리가 지켜보고 있는 동안에도 많은 손님들이 몰려들어 우리는 알아들을 수 없는 농촌 방언으로 끊임없이 주문을 해댔다. 그러자 이 자영업자는 능숙한 손놀림으로 롤빵을 반으로 나누어 이쑤시개처럼 잘게 썬 치즈를 후하게 듬뿍 뿌리고 밑에서 조리하던 약간의 고기 조각을 그 위에 얹은 다음, 마지막으로 펄펄 끓는 기름을 한두 스푼 위에 끼얹은 것으로 완성된 이 별식을 간절히 기다리고 있던 손님에게 내놓았다. 시칠리아에서는 도살업자가 도살한 가축의 내장을 팔 수 있는데 미국의 경우 그것들을 비누 제조업자에게 넘기거나 모두 폐기 처리한다. 내장을 구입한 요리사는 그것을 적당한 크기로 잘라 지방이 든 채로 끓여서 번 빵에 끼워 넣은 다음 고약한 악취 나는 그것을 하나에 1페니씩 받고 판다. 건장한 시칠리아인은 이 무시무시한 음식을 모두 좋아하고 즐기는 것 같다. 심지어 어린 아이들조차 아장아장 걸어와 자기 몫을 달라고 아우성친다.

휘어진 모양, 세로로 홈이 파인 모양, 꽈배기처럼 꼬인 모양, 주름진 모양, 연필 길이로 된 것과 사각형으로 잘린 모양, 세 갈래로 땋은 모양 등 온갖 종류의 마카로니가 일부 가판대를 장식하고 있다. 초를 파는 부스도 있고 신발을 파는 부스도 있다. 어떤 부스는 오직 치즈만 판다. 시민의 대부분이 맨발로 다니는 곳에서는 말도 안 되는 것 같지만 구두 수선공을 도처에서 찾아볼 수 있다. 이들은 아침 6시부터 거의 자정까지 일하지만 일감을 거의 구하지 못한다. 그러나 이같은 외적인 가난에도 불구하고, 모든 가정은, 심지어 가장 가난한 가정조차 재봉틀을 가지고 있다. 재봉틀의 지칠 줄 모르는 발판은 낮부터 밤까지 쉬지 않고 움직이고 그 위로 몸을 굽힌 재봉사는 작은 촛불이 이따금씩 경련하듯 깜박일 때만 잠시 일에서 해방된다.

한 시간 가량을 소동과 혼란, 눈부심에 시달리느라 지친 우리는 다시 출발했다. 마치 꿈을 꾸는 것처럼 거리 안팎으로 구불구불 움직이며, 강탈이나 납치하려는 악당들이 거리에 가득하다는 상상을 하다가 마침내 우리는 작은 광장에 도착했다. 그곳에는 환하게 불을 밝힌 '성 로잘리(Sainte Rosalie)'라는 카페 겸 포도주 전문 술집이 있었는데, 주인에게는 프랑스인의 피가 일부 흐르고 있었기 때문에 도시의 수호성인 이름도 프랑스화하고 마찬가지로 카페에도 팔레르모의 하류 계층의 사람들이 보기엔 다소 이국적인 특색을 가미했다. 우리 가 호기심에 가득차서 멈춰 서자 주인은 자신의 수호성인은 즉각 잊 어버리고 우리에게 밖으로 나가 이곳을 살펴보자고 청했다.

커다란 거실 한쪽 면 전체를 거의 메운 것은 모르타르를 바른 벽 돌로 지은 거대한 스토브로, 그 위에는 가마솥 두 개가 거품을 내며 끓고 있었다. 한쪽에는 염소의 위가, 다른 한쪽에는 무언가의 조각들 이 들어 있었다. 모두 냄새는 좋았지만, 모양은 좀 끔찍했다! 스토브 건너편에는 아침에는 분명 신선했을 고기가 걸려 있고, 채소 더미가 카운터와 다른 테이블 꼭대기까지 가득 쌓여 있었다. 구리 주전자와 조리 용기들은 모두 얼룩하나 없이 깨끗했고 정말 놀랍게도 진짜 굴 뚝과 냉온수가 나오는 수돗물이 있었다. 간혹 진짜 철제 조리 스토 브를 가진 집이 있는데, 그런 집에서 스토브는 거실 한가운데 놓여져 있고 스토브의 연통은 편리하게도 정문의 닫힌 하반부 위를 통과해 거리로 빠져나간다.

카페는 아치에 의해 두 부분으로 나뉜다. 커튼이 없기 때문에 손님 은 자기가 주문한 음식이 만들어지는 과정을 다 지켜볼 수 있다. 우 리를 응접실(살라 디 프란초, Sala di pranzo)로 안내한 주인은 우리 모두 에게 몸을 굽혀 한 번에 인사를 하면서, 늦은 저녁 식사 중이던 현지 인 커플 옆 식탁에 놓인 의자에 앉으라고 손짓했다. 농부들은 우리를 기분 좋게 반겼다. 여자들은 미소 짓고 남자들은 진심을 담아 "안녕 하세요 신사 분들!"라고 인사하며 모자를 벗어 경의를 표했다.

정확히 뭘 해야 할지 모르는 상태에서 우리는 시큼하고 얼얼하게 매운 유동식과 질 나쁜 시칠리아 빵이 나올 거라고 예상하면서 파스

"문 위의 줄에 매달린 양파들 틈에서 성 밤비노는 거의 알아보기도 힘들었다."

타와 와인(vino e pasta)을 주문했다. 대신 우리 앞에 나온 것은 커다란 붉은 갈색 병에 든 다소 독한 디저트 와인으로, 미국인 입에는 좀 달았지만 아주 맛있었다. 거칠지만 깨끗한 냅킨과 유리잔이 같이 나왔고, 맛있는 아몬드 케이크는 우리가 먹을 수 있는 양보다 훨씬 많았다. 이 만찬의 가격이 기가 막힐 정도로 쌌기 때문에 처음에 우리는 이 사람 좋은 주인이 계산 착오를 일으킨 건 아닌지 의심했다.

우리의 시장과 피콜리 바콜리 일주 여행은 이렇게 즐겁게 끝났다. 나는 구알테리오에게 우리를 극장에 데려다달라고 말했다.

누군가 즐거운 시간을 놓치는 데 기꺼이 비용을 지불하려 든다는 것이 그의 단순한 머리로는 이해할 수 없었던가 보다. 와인을 단숨에 들이켜던 그는 내 요구를 듣고 너무 놀라서 하마터면 잔을 떨어뜨릴 뻔 했다. "저기요! 너무 늦었어요. 지금 첫 막이 끝났다구요!" 그는 외쳤다. "너무 늦었는걸요. 벌써 1막은 끝났다고요!"

"아, 내가 말하는 건 부자들이 가는 좋은 극장이 아니에요. 당신이 저녁에 시간 있을 때 가는 그런 작은 극장이면 돼요."

그의 얼굴에 호기심 어린 표정이 어렸지만, 무엇을 말하는지 내가 충분히 알고 있다는 것을 확인하고 나자 곧 말을 몰아 작은 광장 구석에 있는 어느 지저분하고 다 허물어져가는 저택으로 우리를 데려갔다. 비록 우리가 아주 웅장한 대강당에서 열리는 인형극을 기대한 건 아니었지만 이 정도까지는 미처 준비가 되어 있지 않았다. 우리는 들어가기를 주저했다.

문은 아래위로 나뉜 구조로, 아래쪽은 반 정도 닫혀 있고 위는 열려 있었다. 안에는 짧고 검은 커튼이 걸려 있었는데, 거리의 부랑아 몇몇이 문 주위를 배회하다가 문지기가 등을 보이면 재빨리 위쪽으로 몸을 빼서 문의 상단과 커튼 바닥 사이의 틈새로 드러난 내부의 불빛을 열심히 훔쳐보았다.

우리도 그렇게 훔쳐보고 있노라니, 구알테리오가 여기는 이 도시에서 가장 가난하고 보잘 것 없는 사람들이 오는 곳이라고 속삭이며 죄송하다는 듯이 이렇게 덧붙였다. "여기는 나리가 오시기엔 너무 가난한 곳이에요. 저는 예전에 여기서 공연을 봤지만 나리는 좋은 극장이 익숙하실 거예요. 그리고 부인도 이곳은 별로 마음에 안 드실 걸요."

아니, 거기야말로 우리가 보고 싶어 했던 바로 그런 곳이었다. 객석의 열린 문을 통해 우리가 잠깐 본 것은 안심할만한 장년은 아니었다. 더욱이 거기에는 여성이 한 명도 없었다. 나는 시칠리아 극장의 관습에 대해 알고 있었다. 이곳에서는 정확히 두 종류의 완전히 다른 공연을 하는데, '오늘은 남성 전용'과 '이 공연은 숙녀용' 이렇게 나뉜다. 당연히, 특정한 한쪽 성이 없는 것을 보고 곧바로 나는 오늘은 남성의 밤이라는 결론을 내렸다. 그러나 밖에서 나눈 우리의 대화에 방해받은 문지기 겸 극장 주인과 적어도 절반에 해당하는 관객들은 정중하게 일어나 우리에게 들어오라고 권했다. 약간 불안하긴 했지만 우리는 한 명당 2센트씩 내고 입장했다. 나중에 알게 된 사실이지만 극장 주인은 우리에게 다른 사람보다 요금을 두 배로 받았다.

좌석은 등받이 없는 딱딱하고 긴 나무 의자였고 극장 전체에서 예약석—원래는 무대 양쪽의 바닥에서 5피트 정도 높이에 위치한 두 갤러리로 30피트 평방미터 공간의 방이지만—은 극장 가운데에 있는 긴 의장 중 하나에 부서진 부엌 의자 하나를 올려놓은 것이 전부였다. 그 자리를 차지하고 있던, 방에서 유일하게 잘 차려입은 남자가 씩씩하게 한 번에 뛰어내리더니 쾌활하고 정중하게 미소 지으며 허리를 굽혀 인사하고 괜찮다고 극구 사양하는 아내를 자신의 자리로 안내했다. 관객은 대략 40명에서 50명 정도 됐는데, 어부, 행상인, 택시기사 한두 명, 그리고 배에 구멍을 뚫어 침몰시켰거나 사람의 목을 따기라도 해서 유쾌해 하는 듯한 해적 같은 다양한 사람들이 있었다. 그러나 외양이야 어찌됐든, 그들은 공연관람을 다니는 미국인과 완전히 똑같이 행동했고, 우리의 등장이 일으킨 소란으로 다들 신나게 떠들어댔다.

무대는 바닥에서 3, 4피트의 높이였고 본래 각광이 있어야 할 곳의 왼쪽에 받침대 같은 것이 하나 있고 다 시든 녹색 채소가 잔뜩 그 위에 쌓여 있었다. 시골에서 실력 없는 배우는 어떻게 되는지 궁금했던 나는 혹시 그 채소들을 그런 목적으로 쌓아둔 거냐고 걱정스럽게 물었다. 그러나 내 질문을 받은 남자는 내 말을 전체적으로 잘못 이해하고 지극히 단순하게 대답했다. "아, 아니요. 주세페가 자기 짐을 저기에 둔 거예요. 자리 사이에 두기엔 너무 컸거든요."

뉴욕의 지친 거리의 행상인이 만약 집에 가는 길에 극장에 잠시 들를 수 있다면, 그리고 가끔은 팔고 남은 짐을 별다른 양해를 구할 필요 없이 잠시 배우 발밑에 던져둘 수 있다면 매우 행복할 것 같다.

아내가 자기도 잘 모르는 '예약석'에 안락하게 자리를 잡자마자 내 양옆에 앉았던 남자들이 자기들 나름대로는 한 음절로 된 단어라고 생각한 어휘를 써가며 극을 설명하기 시작했다. 내 오른쪽에 있던 멋지게 차려입은 젊은이는 왼쪽에 앉은 나의 반백의 왼손잡이 이웃이 하는 설명이 불만스러웠던 모양이다. 60년 묵은 속사포 방언을 구사하는 그에게서는 심한 타르 냄새가 났는데 그의 설명이 매력적이긴 했지만 나로선 하나도 알아들을 수가 없었다. 두 남자는 동시에 고속으로 떠들어댔다. 그러는 동안 극장 안에 있는 사람들 모두가 신나게 얘기를 주고받았다. 그래도 공연은 마치 자기네가 아무런 방해도 받고 있지 않다는 것처럼 평온하게 진행됐다. 전혀 이해할 수 없는 두 사람의 설명을 들으면서 나는 연극의 대사에 집중하기 위해 무진 애를 써야 했는데, 무대에서 대사를 하는 신사는 고무로 된 폐와 황동으로 만든 목청을 지닌 게 분명했다. 그는 앞 무대 어딘가에 서서 인형이 놀랍게 진화해감에 따라 극적인 포인트에서 때로는 우렁차게 고함을 지르고 때로는 나직이 속삭였다.

인형들은 약 3피트 높이의 잘생긴 무장한 남자 인물이었고 번쩍이는 금속 갑옷과 체인 갑옷을 입고 온몸에 특수한 복장을 착용했다. 방패에는 문장이 새겨졌고 갑옷 위에 입는 겉옷은 고대 기사들이 입던 복장을 고증에 따라 충실히 만든 것이었다. 인형들은 진군, 일렬

종대, 횡렬종대를 모두 해내고, 전사자를 위한 연설도 하고, 달카닥 달카닥 말 달리는 몸짓도 하고, 연기 나는 기름 램프의 불빛에 철사를 번쩍이면서 죽음의 결투 중 무기도 서로 부딪치고, 무대 양쪽 끝에 서 있는 조작자의 능숙한 손놀림에 따라 자연스럽게 움직였다. 잠시라도 인간의 손이 시야에 불쑥 나타날 때마다 그 손은 운명의 조종을 받는 인형들과 대비되어 기이할 정도로 거대하게 보였다.

연극은 익숙한 내용이었다. 원래는 침략자 무어인이 기독교도인 시칠리아 사람들을 마호메트교로 개종시키려 한다는 스토리였는데, 작가가 역사를 좀 섞어놓은 모양이었다. 시칠리아인과 무어인 외에도 그는 프랑스인도 갖다 붙였는데, 연극이 끝나갈 무렵에는 스토리는 두 기독교 국가 간의 싸움으로 변질됐고 이슬람교도들은 완전히 잊혀졌다. 사악하고 사악한 프랑스인은 물론 대패했고, 그들의 무자비한 계획은 작은 관객들의 시끄러운 야유를 받았다. 반면, 프랑스인의 적군이자 거리의 소년과 행상꾼, 어부의 조상은 진심 어린 환호를 받았다.

4장과 마지막 장 사이의 휴식 시간에 나는 기회를 잡아 나의 이웃에게 어째서 여기에 여성이 한 명도 없는지 물어보았다. 좌우 양쪽의 두 사람은 깜짝 놀란 얼굴로 나를 쳐다봤는데 젊은이 쪽이 먼저 대답했다.

"여자? 여자가 극장에 온다고요? 에이, 극장은 여자들이 오기엔 좋은 곳이 아니에요. 난 절대 내 여자를 이런 데 데려오지 않아요!"

그들이 보기에 외국 여성은 거기서 예외였다. 관객 중 그 누구도 외국 여자가 자기들과 같이 있는 걸 이상하게 생각하지 않았다. 우리가 신선한 밤공기 속으로 나왔을 때 구알테리오는 미안한 듯이 세심히 배려했는데, 우리를 이 극장에 데려온 자신의 실험으로 다소 신경이 곤두선 것 같았다. 그러나 우리가 이 방탕한 모험에 만족을 표시하자 곧 안심했고 호텔로 돌아가는 내내 기쁘고 감사한 마음으로 자신의 통통한 작은 아랍 말에게 칸초네를 불러주었다.

팔레르모의 양대 극장 중 하나인 폴리테아마 가리발디 극장

4

성당

부활절이 팔레르모에서는 특히 좋은 시기라는 것은 이미 언급한 바 있다. 이날 아침이 되면 대성당 앞의 궁궐(the great Court of the Lord)은 장관을 이룬다. 무거운 돌난간 위에 올려진 16개의 거대한 성인상이 향기로운 대기 속에서 인자하게 이곳을 에워싼다. 거대한 회색의 시멘트 마당에는 무지개색의 온갖 빛깔의 꽃들이 만발하고, 그 자체가 웅장한 대리석 교회인 산타 로잘리아―팔레르모의 수호 성녀―가 보인다. 이 모두가 그 어느 때보다도 찬란한 햇빛을 듬뿍 받으며 빛난다. 어떤 설명이나 사진으로도 그 모습을 제대로 묘사할 순 없을 것이다. 바쁜 코르소의 소음과 부산함도 이 마법의 구역에서는 잊힌다. 만면에 미소를 띤 행복해 보이는 남자와 여자, 아이들이 나들이옷을 입은 멋진 모습으로 광장의 이곳저곳을 거닌다. 한편, 창문에서는 벌들이 평화롭게 꽃 위를 날아다니며 윙윙거리는 것 같은 미사의 성가가 흘러나온다. 이집트 사막의 희고 환한 빛도 시칠리아의 봄날 아침에 빛나는 햇살보다 더 눈부시지는 못할 것이다.

미사를 중시하기는 하지만, 시칠리아의 종교는 외국인의 별스런 행동에는 그다지 개의치 않는다. 안뜰에 남아서 사진을 찍고 싶다면

"팔레르모 대성당의 다양한 건축양식의 혼합은 그것 자체가 매력적이다."

별도로 양해를 구할 필요 없이 그렇게 하면 된다. 대성당의 가장 큰 매력은 다양한 건축양식, 아랍 양식, 노르만 양식, 고딕 양식이 서로 신기하게 뒤섞여 있다는 것인데, 그 덕분에 세련된 회랑, 풍부한 프리즈와 흉벽, 아케이드에서 서로 교차하는 아치, 푸른 하늘을 배경으로 솟은 포탑에 근사하고도 거의 기발하기까지 한 효과를 창출했다. 우아하게 하늘로 뻗은 두 개의 아치는 대성당과 종탑을 연결하고, 종종 있는 일이지만, 종탑이 거리를 사이에 두고 있는 경우, 이를 대성당에서 분리시킬 수도 있다. 전체적으로 거대한 건축물은 시칠리아가 영광이 최고조에 이르렀던 노르만 시대에 다양한 측면의 문화와 예술을 꽃피웠음을 보여주는 전형적인 증거다. 어느 재치 있는 영국인이 재치 있는 엉터리로, 건축물을 복원해서 거기에 회반죽을 바른 인테리어는 "철도역 양식"이라고 신랄하게 꼬집었다.

남쪽 통로 예배당에는 '세계의 불가사의' 중 하나로 꼽히는 왕들의 무덤이 있다. 이곳은 위대한 왕 프리드리히, 도살자 헨리 6세, 상심 왕 콘스탄스 등 여러 왕들의 엄숙하고 조용한 마지막 안식처이다. 거대한 진홍빛 반암 석관에는 "당대의 가장 현명하고 유명하며 훌륭하고 부유한 왕자"였다고 알려진 로제르 왕의 유골가루가 담겨 있다(프리먼). 흰 대리석에 새겨진 무릎 꿇는 노르만 귀족들은 단순한 반암 상자를 갑옷을 입은 어깨로 지탱하고 있다. 사람들의 존경에 가득 찬 표정을 보라! 라틴어로 새겨진 비문의 내용은 이렇다.

분투적인 통치자이자
시칠리아 최초의 왕 로제르,
1154년 2월,
파노르모스에서
평화로이 잠들다

아무래도 삶이 "분투적"이라는 사실을 발견한 것이 우리가 처음은 아닌 듯하다.

로제르 왕의 삶은 확실히 힘겨운 것이었다. 그러나 아버지의 경력에 비하면 아무것도 아니다. 그의 부친은 몇 안 되는 믿을만한 기사와 병사를 거느리고 한밤중에 몰래 시칠리아에 상륙한 뒤, 아침 식사 전에 메시나를 사로잡은 다음, 섬을 휩쓸며 사라센 군대를 추풍낙엽처럼 쓰러뜨렸다. 노르만 정복은 전적으로 한 개인의 용맹과 신중함이 두 가지 능력으로 이뤄낸 이 세상에서 가장 불가능한 위업이었다. 로제르가 왕위를 계승했을 때 시칠리아는 봉합되고 관리되기를 기다리는 상태였으며, 그는 불같은 아버지의 피정복자에게 왕국의 입법자와 조직자의 역할을 훌륭히 해냈다. 신분 면에서도 젊은 로제르는 아버지보다 더 높이 올라갔는데, 원래 백작이었던 그는 스스로 시칠리아의 왕이 되었을 뿐 아니라 남부 이탈리아의 상당한 영토를 지배하기까지 했다. 그가 어떤 사람이었는지는 노르만-시칠리아 예술의 뛰어난 걸작으로 인정받는 마르토라나 교회의 벽에 여전히 남겨져 있는 모자이크를 보면 된다. 그 당시 교황이 휘두르던 어마어마한 속세의 권력에도 불구하고 이 바이킹의 후손은 교황 특사의 왕관 수여식을 거부했는데, 모자이크에서 그는 자기 손으로 직접 왕관을 쓰고 있다.

"거대한 진홍빛 반암 석관에는
'분투적인 통치자, 로제르'의
유골가루가 담겨 있다."

마르토라나 교회를 세운 사람은 왕의 직속 대제독, 지오르지오 안디옥(Giorgios Antiochenos)이다. 그는 정말 다재다능한 신사로, 해안에서 휴가를 보낼 때나 근무 중일 때도 다리와 교회를 짓고 견직공을 해외에서 데려오기도 하고 언제나 무언가를 만드는 일을 즐겼다. 그는 매우 총명한 관리로서 그가 이룩한 뛰어난 작품들은 그보다 더 오래 살아남았다.

섬 어디서든 건물 열쇠는 가능하면 문에서 멀리 떨어진 곳에 보관하는 것이 현명하다. 이것은 스클라파니 궁전(Scláfani Palace)에 열려라 참깨의 비법을 제공한 마르토라나의 경비원의 조언이다. 뒤로 넘어갈수록 그는 소중한 열쇠와 함께 뼈만 남은 손가락으로 역사를 튕겨버린다. 이곳은 1330년에 세워져, 그 후에는 병원으로, 오늘날은 저격대나 산악 소총수들의 병영으로 쓰이고 있다. 실제로 현재 옛 영광을 알 수 있는 유일한 증거는 오랫동안 잊혀져 온 플라망 출신의 화가가 안뜰 벽에 그린 엄청난 프레스코화이다. 높이 18피트, 길이 약 22 피트인 이 프레스코화는 '죽음의 승리(Il Trionfo della Morte)'라고 한다. 이런 제목이 붙게 된 이유는 그림에 나타난 소름끼치는 현실주의로 충분히 납득이 되는데, 하얀 말과 그 위에 올라 탄 무자비한 백골 기병은 살려고 기를 쓰는 사람들을 짓밟고 비참함에서 놓아달라고 애원하는 자들의 청을 무시한다. 두 번째 그룹의 사람들 틈에는 손에 팔레트와 팔 받침을 든 화가 본인도 함께 서 있다. 전하는 말에 의하면 그는 궁전에 손님으로 있는 동안 병에 걸렸다고 한다. 아마도 그림은 당시 그가 겪었던 불행했던 상황을 표현한 것일지도 모른다.

솔직히 이 그림은 보기에 흉하다. 다른 말로는 표현할 길이 없다.

그런데도 이것은 여전히 벽에 붙어 있고 놀라운 효과를 발휘하는데, 특히 그림이 이것이 나타내는 시대의 종교적 감정을 충실히 표현한다는 사실을 상기하면 그렇다. 우리가 그림을 살펴보고 있을 때, 『베데커』 여행 안내서대로 시칠리아를 도는 게 분명해 보이는 서두르는 모양새의 한 뚱뚱한 미국인이 안뜰로 돌진해 들어왔다. 그는 들어오자마자 느닷없이 저게 훌륭한 그림이냐고 묻고 나서, 양손을 주머니에 찔러넣고 다리를 1피트 간격으로 벌려 눈에 보이게 역겹다는 표정으로 몇 분간 그림을 뜯어보았다. 프레스토의 관람비는 1리라 반이었다. 미화로는 30센트 정도에 해당한다. 동전을 한줌 꺼내 관리인에게 지불하고 나서 그 이방인은 처음에는 자기 손을, 다음엔 그림을 쳐다봤다.

"30센트! 그래, 딱 그 정도밖에 안 돼 보이는군!" 그는 분노를 터뜨리고 우리가 숨을 돌리기도 전에 떠나버렸다.

팔레르모가 옛날에 괴상한 취향을 갖고 있었다는 사실은 스클라파니 프레스코에서 알 수 있다. 이보다 더 뚜렷한 증거는 포르타 누오바(Porta Nuova)에서 가까운 카푸친 수도원의 지하실에서도 얼마든지 찾을 수 있다. 옛날에 도시 부유층의 가족 묘지로 사용되곤 했던 지하 납골당에는 현재 8천 구의 방부 처리된 시신이 보관되어 있다. 미라로 가득 찬 이 지하도는 여러 구획으로 나뉘어, 남자와 여자의 시신은 따로 보관되고 수도승과 사제의 시신도 분리해 보관한다. 일부 시신들은 관에 들어 있지만 대부분은 교수형 집행인의 올가미같이 노끈에 목이 매달려 있다. 어떤 두개골은 완전히 살이 없지만 어떤 것들은 부분적으로 살점이 덮여 있다. 손가락이 다 석화되어 검은 조각으로 오그라든 손이 이제는 몇 사이즈는 더 커 보이는 썩어가는 장갑에 들어 헐렁하게 늘어져 있다. 머리는 뒤로 미끄러지듯 젖혀져 거미줄 쳐진 천장을 응시하거나, 옆을 곁눈질하며 사악하고 음흉하게 웃거나, 앞으로 쏠려서 방문객과 싸우려는 듯 보인다. 비록 살은 다 없어졌지만 표정이 없는 머리는 하나도 없다. 어떤 것은 익살맞은 표정, 어떤 것은 경건하고 슬픈 표정, 어떤 것은 뚱한 표정, 어떤 것은 위협적이고 단호한 표정을 짓고 있다.

포병대 기지 안에서 조금만 더 멀리 나가면 쿠바의 옛 별장을 나타내는 30피트 높이의 다 부서진 탑이 하나 있다. 헐벗은 외관 주변의 아랍식 프리즈는 여기가 팔레르모의 거만한 옛 왕들이 거처하던 곳이었음을 암시한다. 그러나 인습 타파적인 고고학자들은 비석에 적인 글을 해석하여 그곳에선 사라센인이 한 번도 산 적이 없으며, 이 저택은 1183년 로제르의 손자, 굴리엘모 2세에 의해 지어졌다는 사실을 밝혀냄으로써 이 같은 믿음을 산산조각 냈다. '선한 왕' 굴리엘모 2세의 통치기를 어떤 연대기작가는 이렇게 묘사한다. "이웃 나라의 어느 도시보다도 시칠리아의 숲이 훨씬 안전했다." 그러나 군주의 많은 미덕 중에서도 겸손은 특히 갖추기 힘든 것 같다. 비문에는 이렇게도 적혀 있다. "감히 말하건대, 왕은 관대하고 자비롭고 신중하도다. 이곳에 멈춰서 경배하라. 지상의 모든 왕들 중에서도 가장 위대한 왕, 굴리엘모 2세의 위대한 거처를 바라보라."

팔레르모 외곽의 숲 속에서 하루 종일 사냥개를 쫓아 돌아다니다 지친 어느 날 밤, '선한 왕' 굴리엘모 2세는 도시가 바라다 보이는 언덕 위에 누워 잠들었다. 그리고 그는 꿈을 꾸었는데, 숲 속의 작은 빈터에서 동정녀의 신비롭고 감격스러운 빛나는 모습이 둥실 나타나더니, 경이로움에 압도당해 말을 잃은 군주에게 그녀는 지금 이곳에 자신을 위한 교회를 지으라고 말했다. 눈부신 형체는 서서히 사라졌고, 잠에서 깬 굴리엘모는 그 언덕을 '몬 레알레(Mon Reale)', 즉 '왕의 산'이라고 명명하고 즉시 신성한 수호성인과 고귀한 설립자의 품격에 맞는 기도의 공간 될 시칠리아에서 가장 웅장한 교회를 짓기 시작했다.

1174년에 공사가 시작됐고 8년 뒤 신앙심 많은 왕의 모친, 아라곤의 마르가리타(Margaret of Aragon) 덕분에 두오모 몬레알레(Duomo of Monreale) 대성당이 장엄하게 축성되었다. 그러나 바깥쪽이 제대로 완공되지 않은 탓에 지금까지 휑한 외관밖에 볼 수 없다. 때문에 사람들은 내부가 그렇게 화려할 거라고는 전혀 짐작하지 못한다.

대성당을 둘러싸고 사람들로 붐비는 작은 도시가 생겨났다. 집들이 좁고 가파른 거리를 따라 서로 옹기종기 빽빽하게 지어졌고 8세기가 흐른 지금도 도시의 모습은 크게 달라지지 않았다. 중세 시대가 여전히 지배하는 경사가 최고조에 달한 꼭대기에는 트램을 타고 올라갈 수 있다. 유감스럽게도, 최고의 뷰포인트에는 개인적으로 차를 세울 수 없기 때문에 좀 비싸기는 하지만 택시를 타는 것이 낫다.

가끔씩 유럽에서 신분 계급을 따지는 것이 미국인에게 낯설고 불안한 느낌을 줄 때가 있다. 그날 트램에서 나는 그 느낌을 받았다. 좀 과하게 몸치장을 한 마흔 살 정도의 뚱뚱한 중산층 여인이 실제 공작부인보다도 더 고상한 척을 하기 시작했는데, 그녀는 자신의 어린 아들과 함께 보통 체격의 사람이 넷은 족히 앉을 만한 공간을 혼자 차지했다. 그때 아주 깨끗하고 단정한 농촌 노파가 올라 타서 예의 바르게 작은 목소리로 양해를 구하고 옆에 반 정도 비어 있는 자리에 앉았다. 부르주아 여인은 거리낌 없이 버럭 화를 내고, 퉁명스럽게 자신의 짐을 쿡쿡 찔러대더니 노파에게 자기 영역을 침범하지 말

"몬레알레 대성당이 도시 앞에 요새처럼 솟아 있다."

라고 큰소리로 말했다. 그때 나는 2급 차라도 구해서 노파를 그런 불
필요한 방약무인한 짓에서 구해주고 싶었다.

대성당은 도시 앞에 요새처럼 솟아 있다. 먼지투성이의 작은 광장
을 바라보며 두 개의 거대한 광장 탑 사이에 난 청동의 성문에는 구
약성서 시대의 얕은 돋을새김이 가득하다. 이곳에 처음 들어섰을 때
의 인상은 청동 벽에 부딪쳐 반사되며 어른거리는 황금빛의 눈부신
불꽃이었다. 그 위에 새겨진 정교한 디자인과 장식은 중요성과 선명
함에도 이 휘황찬란한 모습을 한층 돋보이게 하는 효과를 냈다. 『베
데커』에—'독일인다운' 정확성으로—70,400평방피트라고 소개된 최
상급의 유리 모자이크가 큰 면적을 뒤덮고 있지만, 그 밑에는 성의에
수놓은 자수처럼 상부에 테두리를 두르고 가늘고 밝은 색상의 밴드
가 수직으로 나 있는 순수한 하얀 대리석 벽이 있다. 광대한 본당과

복도는 볕이 잘 들고 바람도 잘 통한다. 인공적인 장식물은 전혀 없다. 눈을 어지럽히는 번지르르하고 의미 없는 동상도, 끔찍한 봉납물도 없다. 조화는 이곳의 모든 장식이 가장 중점을 두고 추구하는 것이다. 포석부터 마룻대에 이르기까지 일관성 없거나 조화를 깨뜨리는 것은 하나도 없다.

수천 평방피트의 벽을 덮은 것과 똑같이 신기하고 형언할 수 없이 부드럽게 반짝이는 유리 모자이크가 그리스도의 상체를 주요 애프스(apse, 제단 뒤에 있는 반원형의 공간)의 커다란 돔에 가득 채워졌다. 그 얼굴은 옛날부터 아버지에게서 아들로 전해 내려온 전형적인 예언자, 설립자와 똑같이 생긴 모습이다. 그 모습에서 풍기는 고요하고 엄숙한 경이로움은 위대하고 장중한 하모니의 되풀이되는 화음과 같다. 이것이 바로 눈부신 황금빛 연무 위로 크게 두드러지는 특색이다.

"조화를 깨는 것은 하나도 없다"—그럼에도, 상단 벽에서 구약성서의 40개 광경을 본 사람이라면 문자 그대로 처음에 느꼈던 놀라움을 떠올리지 않을 수 없을 것이다. 그들은 사투리로 예술을 논한다. 교육받지 않은 중세 사람이 읽을 수 없었던 성서 이야기를 모두가 이해할 수 있는 쉬운 표현으로 번역한다. 눈처럼 하얀 이브가 마찬가지로 똑같이 창백한 잠자는 이의 옆구리에서 빠져나오고 그런 그녀를 하느님이 직접 아담에게 품위 있게 안내해주었다는 이야기는 그 자체로 이미 충분히 놀랍다. 그렇다면 자신이 만든 포도주를 지나치게 많이 맛본 나머지 취해서 낮잠에 빠진 아버지와 이를 보다 못한 점잖은 아들이 옷으로 덮어줬다는 노아의 이야기는 또 어떤가? 이 고대의 이야기들 중 어떤 것도 예술가가 자신의 걸작에 짜 넣기를 포기할 정도로 사소하다거나 너무 광범위한 것은 없다. 성서는 성스러운 것이며 온 세상 사람에게 알려야 한다고 믿은 중세 사람의 순수함과 단순함을 이보다 더 잘 나타내는 것은 없다.

두오모(Duomo)의 가장 큰 특징은 명료함과 세부묘사의 섬세함이다. 베니스의 성 마르크 성당의 경우, 세월은 거의 모든 것을 흐릿하게 만들고 훼손시켰고 모자이크의 좀 나은 부분은 조금씩 부식되어 가고 있다. 그러나 여기 몬레알레에서는 묘사가 너무 생생하고 선명하고 모든 색상의 색조도 부드럽고 순수해서, 마치 숙련공이 어제 막 도구를 내려놓고 걸작이 완성되었다고 선언한 것만 같다.

우리는 수도원이라고 하면 얼핏 종교적인 임무와 더불어 '애초에 차라리 태어나지 않았더라면'—만약 그들이 인간이라면!—을 빌면서 입술은 파랗게 질린 채 빈약한 헤어 셔츠를 입고 추위에 떠는, 반은 얼어붙은 수도승이 사는 음울하고 으스스한 장소를 떠올리기 쉽다. 물론, 그런 수도원도 있다. 그러나 여기 몬레알레에서는 그렇지 않다. 굴리엘모 왕이 베네딕트 수도사를 위해 대성당 옆에 세웠던 수도원에서 남겨진 모든 것 위로 눈부시게 아름다운 햇빛이 쏟아진다. 여기는 즐거운 수도원이다. 기온은 따뜻하고 꽃들은 서로 앞다투어 피며 신선한 바다 공기와 꽃향기로 대기는 향기롭다. 선한 왕, 굴리엘모가 다스리던 전성기에 살았던 유쾌한 베네딕트 형제들은 틀림없이 매우 즐겁고 보람 있는 생을 살았을 것이다! 심지어 7백 년이 지난 지금도 고요한 회랑들은 여전히 사랑스럽고, 늘씬한 기둥이 줄지어 늘어선 곳에는 모자이크 리본과 살아 있는 넝쿨 화환이 풍성하게 얽혀서 세상에서 가장 아름다운 12세기 조각품인 각양각색의 기둥머리를 더욱 돋보이게 한다. 기둥머리는 저마다 다르게 생겼는데 거의 모두 각자의 사연을 간직하고 있다. 여행자는 닳아버린 대리석 여기저기에서 익숙한 옛 인물을 찾아내어 고대 전설이나 성서 이야기에 얽힌 비밀을 풀어보거나, 아니면, 지오토가 태어나기 훨씬 전에 노르만인이 태양의 나라에서 이 영예로운 작품을 만들어냈다는 신기한 사실을 곰곰이 연구해봐도 좋다.

"눈처럼 하얀 이브가 마찬가지로 똑같이 창백한 잠자는 이의 옆구리에서 빠져나오는 광경은 아주 놀랍다."

몬레알레 거리는 울퉁불퉁하고 가파르지만 아주 깨끗하고 잘 정돈되어 있다. 몬레알레 시민들은 자신의 광장에 이탈리아의 첫 번째 왕의 이름을 붙이는 대신, 이 도시 출신으로 가장 유명한 인물인 17세기의 화가 페트로 노벨리(Pietro Novelli)의 이름을 붙였다. 수도승을 살아 있는 인물로 묘사한 연구 덕분에 그는 시칠리아가 낳은 최고의 유물론자로 평가받는다. 광장에는 기이하고 특별한 패턴도 없고 컴컴컴한 동굴 같은 그라도 살바토레(Grado Salvatore)의 삼형제 마카로니 공장이 있는데, 앞문에서 새어 들어오는 빛을 제외하곤 조명도 없다. 벤자민 프랭클린의 구식 인쇄기처럼 생긴 마카로니 기계가 앞쪽 한 구석을 차지하고 있고 살바토레 자신은 그 앞이 파란색과 흰색 타일 싱크대에 앉아 있다. 소년들이 나사를 돌리고 반죽을 밖으로 강제로 길게 뽑아내면 그는 이 꿈틀거리는 반죽을 짜내서 가위로 싹둑 자른다. 파티션의 다른 쪽은 상상할 수 있는 온갖 모양의 마카로니와 스파게티가 선반을 장식하고 있는 매장이다. 이곳의 가장 안쪽에는 어두컴컴한 제빵실이 있다. 여기서 빵 반죽을 만드는데, 더럼이 묻지 않도록 확실히 깨끗하게 관리해야 한다! 관광을 마치고 손이 아무리 더럽더라도 다른 손들을 익히 겪어본 몬레알레의 선량한 시민들이라면 분명히 크게 개의치 않을 것이다. 그래도, 일반적으로는 시칠리아 빵가게의 인테리어가 미국 제과점보다 괜찮고, 일하는 사람들의 손도 여자 손처럼 부드럽고 깨끗하다.

기계에서 뽑아져 나온 마카로니는 6피트 길이로 잘라서 가게 밖에 걸어 햇빛에 말린다. 먼지와 미생물이 충분히 들러붙어 마카로니가 딱딱해지면—보통 길어야 2, 3일 정도면 충분하다— 포장 길이로 잘라 판매한다. 남부 이탈리아에서는 널어 말리는 마카로니가 도로를 상당 부분 차지하거나 심지어 사람이 붐비는 석탄 적치장에 걸리기도 한다. 하지만 시칠리아에서는 제조와 판매 모두 훨씬 청결하고 건전하다. 그래서 테르미니산 마카로니는 좋은 품질로 유명하다. 제조 과정의 어떤 비법 때문인지, 아니면 사용하는 밀가루의 미묘한 특징 때문인지는 모르지만, 시칠리아 파스타에는 일반적으로 다른 이탈리아산에는 없는 풍미가 있다.

세 청소년 조수는 끊임없이 나사를 돌리는 단조로운 작업에 조금도 개의치 않는 것 같다. 소년들의 부드럽고 반짝이는 갈색 눈동자는 태양을 가득 머금은 마르살라 와인처럼 윤기가 흘렀다. 그러나 우리가 친절한 살바토레와 같이 어두운 후실에서 빵 반죽을 가지고 씨름하고 있는 동안 그들은 '꽈배기 비틀기'를 멈추고 자기들 집에 외국인이 찾아 왔다는 뉴스를, 도대체 어떤 방법을 쓰는지는 모르겠지만, 마을 전체에 퍼뜨리기 시작했다. 그러자 한 무리의 작은 소년들과 거지들, 그리고 특별한 직업이 없는 것 같은 사람들이 정문에 몰려들어 부득불 같이 사진이 찍어야 한다고 떠들썩하게 요구하면서 서로에게 혹은 우리에게 농담을 하며 놀려댔고, 자신들 아이디어에 따라 사진 찍을 무리들의 순서를 정했다.

정중한 환영식은 없었지만, 원하는 사진을 찍어주고 나자 우리는 마을에서 완전히 편하고 자유로워졌다. 아무도 구리 동전같은 것을 달라고 하지 않았다. 걸걸하고 유쾌한 목소리들이 진심으로 이렇게 외쳤다. "Buon viaggio! A rivederci, signori! 잘 가요! 또 오세요!" 그리고 몬레알레는 '거지들이 아주 뻔뻔스러운 동네'로 인상에 새겨졌다!

시칠리아 거지가 고약할 걸로 예상했지만, 우리가 섬을 여행하는 내내 경험한 바로는 나폴리와 이탈리아 본토의 그들의 끈질긴 형제들보다는 대체로 훨씬 양호했다.

언덕 꼭대기에는 '에덴 레스토랑'이라는 테라스 정원이 있는데, 여행자라면 무슨 일이 있어도 꼭 이곳에서 차를 한번 마셔봐야 한다. 이 자그마한 곳에는 실망보다는 흡족해할 만한 것이 더 많다. 규모에 비해 거창한 이름은 얼른 이해되지 않지만, 이곳에서 아래쪽 전망을 내려다보면 어째서 주인이 이런 이름을 짓게 되었는지 비로소 이해가 간다. 언덕 끝에서 발을 떼면 콘카 도로의 시원한 녹색과 주황색 바닷속으로 엄청난 큰 물결을 일으키며 수직으로 떨어진다. 트롤리가 언덕의 갓길을 돌아가면, 팔레르모에서는 먼지투성이 산길을 타고 내려감에 따라 보석 같은 불빛들이 점점 넓게 퍼지는 재미있는 파문 속에 사그라지고, 마침내 고요한 유령 같은 중세의 몬레알레는 뒤에 남겨진다.

5

궁전과 사람

이탈리아어로 'PALACE(궁전)'은 유연하고 포괄적인 단어지만, 시칠리아에서 사람들이 자유롭게 사용하는 'palaces'란 단어의 예를 보면 이탈리아어의 유연성에 완전히 새로운 의미를 부여한 것 같다. '팔라초(Palazzo: 중세 이탈리아 도시국가에서 생긴 건축양식)'는 부자, 귀족, 또는 왕족이 현재 살고 있거나 살았던 곳을 실제로 통칭하는 단어다. 이런 건물들은 대부분 멋지고 부유해 보이는 외관을 자랑하지만 간혹 일부는 미국의 공동 주택만큼이나 더없이 형편없는 외관으로 눈길을 끈다. 그 중에서도 특히 잊히지 않는 곳이 있다. 정사각형 모양의, 녹색 셔터와 커다란 중앙 출입구가 있는 4층짜리 우중충한 흰색 건물이었는데, 건물주는 섬 전체에서 최상류층 사회의 삐딱한 부유한 가족이었다. 1층은 전체적으로 마구간과 하인들 숙소, 고양이만큼이나 큰 쥐들이 차지했고, 그 위의 중이층은 두 개의 보험회사에게 세를 놓았는데, 간판이 그 층의 내부분을 뒤덮고 있었다. 위에는 진짜 귀족가문이 위풍당당하게 살았다.

이 집안의 장성한 아들을 처음 만난 건 우리가 뚜렷한 목적 없이 나일 강을 따라 걷고 있을 때였다. 사막과 강에서 친분을 쌓고 나자,

이 시칠리아인은 북부 사람과 결혼하고 싶다는 야심을 내게 털어놓았는데, 자신의 불같은 성격으론 자기 나라 사람 중에서 신붓감을 찾을 자신이 없다는 사실을 바로 인정했다.

"저는 미국인이 좋아요." 그는 어깨를 으쓱하며 분명히 말했다. "하지만 미국 여자와 결혼할 수 없다면 영국 여자와 하겠어요. 침착한 북부인의 피가 흐른다면 내 아이들도 지금의 앵글로 색슨인을 만든 것과 같은 미덕과 힘을 가지게 될 테죠. 여기 팔레르모에서 난 부자예요. 다들 날, 전하 또는 각하라고 부르죠. 하지만 뉴욕이나 런던이나 파리에선 그저 '가난한 시칠리아인'일 뿐이에요. 나는 자기가 가진 재산하고 내 재산을 합치면 그런 도시들에서도 귀족처럼 살 수 있는 그런 여자와 결혼하고 싶어요."

나는 가능한 한 외교적으로 대답했다. 하지만 그가 떠나면서 팔레르모에서도 계속 알고 지내고 싶다는 의사를 표시하긴 했지만 속으로는 미국인은 결국 차갑고 감사할 줄 모르는 사람들이라고 생각할까 걱정스러웠다. 우리가 도시에 도착했을 때 나는 다양한 출처를 통해 사랑에 빠진 귀족의 장난이 날로 심해지고 있다는 것을 알게 되었다. 그들이 제일 좋아하는 놀이 중 하나는 외국인한테 방문해달라고 열심히 간청하고 명함을 주는 것인데, 자세히 살펴보면 그 명함에는 아무 주소도 적혀 있지 않거나 '유치 우편'을 위한 이탈리아 범례만 적혀 있다.

그런데 놀랍게도 성지순례의 장거리여행에서 돌아온 다음 날 그는 우리를 찾아왔고, 그다음 날 우리가 떠날 예정이라는 것을 알게 되자 그날 오후 같이 차를 타고 나가야 한다고 주장했다. 세 시 정각에 우리는 '각하'가 영광스럽게도 우리를 기다리고 있다는 통보를 받았다. 그는 검은 제복을 입은 마부와 하인을 거느리고 정문에 서 있다가 우리를 보자 깍듯하게 인사하더니 밖에 있는 사륜마차로 정중하게 안내했다. 예기치 못한 이 상황에 호텔 직원들이 몰려들어 아첨하면서 주변을 맴돌았다. 대다수가 처음 보는 사람들이었는데, 그중 누구도 우리가 날마다 구알테리오의 마차로 여행을 다닌 사실을 지금껏 눈치 채지도 못했었다. 하지만 이제 거의 중세시대만큼 경외하는 고귀한 귀족 중 하나가 우리를 사회적으로 인정하자, 우리는 단박에 중요한 사람이 되었다. 그러나 영예는 오래가지 못했다. 넓은 부지가 딸린 멋진 클럽을 방문하고, 마시모 카페에서 유명한 그린 아몬드 아이스를 맛보고, 또 영국 정원(Giardino Inglese)에 들러 매력적인 식물원을 구경하는 건 잠깐씩밖에 시간이 없었다. 미국 영사관에서 차 약속이 있었기 때문이다.

도착하고 얼마 되지 않아서 우리는 영사 주교가 그야말로 진정한 영사의 주교라는 결론에 이르렀다. 우리가 이곳 사람들의 생활을 상당히 가까이서 관찰하고, 미국을 대표하는 외국인이 되는 즐거움뿐 아니라 그런 위치에 따르는 문제점도 실질적인 상황에서 파악할 수 있는 좋은 기회를 누릴 수 있었던 것은 모두 그의 친절한 관심과 그가 준 힌트 덕분이었다. 또한 일반적인 얘기겠지만, 체류를 고려하는 외국 도시에 도착하면 즉시 영사관에 찾아가 신분을 밝히는 것이 현명하고도 즐거운 일이다. 나중에 뜻밖의 사고가 발생할 경우 영사와의 친분은 평가할 수 없을 만큼 귀중한 이점이며 미국 시민권과 인물 자체에 대한 조사에 드는 불유쾌함과 지루함을 상당부분 더는 데 도움이 될 것이다. 요즘은 이런 경우가 많은데, 만약에 영사가 재주 많고 매력적인 인물이라면 이는 도시를 최대한 많이 보고 알고자 하는 방문자 입장에서는 가장 큰 행운이다.

도시에서 가장 높은 피아자 빅토리아(Piazza Vittoria)에 세워진 팔레르모 왕가의 거주지는 개인 팔라초와 비교해 특별히 두드러지는 특징은 없다. 오늘날 궁전이나 피아차 광장은 모두가 평범하지만 중세에는 이곳이 요새화된 성채였다. 무기와 기사, 포탑과 보루, 요새와 비슷한 건물들이 도시의 주요 방어선을 형성했다. 그러나 오래지 않아 야만스런 복원가는 떠났다. 그들의 첫 작품은 회랑을 붙인 궁전이고, 그다음은 대리석으로 된 2단 층계, 그리고 취향이라곤 찾아볼 수 없이 장식만 요란한 방들이 있다. 바로 앞에 로제르 왕의 침실로 공인된 방이 있는데도 이런 호화 저택을 상스러움으로 채우는 데 그토록 비굴하게 동의하고 만 왕족들의 어리석음이 놀라울 뿐이다. 모자이크는 긴 세월에도 조금도 퇴색하지 않았고, 디자인과 색상은 벽과 은은하게 잘 어우러진다. 이 제왕의 침실이 갖춘 위엄과 장려함은 나중에 등장한 군주들 침실의 저속한 치장을 부끄럽게 한다. 그런 방에서 보낸 시간은 낭비였다.

팔라티나 예배당, 또는 궁정 예배당은 뛰어난 모자이크로 화려하게 꾸며진 작은 사원이다. 그러나 형체 없는 궁전의 잠식에 억눌린 나머지 원래 아름다움의 반을 햇빛 부족으로 잃어버렸다. 심지어 그 자체만으로는 건축물도 아니고 단지 본채의 일부로서, 로제르 왕이 성 베드로를 기리는 의미에서 1132년에 증축했다. 어쩌면 그 위치 때문에, 혹은 디자인 때문에 신랑과 통로에 빛이 거의 들지 않는 건지도 모른다. 그렇지만 75피트 위에서 건축가는 돔에 8개의 구멍을 내어 애프스와 성단소에 눈부시게 아름다운 햇빛의 원광이 쏟아져 들어오게 했다. 그 결과 금빛 유리로 상감 세공한 환한 벽이 제대로 된

"팔라티나 예배당, 뛰어난
모자이크로 화려하게 꾸며진
작은 사원."

거울이 되었다.

그러나 조명은 아침에 한 시간 가량을 제외하곤 전적으로 합창대석으로만 제한된다. 보도 쪽은 창조적인 예술가의 천재성으로 환하게 빛나지만 그늘 속의 낡은 테피스트리 쪽으로 가면서 점점 어두워진다. 처음에 보면 이곳은 사방팔방에 분간하기 어려운 유령 같은 인물들이 그려진 어둡고 신비로운 장소다. 그러다 천천히 어둠에 눈이 익숙해지면 은은한 배경에서 야위고 근엄한 인물들이 튀어나온다. 성자는 기도하고 천사는 벽을 가로질러 날아다닌다. 원로들과 예언자들은 구약성서와 신약성서의 장쾌한 연대기 내용을 그대로 실연하고 있다. 합창대석과 연단 위는 주위의 빛으로 이등분되고, 최고의 희생을 나타내는 머리띠 왕관을 쓴 장엄하고 초현세적인 한 인물이 책을 앞으로 내민다. 그 자체로 충분히 환해서 따로 조명으로 비출 필요가 없는 눈처럼 하얀 페이지에는 고귀한 황금빛 글자로 이렇게 적혀 있다. "Ἐγώ εἰμι τὸ φῶς τοῦ κόσμου: 나는 세상의 빛이니라."

한 가지 목표에만 무섭게 전념하는 중세 예술가의 외골수 같은 행동은 언제나 사람을 놀라게 한다. 이 호화로운 예배당 벽에 그려진 것들은 그 하나하나가 모두 성서에 기록된 내용과 일치하며, 이는 단순히 화려하게 장식된 왕의 소유물이라기보다 생생하게 재현된 역사의 기록물이다. 나자로의 무덤 장면은 매우 현실적이다. 그림에서는 한 사내가 한 손으로 꽁꽁 싸맨 시체를 위쪽으로 반듯하게 뒤집으며 다른 손으로는 코를 움켜잡은 채 고개를 옆으로 돌리고 있다. 같은 벽면을 조금 더 따라가 보면, 화가는 눈처럼 하얗게 파문을 일으키며 흐르는 어두운 시냇물 속에서 세례자 요한에게 세례를 받는 예수를 그려 놓았다. 요한은 밝게 칠해진 올리브 초록색 벽의 한쪽 구석에 그려져 있고, 그들의 발밑에는 게르빔 천사들이 잔물결 사이로 머리를 내밀고 있다. 그런 다루기 힘든 재료로 그려진 작품에서는 늘 그렇듯이 인물들이 모두 아주 딱딱하고 형식적인 모습이긴 하나, 매우 훌륭하게 완성됐으며 특히 얼굴의 근엄하고 평온한 표정이 잘 표현되었다.

복원 작업이 예배당을 망가뜨린 것은 아니어서, 건물과 장식, 가구는 그대로 보존됐다. 이를테면, 롬바르드 양식의 웅장한 모자이크 설교단과 신화적 묘사로 풍성한 비잔틴풍의 조각이 새겨진 교단 옆에 놓인 15피트 높이의 가지 달린 거대한 촛대는 이 기독교 교회에 묘하게 이국적인 색채를 더해준다. 그리고 사라센 예술의 전성기에 제작된 종유석 천장의 조각된 숲은 그라나다에 있는 알함브라 궁전 천장을 많이 따라했다. 위로는 하늘, 아래로는 지상의 그 어떤 우상도 허락하지 않았던 종교를 지닌 사라센인들은 이 천장을 아름다운 별 모양의 돈궤, 기하학적 디자인, 쿠픽체로 아름답게 꾸몄다. 한편, 규정에 좀 덜 얽매였던 노르만인들은 성인과 동정녀를 별들과 동일한 구획에 정렬했다. 그러나 처음에는 사라센 예술가들에 의해, 그 후에는 이슬람교도의 드물게 뛰어난 솜씨로 탄생했기에 이 예술 작품들은 동기나 제작과정에 있어서 어떤 충돌도 일어나지 않았다. 여기서 동양 예술의 즐거움을 만끽하다 보면, 일면으로 퍼진 색채가 세월에 따라 빛바래고 흐릿해진 것을 미묘하게 눈치 챌 수 있을 것이다.

유감스럽게도 이런 조화는 팔레르모의 또 다른 왕가 거주지, 작은 여름 궁전 라 파보리타에는 해당하지 않는다. 페르디낭 4세 부르봉 왕에 의해 펠레그리노 산 밑에 지어진 이 궁전은 중국의 귀족 저택에 대해 그가 어떤 생각을 가지고 있었는지 확실히 보여준다. 주변의 풍경과 완전히 어울리지 않는 부조화 그 자체인 이 건축물은 청명한 콘카 도르의 푸른 대지와 황금빛 대기 위에 대담하게도 큼지막한 붉은 이니셜을 내걸었다. 확실히 여태껏 이런 괴짜 짓을 한 왕족은 없었다! 기이한 것을 찾아 헤매던 페르디낭 왕의 건축가와 장식 전문가는 여러 왕조와 시대에 각자 유행했던 수많은 양식들을 하나의 건물 속에 욱여넣은 끝에 마침내 이 건축술의 악몽을 만들어냈다. 결과는 아무 예술적 가치도 없이 괴상하게 뒤죽박죽된 기형적 건물로, 이것을 보는 여행자는 그저 기가 막혀 웃을 뿐이다. 오직 키플링의 유명한 문장만이 이곳을 묘사할 수 있다 "아찔한 하룸프로디테(harumfrodite)!"

왕이 거처하던 공간을 보면, 일본인 장인들이 침실을 장식한 듯하고, 테베 출신의 무명의 예술가들이 대기실 천장을, 그리고 이러한 이국적 정취는 완전히 무시한 채 이 유머 넘치는 왕족은—혹시라도 그가 그런 사람이었다고 한다면!—드레싱 룸을 아름답게 꾸미는 임무는 현대의 평범한 장식가에게 넘겨서 한껏 최악의 작업을 하게 허락한 게 분명하다.

둥글고 거대한 물건인 식탁 테이블은 궁전 전체를 통틀어 가장 반항적인 작품이다. 가장 최근에 지어진 미국 가정에서도 이처럼 괴이하게 생긴 물건은 없다. 또는 최첨단의 실용적인 면을 보더라도 이것을 능가하지는 못한다. 지하에 있는 주방까지 곧장 이어지는 거대한 원통형 지주 위에 세워진 이 식탁 테이블은 일종의 덤 웨이터와 간이식당 카운터를 조합해 만든 것 같다. 곳곳마다 작은 지주에 고착된 은제 상자는 아래를 간선 도로와 연결시키고 커다란 중앙 충전기에 의해 자동으로 조작되는데, 왕족 주인이 자기가 있는 곳에서 버튼을 문지르기만 하면 뜨거운 김을 내뿜는 램프의 요정 지니처럼 풀코스 서비스를 단박에 해결한다. 식사를 천천히 하는 사람이라면 꽤 당황스러운 경험을 할 수도 있는데, 이야기를 나누다가 다시 아래로 눈을 돌렸다간 그 앞에 텅 빈 검은 구멍만 보게 될 것이기 때문이다! 어쩌면 페르디낭 왕은 농담을 즐기는 사람은 아니었을 것이다.

방마다 모두 터키, 아랍, 폼페이 등 여러 나라의 특색이 한데로 조합된 별난 물건들로 가득하다. 넓은 접견실에는 손으로 쓴 중국어가 적힌 비단 예복이 벽에 걸려 있다. 특히 고급스러운 흡연실과 오락실이 있고, 그리고 물론 각 층에는 타일을 붙인 넓은 베란다가 있어서 양옆으로 탁 트인 전망을 즐길 수 있다.

무지의 축복을 받은 시칠리아 사람이 보기에 라 파보리타는 걸작이다. 이들은 보통 성채(château)를 단순히 경배의 대상으로 간주한다. 진정, 가난과 무지는 대개의 사람들에게는 삶의 원동력인 듯하다. 무지가 대중에게만 국한되는 미덕은 아니다. 미국의 명문대를 졸업한 팔레르모에 사는 한 의사는 이러한 법칙에서 제외되는 사람이었는데, 하루는 그가 내게 진지하게 고백하기를 이 도시의 '상류 인사' 중 대다수는 일간신문보다 더 어려운 건 읽지 못한다고 말했다. "그들은 가끔 자기 이름의 철자도 잊어버리죠."—사람은 이름을 보면서 그다지 주의를 기울이지 않는다!—"또 병자나 다친 사람의 응급처치에 대해서도 야만적이고 중세적인 생각을 갖고 있어요. 아내와 내가 처음 팔레르모에서 일을 시작했을 때 우린 제법 교육을 좀 받았다 하는 상류 사회 클럽 인사를 도우려고 했어요. 하지만 다 그만둬야 했지요. 다 큰 성인들을 데리고 새로 교육을 시작하는 건 불가능해요."

1세기 전에 살았던 시칠리아의 가장 열렬한 애국자, 카스틀레누보(Castlenuovo) 왕자도 이 문제를 인식했다. 그는 페르디낭 정권의 중세봉건주의에서 시칠리아를 벗어나게 하려한 움직임의 주동자였다. '언덕 위의 마을(I Colli)'로 불리는 이 교외촌은 점점이 흩어진 멋진 저택들이 있는데, 페르디낭의 파보리타 여름궁전에서 멀리 떨어져 있지 않은 이곳에 왕자는 시범 농장과 야채밭정원, 낙농장을 만들었다. 여기서는 부유하고 가난한 집안 출신을 가리지 않고 모든 아이들이 함께 모여 전문가의 지도하에 조상들의 구식 방법에 의지하지 않고 땅을 최대로 이용하는 방법을 배운다. 젊은 학생들과 그들이 배움에 보이는 태도와 열정만 가지고 판단한다면 이 교육기관은 여전히 큰 성공을 거두고 있는 것으로 보인다.

우리가 이곳을 돌아보는 데 도움을 줬던 소년은 자기가 학업을 마치면 우리 주변에 넓게 펼쳐진 것과 같은 큰 농장의 감독관이 될 계획이라고 아주 자랑스럽게 말했다. 미국은 그에게 매력이 없었다. 그는 이렇게 말했다. "아버지는 제게 시칠리아를 많이 사랑하라고 가르치셨어요. 그분은 뉴욕에서 사업으로 큰돈을 버셨지만 저는 애국자가 될 거예요. 여기 남을 겁니다. 그리고 공부할 거예요. 가난한 우리나라가 점점 부자가 될 수 있게 도울 수 있게요!"

정원과 소년들도 흥미로웠지만, 가축사육장은 또 완전히 새로운 발견이었다. 염소와 염소 새끼, 양과 어린양, 거대한 황소와 암소와 온순한 눈의 기운찬 송아지가 각각 따로 분리된 마당에서 사육되었는데, 우리들이 모두 티끌 하나 없이 깨끗했다. 암소 우리 옆에 깔끔하게 벽돌을 쌓아 만든 시범 양돈장에는 툴툴거리는 돼지들로 가득했는데, 자신들의 숙소에 꽤 만족스러워 보였다. 누구든 이 우리에 쓰지 않은 새 손수건을 실수로 떨어뜨렸다가 다시 집어들더라도 손수건이 전혀 더럽혀지지 않고 여전히 깨끗할 것이다. 낙농 학교는 유익하고 청결한 만큼 완벽하다. 그러나 여기서 벗어나 조금만 더 가면 우유 산업의 또 다른 단계, 즉 염소젖으로 만든 몽글몽글한 하얀 치즈, 다른 말로 신선한 리코타치즈가 가득한 커다란 삼베 가방을 나르는 당나귀를 만나게 된다. 가방에서 스며 나오는 유장과 당나귀의 땀 때문에 위에는 온통 먼지가 덕지덕지 쌓여 말라붙는다. 절대 수다스럽게 관심을 드러내지 말아야 한다. 그렇지 않으면 농부 상인이 이렇게 채근하는 소리를 듣게 될 테니까. "맛만 보시라니까요!"

언덕 위의 훌륭한 저택 중에서도 휘터커라는 부유한 영국인이 지은 소피아 빌라가 특히 아름답다. 그는 천재성은 인간과 자연이 함께 조화롭게 노력하기만 한다면 따뜻하고 관대한 대지의 품에서 최고 최선의 결과를 이끌어내는 행복한 경험을 할 수 있음을 보여준다. 탈리아어에서는 빌라는 궁전(palace)처럼 그 쓰임이 유연한 단어이다. 빌라는 단순히 여름을 보내는 저택만을 의미하지 않는다. 주택 외에도 부지를 가리키는 데도 쓰이며, 많은 집들이 펠리스라고 하는 곳과 아주 비슷하다. 그 외에 찾아가볼만한 곳으로는 몬레알레 도로에서 벗어난 곳에 위치한 작고한 타스카 백작의 빌라가 있다. 백작은 이곳을 실험적인 농사시험장으로 지었는데, 그는 시칠리아에서 과학적 기초 위에서 농장을 운영한 선각자였다. 하지만 그 역시 왕족을 몹시 좋아했다. 저택의 '지하실(basement)' 문 위에 붙여진 청동 명판에는 마르가리타 여왕이 이곳에서 기쁨에 넘친 주인과 함께 오찬을 즐겼으며, 여왕 폐하의 방문 덕택에 이 저택의 가치와 매력이 한층 빛나게 되었다는 사실이 풍부한 형용사로 인상 깊게 새겨져 있다.

억압받고 추방된 필리피니 수도사들의 수도원을 차지한 팔레르모 박물관은 비록 다 무너지고는 있지만, 시칠리아의 여러 시대의 생생한 집약화와 예술 및 문화 부흥의 흔적을 모두 모아놓은 곳으로서, 대부분 귀족들의 팔라치보다는 궁전이라고 불릴 만한 자격이 충분한 으리으리한 저택이 있다는 특징이 있다. 그러나 입장하려는 순간 듣게 되는, 예의바른 경비원이 당신의 카메라를 현관 홀 맞은편에 있는 짐 보관 직원에게 맡겨도 '좋다'는 통보에 실망하게 될 것이다. 저쪽에 보이는 첫 번째 뜰의 자유로운 아름다움을 흘끗거리며 아무리 애원해봤자 소용없다. 경비원은 타협을 모르는 정직한 사람이다. 당신은 햇빛을 가려주는 도덕적인 도움도 없이 입장해야 한다.

작은 궁궐은 진정한 자연 그대로의 천국이다. 활싹 피어나는 넝쿨이 벽 가장자리를 타고 혹은 밑으로 늘어지거나 혹은 기둥을 감아 돌며 자라나고, 선인장 열매는 코니스 위로 당나귀 엉덩이처럼 통통한 아랫부분을 얹은 채 햇빛 속에 아름다움을 자랑하고, 무성하게 우거진 나뭇잎들은 모서리의 연결 부위를 초록빛으로 뒤덮는다. 정원 한가운데에 놓인 얕은 석조는 16세기 트리톤이 콘치 깊숙이에서 물을 마실 수 있게 그림처럼 아름다운 발판을 제공하는 멋진 식물들로 가득하다. 그리고 왼쪽으로, 두 번째 뜰의 넋을 앗아가는 매혹적인 경치가 건너다보이는 아치형 입구 바로 위에는, 데이 베스프리 광장(Piazza dei Vespri)에서 가져온 철제 십자가가 얹힌 비극적인 기둥 주위로 연한 덩굴이 화환처럼 감싸고 있다. 십자가는 일부 프랑스인이 대학살에서 쓰러져 묻혔던 정확한 지점을 표시하기 위해 한때 그곳에 세워두었던 것이다.

보도와 기둥, 코니스와 지붕은 그 자체가 진기한 고대와 중세의 일부 건축술로 장식된 박물관이다. 일부는 실제로 수도원의 일부로서 지어졌고, 또 다른 일부는 그림자로 얼룩덜룩한 보도 주변에 미적 포기의 의미에서 흩어놓은 것이다. 교태 부리는 여인처럼 두 번째 뜰이 손짓해 부르는 이 순간, 왜 굳이 다 부서져가는 대리석에 새겨진 고대의 글을 가지고 끙끙거리는가? 멘토가 되어주길 청하는 끈질긴 피고용인은 떨궈버리고 무성하게 우거진 나뭇잎에 대부분의 골동품이 가려져 있는 열대의 정원으로 들어가라. 이 방종한 식물의 성향을 길들이려는 어떤 시도도 없었다. 종려나무와 관목, 흐드러지게 핀 꽃들, 덩굴과 덩굴 식물은 이 멋진 뜰에 스페인 파티오의 느낌을 준다. 그러나 실제로 골동품들을 보게 되면 당신은 차츰 균형 감각을 되찾고 주위를 둘러보게 될 것이다.

맨 처음에는 좀 부서진 것 같은 이상하게 생긴 검은 돌이 보이는데, 욕조와 제일 비슷하게 생겼다. 이것은 석관으로, 드물게 보는 선사시대 시켈 기념품이며 사라진 고대인의 풍습과 문화를 공부하는

데 있어 가늠할 수 없는 가치를 가진다. 그들이 그리스인에게 완전히 흡수되었기 때문에 우리가 지금 알 수 있는 그들의 삶의 흔적은, 비록 그 진위가 종종 의심받기는 하지만, 이렇게 무덤에서 나온 몇 안 되는 흩어진 조각이 전부다.

오랜 옛날 어느 무명의 아랍인에 의해 시칠리아로 수입된 파피루스의 후예, 파피루스 나무가 분수에서 살아 있는 수북한 먼지떨이인 먼지버섯 머리를 내밀고 있다. 검소한 사라센 관리인이 흠잡을 데 없이 깨끗한 모스크와 공중목욕탕에서 먼지를 털어내는 데 그것을 사용할지 누가 알겠는가?

박물관이 보유하고 있는 다양하고 광범위한 수집품을 잘 관리하려면 일관성 있게 정리할 수 있는 능숙한 솜씨와 감각이 필요한데, 이 임무를 가장 잘 해내는 사람이 바로 박물관 책임자인 살리나스 교수이다. 그의 탁월한 일처리 솜씨 덕분에 각 부문별 수집품의 의미가 분명하게 드러났다. 홀마다 온갖 진기한 그림들과, 너무 보기 흉한 나머지 오히려 그에 대한 반발심과 불쾌함이 당대 예술을 완벽하게 만들게 된 계기가 되었다는 세 폭짜리 그림 트립틱, 그리스 시대 시칠리아가 화폐 연구에서 주도적인 명성을 쌓을 수 있게 해준 훌륭한 동전들, 그리고 무엇보다도 중요한 메토프(metope)가 있다.

신전에서 나온 조각한 평판은 프리즈이다. 셀리누스(Selinus)의 쌍둥이 언덕에 자리 잡은, 열정이 넘치고 아직은 원시적인 단계에 있었던 초기 그리스 문화에 대한 이야기가 그 안에 담겨 있다. 전시 공간 전체에 대칭적으로 시리즈로 정렬하여 프리즈만 진열해놓은 홀도 있어서, 그곳에선 심지어 오늘날에도 고대 시칠리아의 모습을 드러내는 신비한 구비 설화를 들을 수 있을 것만 같다. 그리고 비록 개별적인 조각품이 정밀함과 아름다움에선 이것들을 능가하지만, 조악한 수준부터 가장 완벽한 형태에 이르기까지 그리스 시칠리아 예술의 정확한 발전 상황을 시리즈로 보여주는 예술품으로는 메토프만한 것이 없다.

더욱이, 셀리누스 신전에서 출토된 메토프에 적힌 이야기는 매우 비극적이고 놀랍기 때문에 다른 것으로는 비교자체가 불가능하며 단순한 말로는 그 공포를 묘사하는 데 거의 도움이 못 된다. 한니발 기스곤이 카르타고 용병을 이끌고 흉포하게 이 도시에 들이닥쳤던 기원전 409년, 셀리누스는 아직 젊었고 확장일로에 있던 부유한 셀리누티네는 계속 거대한 신전을 짓는 중이었다. 그 흉포함을 자세히 묘사하자면 매우 끔찍하다. 주민들은 무자비하게 도륙당하고 도시는 살아 있는 이들의 역사 속에서 지워져버렸다. 그러나 한니발은 마음이 급했다. 미완성 신전처럼 그 가치를 두고 문제시되는 건물들을 일일이 파괴할만한 시간이 없었다. 북부 해안의 히메라 전투에서 일어난 자신의 조부 하밀카르의 패전과 죽음에 대해 복수해야 했기 때문이다. 신전들과 황량해진 도시를 부엉이와 메뚜기에게 넘겨준 뒤 그는 상기되고 자신감에 넘쳐서 서둘러 북쪽으로 향했다. 지진의 충격으로 넘어져서 폐허로 변하기 전까지 부분적으로 완성된 밝은 신들의 집이 보존될 수 있었던 것은 바로 이 때문이었다.

황량함의 침묵 속에 수세기가 경과했다. 그러던 어느 날 고고학자들이 폐허 속에서 메토프를 조심스럽게 건져내어 초기 메토프의 괴상하고 상스러운 모양부터 신과 영웅과 인간의 완성된 후기 형태에 이르기까지 예술의 발전을 보여줄 수 있도록 박물관의 회반죽 바른 벽 위에 잘 정리했다. 프리먼의 적절한 표현을 빌자면 메토프는 "셀리누티네의 경건한 주민이 불멸의 신에게 바칠 수 있는 최선의 공물"이다. 그러나 조각가의 실력은 불과 한 세기만에 빠르게 성장하여 초반의 메토프는 진기한 것이 되었고, 후반의 작품은 너무 뛰어났기 때문에 도저히 같은 시대에 만들어진 것으로 보기가 어려웠다. 때문에, 만약 그 만족을 모르는 아프리카 군대가 전쟁의 파괴적인 숨결로 엄습하지만 않았더라면, 과연 셀리누스에서 싹트기 시작했던 이 강한 천재성이 활짝 피어났다면 무엇이 되었을지 심히 궁금하다.

시칠리아가 자랑할 수 있던 과거의 그림같이 아름다운 궁전들이 다 사라진 후, 불우한 시절에 나타난 궁전 하나가 바로 키아라몬테 남작의 고상한 저택이다. 14세기, 아라곤 시대에는 이 가문과 다른 귀족들의 힘이 너무 강해졌기 때문에 정부가 체계적으로 시칠리아를 다스릴 수 없었는데, 이 저택이 당시 키아라몬테 남작이 지닌 권력의 실체를 보여주는 상징이나 마찬가지였다. 밖에서 보기엔 음침하고 뻣뻣해 보이지만, 안쪽은 아직도 갑옷 입은 기사가 높은 홀을 갑옷을 쩔그럭거리며 거닐고 화려하게 부풀어 오른 드레스를 입은 숙녀들이 아라스와 테피스트리 자락 틈새로 음모를 꾸미는 지배자의 마차를 내려다보고 있을 것 같은 분위기가 감돌았다. 어두운 이야기에는 대부분 이런 낡은 홀이 등장한다. 가문의 마지막 통치자였던 앤드류 키아라몬테(Andrew Chiaramonte)는 1392년에 이곳으로 끌려와 감금되었고, 궁전은 법정이 되고, 정의가 교묘한 속임수를 대신했다. 훗날 스페인 총독은 이곳은 자신의 관사로 삼았으며, 1600년에는 무시무시한 스페인 종교심판의 현장이 되었다. 안쪽 뜰은 개인 예배당으로, 종교재판의 끔찍하고 성과 없는 많은 비극들이 이곳에서 벌어졌을 것이다. 건물 전체에서 피비린내가 났다. 현재 이곳은 도가나 세관으로 사용되고 있는데 역사상 그 어느 때보다도 유용하게 쓰이고 있으며 시칠리아 수입업자에게는 분명 여전히 가장 불쾌한 심문의 저택일 것이다.

로제르의 아들이자 몬레알레 대성당을 지은 굴리엘모 2세의 아버지인 악한 왕 윌리엄은 자신이 가장 좋아했던 아라비아풍의 라 지자 궁전을 두고 사랑하는 곳 또는 화려한 곳이라고 불렀다. 이곳은 확실히 무어양식의 건축물로, 맨 벽은 온갖 종류의 장식이 입혀져 있고 동양식 출입구와 끝이 뾰족한 창문, 꼭대기에 톱니 꼴의 벽이 있는 프리즈가 있다. 윌리엄 1세 시대에 궁전의 화관은 콘스탄티노플에서처럼 막강한 권력을 휘둘렀고 궁전 관리들은 대개가 사라센인이었는데, 어쩌면 이것이 건축 구조가 지금과 같이 된 이유일지도 모른다. 윌리엄 자신은 주색을 탐하는 게으르고 문란한 삶을 살았다. 통치 말기가 가까워올수록 동양 군주처럼 만사에 무관심해져서 이 화려한 궁전에 틀어박혀 나쁜 얘기는 아무것도 들으려 하지 않았다.

훼손되었지만 웅장한 메인 홀에 서 있으면 어째서 그가 동양의 매력에 잠식당할 수밖에 없었는지 이해가 된다. 팔레르모에 있는 다른 그 어떤 궁전보다도 이 방에는 '축복받은 아라비아'의 숨결이 더욱 강렬하게 맴돌았다. 천장은 거대한 종유석 아치형 지붕이고, 모자이크의 작은 분수에서는 아직도 거품을 내며 계단 위로 물이 흘러내려와 정방형의 수조를 타고 바닥으로 흐르는 듯했다. 이것은 그라나다 알함브라 궁전에 있는 분수와 매우 비슷했다. 한때 이 빌라를 아름답게 치장했던 오래된 대리석 판을 대신했던 프레스코 벽화만이 현대적인 것이었다. 아니다. 현대적 감각을 느낄 수 있는 것이 하나 더 있다. 관리인의 어린 딸의 소유인 밀랍으로 된 작고 하얀 오리들 몇 마리가 파문이 번지는 수조에서 조용히 떠다니고 있었다!

6

파노르모스PANORMOS 평지

남부의 관문 중 하나로, 콘카도르 가장자리에 위치한 '성 아가타 문(Porta Sant'Ágata)'에서 얼마 떨어지지 않은 곳에 '성령의 들판 (Campo di Santo Spirito)' 또는 신기하게 생긴 무덤과 지하 납골당으로 가득한 멋진 잔디밭 공동묘지가 있다. 선한 왕 굴리엘모의 영국인 멘토 월터 밀 대주교가 1173년에 같은 자리에 세웠던 시토회 수도원의 유물인 예배당은 이미 다 낡았고 칠도 벗겨져 있었다. 대주교가 왕의 선량함에 큰 영향을 끼친 것은 분명하다. 그의 부친은 다름 아닌 악한 왕 윌리엄이었기 때문이다. 1882년에 교회가 복원되었을 때, 사람들은 최소한 이 성직자가 건물에 실현하고자 한 설계의 정수만은 유지하고자 각별한 주의를 기울였고, 그 결과 시칠리아의 푸른 하늘 아래 세워진 수많은 시칠리아 무덤들 가운데 중세의 영국 교회가 어깨를 나란히 하고 나타났다. 1282년 3월 31일, 여기서 가까운 곳에서 저녁 기도의 종소리가 울려 퍼지기 시작한 바로 그때 끔찍한 시칠리아 베스퍼스 대학살이 발생했다. 도시 인근의 산 지오반니의 큰 종소리를 신호로 시칠리아에 있던 모든 프랑스인의 조종이 울려 퍼지고 비정한 앙주가는 몰락했다. 학살의 난교에서 죽임당한 프랑스인 대

"성령의 교회의 종은 시칠리아 베스퍼스에 있던
프랑스인의 조종 소리를 울려 퍼지게 했다."

부분은 여기에 묻혀 있다.

이 대학살은 종종 사전에 계획된 것이었다는 의심을 받지만, 실제로는 부활절 화요일 저녁 예배 시간에 시작된 대중의 자발적인 폭발이었다. 산토 스피리토 교회는 당시 사람들이 예배 장소로 가장 선호하던 곳이었고, 당시에도 사람들은 도시와 이곳을 평온히 오가고 있었는데, 그때 이백여 명의 프랑스인이 나타나 평소보다 더 거칠고 무례한 태도와 언행으로 그들을 모욕했다. 군중들 틈에 어느 매력적인 젊은 처녀가 연인과 함께 있었고, 한 프랑스 군인이 정당한 이유 없이 그녀에게 모욕적인 말을 던졌다. 그녀의 연인은 당연히 이에 분개했고, 그간 인내심 많은 섬 주민들이 참아 온 프랑스 압제자들에게 당한 부당한 취급과 학대에 대한 분노가 봇물처럼 터져 나왔다. 현장에 있던 이백 명의 프랑스인들을 대담무쌍하게 공격한 시칠리아인들은 사실상 비무장상태였지만 프랑스인은 단 한 명도 달아나지 못했다. 교회의 종은 미친 듯이 울려댔고, 이렇게 외쳤다. "Morte ai francesi! 프랑인에게 죽음을!" 피에 미친 군중은 도시를 이리저리 돌아다니며 눈에 띄는 대로 프랑스인을 죽였다. 궁전과 대저택에 쳐들어갔고, 심지어 앙주 왕가의 사람과 친한 것으로 알려졌거나 그런 의심을 받는 시칠리아인까지 죽였다. 팔레르모의 이 사건은 오래가지 않았지만 적어도 2천 명 이상의 프랑스인이 죽임을 당했다. 그리고 팔레르모인이 불붙인 분노는 모든 프랑스인이 죽거나 도망칠 때까지 섬을 휩쓸었다. 이 짧은 복수를 뒤이은 베스퍼스 전쟁이 몇 년간 지속되긴 했으나, 앙주 왕가의 지배는 시칠리아에 관한 한 이 사건으로 막을 내렸다.

멀리 도시 밖으로 옛 미노리테(Minorite) 수도원과 산타 마리아 디 제수의 아름다운 경내가 콘카 도로의 경계를 이루는 에메랄드빛 언덕 중 하나의 가파른 측면을 따라 뻗어 나간다. 정문에서 시작된 조약돌 깔린 긴 오솔길이 기품 있는 나무와 곳곳에 놓인 묘비가 있는 멋진 녹색 풍경을 통과한다. 그리고 겸손과 청빈이 미덕인 프란체스코회 수도사치고는 흥미롭게도 한 수도사가 이 묘지에는 팔레르모의 귀족가문 중에서도 가장 부유한 사람들만 묻힌다고 자랑스럽게 설명했다. 대부분의 무덤에는 거대한 인조 화환으로 가장자리를 장식한 설거지통 같은 케이스에 얇은 유리 덮개가 달린 사진들이 놓여 있었는데, 칼라가 높은 제일 좋은 옷을 입고 더비 모자를 쓴 사진 속 남자들은 아주 뻣뻣하고 불편해 보였다. 몇몇 '팬'들은 직경 1야드, 깊이 8인치로 제작되었고, 화환 위로 잔뜩 늘어진 검은색 테이프에는 황금빛 글자로 적절한 비문과 고인의 이름이 새겨져 있다.

지금까지 한 번도 해본 적이 없는 흥미로운 프레스코 벽화의 밑그림을 보기 위해 우리가 작은 교회의 성물 안치소에 들어갈 때 마침 합창단 갤러리에서 수도사들이 단조롭고 반복적인 성가를 졸린 듯이 부르고 있었다. 우리의 가이드는 친절하고 근사한 젊은 형제였는데, 그의 얼굴은 플로렌스 바르겔로에서 단테가 묘사한 지오토의 잊을 수 없는 프레스코의 인물과 판박이였다. 그는 자신을 프라 지아코모라고 소개했다. 세상에서 그가 일반적으로 관심을 두는 것, 그리고 세속과 격리된 삶과는 전혀 어울리지 않는 그의 위험한 호기심 가득한 단순한 태도가 우리에게 히친즈의 『알라의 정원(Garden of Allah)』에 나오는 안타까운 영웅—그를 영웅이라 부를 수 있다면 말이다!—을 연상시켰다. 그는 물론, 우리가 시칠리아나 이탈리아에서 마주쳤던 수도사들 중 누구도 스페인 수도사의 특징인 영성과 내핍 생활과는 거리가 멀었다. 어느 누구도 타인의 눈에 비치는 태도나 분위기만으로 그를 거룩하거나 광적인 사람이라고 쉽게 낙인찍을 수는 없는 법이다.

　이 영성의 결핍이 확실히 드러난 것은, 프라 지아코모가 한창 진행 중에 있던 미사를 완전히 무시하고 카메라 스탠드로 쓰라고 타일 바닥 위로 어마어마하게 쩔렁거리는 소리를 내며 고해소 성상을 질질 끌고 왔을 때였다. 그는 내가 그 카메라 스탠드에서 유리 케이스에 든 빈약하고 아무것도 안 덮인 작은 제단을 찍어야 한다고 우겼다. 소음이 울릴 때마다 높은 곳에 선 수도사—이 신성모독에 소금도 개의치 않아 보이는—들은 마치 우리의 불경스런 소란을 듣지 않겠다는 듯이 더 열정적으로 노래를 불렀다.

　수도원에서 지그재그로 난 오솔길은 언덕 꼭대기로 바로 이어진다. 그곳에서 한때 높이 존경받던 두 명의 성녀가 제단을 쌓고 콘카 도로가 내려다보이는 절벽 끝자락에 암자를 마련했다. 밑으로는 커다란 군대 지도처럼 시골의 풍경이 펼쳐지고, 흰 잉크로 그려놓은 것 같은 길들이 사방으로 뻗어 나가고, 사파이어 빛 바다, 에메랄드와 토파즈 같은 콘카 도로, 마노 빛 도시가 보인다. 팔레르모 건너 저 멀리로 펠레그리노 산이 그 각진 어깨를 푸른 안갯속에 반쯤 가린 채 어렴풋이 흐리게 보이고, 바다는 하늘과 섬세하게 맞닿아 사라져 마치 수평선이 존재하지 않는 것 같다. 전경으로 떠오른 레몬 숲에 둘러싸인 대형 굴뚝은 사라센 시대부터 시작되어 거의 천 년 이상을 내려온 옛 관개 시설의 증거이다. 언덕과 평야에는 모두 강과 시냇물이 흘러 넘쳐, 아랍인은 가는 곳마다 황무지를 정원으로 바꾸고 식물을 심고 돌보고 개량할 수 있었다. 이들이 고안한 관개 시설은—당시의 자원과 시대를 고려하면— 매우 완벽하고 영구적이기 때문에 서양에서 우리가 만들어낸 관수 설비가 상대적으로 유치하고 보잘 것 없어 보인다. 오늘날 콘카 도로에서는 약 백 개의 스팀 엔진이 자분정과 복류수로부터 물을 퍼 올리고, 도관과 수차가 샘에서 솟아나는 물 한 방울까지 철저히 활용한다. 토지는 매우 비옥하여 이 관개 시설은 1에이커당 7달러에서 150달러로 수익을 증가시켰다.

개수의 공기에는 언덕에 찾아온 방문자의 존재를 주위의 모든 아이들이 눈치채게끔 만드는 뭔가 미묘한 공감의 에테르 같은 특별한 게 섞여 있는 것 같다. 어쨌든, 당신이 암자에서 내려와 본관 계단의 맨 위에 다다르는 순간, 아이들이 어디선가 나타나 길가에 면해 있는 낮은 돌 벽담 위를 긁어대는 소리를 듣게 될 것이다. 자연히 담 밖을 내다볼 수밖에 없다. 긴 장대의 홈 상단에는 거친 벽을 따라 레몬 꽃송이가 긁어대고, 숲에서 25피트 정도 아래에 위치한 하단에는 귀여운 아이가 당신을 보고 이렇게 외친다. "Due soldi mangiare—먹으려면 2센트만 내세요!"

우리가 수도원을 떠나려하자 '단테'의 세속적인 호기심이 다시 한 번 강렬하게 튀어 나왔다. 내 카메라를 가리키면서 그는 구슬프게 물었다. "저 한 장 찍어주실래요?"

나는 그에게 배경을 골라 포즈를 취해보라고 했다. 예술가처럼 노련한 안목으로 그는 큰 사이프러스 나무 옆의 돌계단을 고르고, 자신의 성무 일과서를 꺼낸 다음, 곧바로 상상력을 발휘해 성스러운 것을 생각하는 듯이 명상에 빠졌다. 사진 찍기가 끝나자 그는 매우 탐난다는 표정으로 다시 말했다.

"그걸 좀 제게 부쳐 주시겠어요? 여기에는 관광객들이 많이 와서 사진을 찍어요. 제 사진도 찍지요. 하나같이 저한테 사진을 보내주겠다고 약속했었죠. 실제로도 보내긴 했을 거예요." 그는 그렇게 어린 애같이 꾸밈없고 진지하지만 않았더라면 터무니없어 보였을 너그러운 태도로, 애석하다는 듯 한숨을 내쉬었다. "하지만 한 번도 받아보진 못했어요. 오, 여긴 우편사정이 좋지 않거든요!"

싹싹한 구알테리오는 항상 우리의 이익을 최우선적으로 생각하며 봉사했지만, 가끔씩은 자신의 이익을 챙기지 않을 수 없었다. 그는 유쾌하게 노래를 흥얼거리며 마차를 달려 주요 도로에서 벗어났다. 그러고는 더럽기 그지없는 뼈다귀를 두 손 가득 움켜쥔 아주 지저분한 아이들이 우글거리는 것 같아 보이는 커다란 동굴 입구에 도착해 말을 세웠다. 길의 반대편에는 녹색의 끈적거리는 물로 뒤덮인 웅덩이가 있었다. 내가 카메라를 들고 마차에서 내리려 하자 구알테리오는 다급하게 나를 막았다. "오, 아니에요, 나리. 여긴 연구할 게 아무것도 없답니다. 하지만 나리가 거인 동굴을 보고 싶어 하실 거라고 생각했 습죠. 오래된 화석하고 달콤한 물(마레 돌체)이 잔뜩 있거든요!"

강가 딘과 염소가죽 가방을 상기시키는 저 "달콤한 물"이 마시고 싶어질 정도로 목마른 방문자는 없을 것이다. 더럽고 끈적거리는 웅덩이가 콩카 도르에서 유명한 무수히 많은 샘물인 마레 돌체(달콤한 물)에서 흘러나온 것이길 바랄 뿐이다. 그의 의심스런 진정성을 따지고 싶진 않았다. 그래서 이 상황에서 내가 할 수 있는 유일한 행동은 나의 마부처럼 유쾌한 태도를 유지하고, 라 파바라의 사라센―노르만의 근거지였던 유적지―으로 돌아가는 것이었다. 역사상 가장 위대했던 시칠리아의 왕 프리드리히 2세가 왕실을 지키던 시기의 이곳은 중세시대 그 화려함으로 매우 유명했다. 화려했던 궁전은 사라지고 성 자체가 무너져 잔해만 남아, 지금은 그저 어둡고 고약한 냄새나는 눅눅한 마구간과 창고로 사용되고 있다. 그럼에도 불구하고 이 유적지를 보는 것만으로도 프리드리히 대왕의 뛰어난 인품과 성격을 알 수 있다. 그가 단순히 독일의 황제 겸 시칠리아의 왕이었을 뿐 아니라 이탈리아, 사르디니아, 아풀리아, 버건디의 왕이기도 했으며, 잠시 동안이긴 했지만 예루살렘도 다스린 적이 있다는 사실을 기억해야 한다. 그 도시와 여섯 번째 십자군과 맺은 그의 인연으로 인해 치열하고 호전적인 시대의 가장 아름답고 즐거운 사건 중 하나가 일어났다. 몇몇 외국어 외에 아랍어를 유창하게 구사했던 그는 추진력 있는 성격과 매력적인 성품 덕분에 사라센과 평화적으로 많은 조약을 체결했고, 칼 한 번 휘두르지 않고 성스러운 도시를 손에 넣을 수 있었으며, 그 후로 수십 년간 왕위를 지켰다. 그가 왕위에 있는 동안은

유혈 대신 평화가 통치의 규칙이 되었다. 그의 군대에는 심지어 사라센 군대가 포함되어 있었는데, 그는 그들을 자신의 개인 경비대로 활용했다. 라틴 연대기 작가가 "스투포르 문디(stupor mundi, '세계의 경의'라는 뜻)"라고 묘사했던 프리디리히 대왕이 통치하던 시대에 그가 지적인 면에서나 정치적인 면에서 철저하게 파악하고 장악하지 못한 것은 아무것도 없었다. 고국과 외국에서 끊임없는 활약을 펼치는 와중에도 그는 시간을 내어 시인과 학자로서의 자신을 단련했고 모든 분야의 학문을 장려했다. 그리고 무엇보다도 중요한 것은 구어로만 통용되던 당시의 투박한 이탈리아어를 논리 정연하게 조절된 문어체로 만든 것이다.

이 온화한 섬에서 평범함을 벗어난 경험을 하고 싶다면 무두장이들의 거주지 중간에 위치한 바게리아 도로 상의 산 조반니 데이 레브로시, 또는 일부 미국인이 '나병(The Leprosy)'이라고 부르는 교회를 추천하고 싶다. 여기서 당신은 각자 더럽고 말끔하지 못한 커다란 열쇠를 흔들어 대는 세 여인과 큰 소리로 꺅꺅대고 무대포로 달려드는 상스러운 아이들 한 무리의 환대를 받게 될 것이다. 세 여인 중 하나가 골목에 난 문을 열면 그 안쪽 끝에 서 있는 교회가 보인다. 악취는 거의 정신이 나갈 정도이고 공기는 수증기로 가득하다. 두 번째 여인은 교회의 문을 연다. 이 교회는 섬에 세워진 가장 오래된 노르만 건물 중 하나로 지금은 보기 싫게 눈에 띄는 벽돌과 백색 도료로 고통스럽게 복원 중에 있다. 세 번째는 교회의 성구 보관실 관리인이다. 이것 말고도 거대한 열쇠가 하나 더 있다. 이번에는 열쇠를 든 사람이 성질 고약한 남자다. 그는 부득부득 다른 곳을 보여주겠다고 우길 텐데, 그가 말한 대로 오렌지 숲을 지나면 시골 길 아래의 평범한 경치만 보게 될 것이다. 이 사악해 보이는 아이들과 관리인들은 섬 어디서든 마주치게 되는 가장 고집 세고 무례한 사람들이다. 악취가 진동하는 공기가 그들의 심술궂은 기질과 어떤 관계라도 있는 것일까?

고대의 파노르모스 평원에 서면 진기한 전투 장면이 생생히 떠오른다. 오늘날 우리는 자동차와 비행기를 가지고 전쟁을 치르지만, 이천 년도 더 전에 카르타고 군대를 재앙이 집어삼킨 이유는 아스드루발 장군이 당시 새로운 유행이던 코끼리 보조부대를 절대적으로 신임했기 때문이다. 온 세상을 모두 점령했던 이 부대는 그러나 로마에서는 군단병사들이 "거대한 회색 황소부대"라고 한 황소들 앞에서 벌벌 떨었다.

그러나 섬 내부를 통치했던 메텔루스 집정관은 자신을 향해 느릿느릿 무시하는 태도로 진격해오는 이 화려한 목표물을 우선적으로 주목했다. 끊임없이 쏟아지는 다트와 화살의 소나기로 고통에 미쳐버린 거대한 짐승들은 위에 올라타 있던 무력한 기수들을 흔들어 내던져버리고 미친 듯이 노하여 앞으로 뒤로 질주하면서 울부짖고, 으르렁대고, 닥치는 대로 밟아 뭉갰다. 이것은 결과적으로 로마군보다 카르타고군에게 더 막대한 피해를 초래한 거대한 파괴 엔진이었다. 살육의 현장에 어둠이 내리기 전까지 로마군은 한때 그들이 두려움에 벌벌 떨었던 120마리의 코끼리들 가운데 절반을 포획했다. 아스드루발이 의지했던 이 끔찍한 거대 괴물이 오히려 패전의 원흉이 되었다.

가리발디와 그의 불멸의 천인대가 승리를 향해 진군했던 도로, 코르소 데이 밀레를 따라 도시를 향해 계속 가다보면 약 8백 년 전에 로제르 왕의 대제독 지오르지오 안티오체노스(Giorgios Antiochenos)에 의해 지어진 폰테 암미라글리오(Ponte d'Ammiraglio)를 지척에 두고 지나게 된다. 옛날에는 이 다리로 물살이 빠른 피우메 오레토(Fiume Oreto)를 건널 수 있었지만 현재는 변화가 심한 물길이 다른 경로를 선택한 까닭에, 거대한 석조 다리만 메마른 강바닥 위로 높이 솟아 있어 탁 트인 넓은 대지에서 괴이한 무용지물처럼 보인다.

첫 번째 왕보다 더 추앙받는 해방자, 가리발디의 문을 통과해 도시로 들어서서 가리발디 거리를 따라 걷다 보면 리볼루지오네 광장에 이르게 되는데, 이곳에는 기이하고 낡고 구부정한, 반쯤 도취된 듯한 왕관을 쓴 팔레르모의 천재(Genius of Palermo) 동상이 천인대가 도시를 점령하기 12년 전에 최초의 혁명가들이 모였던 지점을 기념하여 그 자리에 세워져 있다. 근처의 크로체 광장 데이 베스프리(the Piazza della Croce dei Vespri)에는 1282년에 학살되어 대리석 기둥 하나 아래 묻힌 프랑스인들을 추모하는 추모비가 세워졌다. 추모비 위에는 십자가가 올려졌고 창과 마늘창을 엮어 만든 철책으로 둘러싸여 있다. 광장 구석에는 집 벽안에 세워진 15세기 기둥이 하나 있는데, 이곳은 앙주 가문의 샤를의 보좌관, 생 레미 총독의 저택이 있던 곳으로 그는 대학살이 일어났을 당시 여기에 살다가 포위됐다고 전해진다.

철도역에서 넓은 대로, 비아 링컨(Via Lincoln)이 만으로 이어진다. 구알테리오는 이 도로가 '우리가 태어나기 오래전에 총살당한 훌륭한 시칠리아 애국자!'의 이름을 붙인 거라는 정보를 자진해서 알려주었다. 그의 환상을 깨뜨리고 시칠리아로부터 그렇게 훌륭한 인물을 앗아가는 건 너무하다는 생각에 우리는 그저 소리 없이 웃으면서 침묵을 지켰다.

"'가난한 사람의 산책로'는 희미한 안개가
자욱한 차파라노 산맥(Mte Zaffarano)을 향해 뻗어 있었다."

만 옆에는 널찍한 잔디밭과 멋진 나무와 커다란 꽃 바퀴의 차축처럼 샛길을 정돈해 놓은 매우 아름다운 작은 공원이 하나 있다. 이곳은 시칠리아에서 가장 아름다운 정원 가운데 하나로 꼽힌다. 1777년에 마르칸토니오 콜로나 총독이 정원을 만들었고 그의 아내 도나 줄리아 구에바라를 기리는 의미에서 이 정원을 줄리아 빌라라고 부른다. 천사처럼 부드러운 검은 눈동자와 매력적인 미소를 지닌 정원사의 어린 아들은 어린이에게 교육을 제공한 결과가 어떤 놀라운 효과를 낳을 수 있는가를 증명했다. 자기가 정원사가 되려고 배우고 있다고 자랑스럽게 밝히면서 소년은 마치 구애하는 벌처럼 꽃에서 꽃으로 이리저리 뛰어다니며 꽃을 쓰다듬고 냄새 맡고 새싹들을 일일이 칭찬하면서 각 식물마다 막힘없이 완벽한 라틴어 학명으로 불렀다. 1789년, 괴테가 시칠리아에 체류하는 동안 대부분의 시간을 보낸 곳이 바로 이 사랑스러운 정원이었다. 호머를 읽고 호의 어린 눈빛으로 빌라의 아름다움을 감상하면서 그는 자기가 본 것들이 꼭 요정의 나라처럼 보여서 마치 자신이 고대 시대로 돌아간 것 같다고 썼다. 그의 작품 『이탈리아 기행(Italienische Reise)』은 특히 시칠리아에 관한 열정으로 가득하다. 여기서 그는 이 섬의 정수를 이렇게 극찬의 헌사로 요약했다. "시칠리아가 없는 이탈리아는 영혼에 그 어떤 이미지도 남기지 못한다. 시칠리아는 모든 것의 열쇠다."

날씨가 맑을 때 빌라의 남동쪽 코너에 높이 솟은 넓은 테라스에 서면 저 멀리 에트나의 하얀 왕관이 보인다. 그러나 안개가 심하게 껴서 이 거인을 볼 수 없다 해도, 보다 가까운 경치가 보이지 않아 놓치는 화산 풍경을 상당 부분 보상해준다. 남동쪽으로 '빈자의 산책로'가 희미한 안개로 자욱한 자파라노 산(Monte Zaffarano)을 향해 뻗어 있다. 낚시 배를 여기에 묶어두고 어부와 가족들은 넓고 평평한 해변에서 내륙으로 섬으로 확장하는 먼지 나는 비포장 광장에 야외 테이블을 놓고 이른 저녁 식사를 즐긴다. 그들의 한편에는 넓은 포로 이탈리코나 가로수가 줄지어 늘어선 멋진 산책로 마리나가 만의 가장자리에 경계선을 긋듯 제한하고 있지만, 몇 마일 떨어진 도시의 다른 쪽 끝에는 펠레그리노 산이 위풍당당하게 솟아나 이와는 현저한 대조를 이룬다. 이것은 '부자의 산책로'로서, 여기서는 여름이 되면 저녁 산책(corso)을 하는 것이 유행이다. 팔레르모 시민 절반이 칠제로 만든 의자에 앉아 카페가 추천하는 얼음이 든 찬 음료를 홀짝이면서 연속적으로 담배를 피워댄다. 그동안 다른 사람들은 점잖은 마차를 타고 천천히 드라이브를 즐긴다.

줄리아 빌라에서부터 코르소 발치까지 계속 줄지어 늘어선 옛 저택들은 마리나의 육지 쪽을 표시한다. 그들 중 다수는 시칠리아의 가장 중요한 역사에 때때로 이름을 올렸던 귀족들의 소유다. 포르타 펠리체(Porta Felice)—행복의 문(Happy Gate)— 근처 아래로는 바다 쪽으로 대담하게 튀어나온 나무로 만든 작은 정자가 있다. 도서관과 다실의 역할을 하는 이곳의 건설을 주재한 천재는 말솜씨와 몸가짐이 매력적인 영국 숙녀이다. 관광이라는 하루의 고된 일과를 마친 뒤 이곳에 앉아 실론 차를 마시면서, 보는 각도에 따라 빛깔이 변하는 바다가 다가오는 밤에 저항하느라 쉴 새 없이 솟아나는 잔물결에 헝클어지며 일렁이는 모습을 지켜보는 것만큼 즐거운 것은 없다. 나중에 이곳은 이곳을 세운 총독의 부인, 펠리체 오르시니를 기념하는 의미에서 행복의 문, 포르타 펠리체라 이름 지었다.

7

섬 주변

매혹과 팔레르모는 동의어이다. 도시의 미묘한 매력은 마음에 그대로 스며든다. 며칠이 지나고 몇 주가 흐른 뒤, 어느 날 거의 경악에 가까운 충격과 깨달음을 얻게 될 것이다. 즉, 섬을 돌아보는 데 앞으로 일 년이 더 남지 않았다면 새로운 풍경을 찾거나 지금까지 수도 밖에 본 것이 없다면 시칠리아를 떠나야 한다. 후회는 어리석음만큼이나 부질없다. 이제 할 일은 떠나는 것뿐이다!

가기 전까지, 당신은 『테제레』, 이 놀라운 작은 바게인 책이 시칠리아인을 위해 어떤 일을 했는지 짐작조차 못 할 것이다. 이 책은 돈 쓰는 외국인을 데려왔을 분 아니라, 다른 계절에는 여행할 수 없었던 모든 계층과 지위의 시칠리아인들이 『에제레(essere)』를 손에 들고 티켓 창구에 몰려들게 만들었다. 그리고 그들 중 다수는 일반적으로는 삼류 시설로 여행했겠지만 할인의 도움으로 일류 숙박시설을 이용하며 여행하는 기쁨을 누릴 수 있다.

시칠리아에는 특별객차 시스템이 없다. 역에 처음 도착하는 사람이 가장 좋은 좌석을 차지하고 나중에 오는 사람에게 그 권리를 주장한다. 싸구려 담배가 싫고 신선한 공기가 좋다면 기차역에 일찍 도착할 것을 권한다. 우리는 이 모든 것을 경험으로 배웠다. 그래서 기차가 떠나기 얼마 전에 팔레르모를 떠날 준비를 해두고 차 앞의 '베를리나(berlina, '응접실'이라는 뜻)'라고 하는 스테이트룸을 확보해두었는데, 이곳에선 양쪽으로 탁 트인 전망을 즐길 수 있다.

수도를 떠난 지 불과 얼마 되지도 않았는데 빠른 속도로 지나가는 형형색색으로 수놓인 놀랍도록 아름다운 꽃들의 향연에 도시는 바로 기억에서 사라졌다. 트랙은 몇 마일을 바다 가까운 곳에서 깊은 꽃 울타리 사이를 달렸다. 5에서 8피트 높이의 진홍빛 제라늄, 분홍색 야생 장미, 달콤한 향기를 내뿜는 하얀 로커스 꽃, 가시 달린 선인장 꽃, 노란 줄무늬의 용설란, 그리고 분홍색과 보라색의 아침 나팔꽃이 이 모두를 휘감아 거대한 하나의 온실에서 자라난 꽃밭 같은 인상을 주었다. 그러나 인간의 손을 탄 것은 아니었다. 헤프다 싶을 만큼 넉넉한 시칠리아의 자연이 홀로 이 화려한 행렬을 창조해냈다. 키가 큰 식물 밑에는 자주색 양귀비와 땅 위에 낮게 웅크린 라벤더 선인장 꽃, 유혹적인 미나리아재비 군단이 급성장하고 있었다. 풀과 곡식 틈에 난, 더 많은 양귀비는 넓은 곳에 자라난 머리가 무거운 짙은 진홍빛 클로버와 대조를 이루었고, 거기서 배고픈 소가 무릎까지 풀 속에 파묻은 채 거닐고 있었다.

철도의 육지 쪽에서는 부드러운 녹색의 언덕이 톤을 바꿔가며 넘실대며 펼쳐지고, 끊임없이 변화하는 빛과 그늘로 얼룩졌다. 돌은 자연에서 찾을 수 있고, 모르타르는 싸고, 인건비는 공짜였기 때문에 농가는 거칠고 투박한 돌로 단단하게 지어졌다. 이런 농가들이 멀리 간격을 두고 곡물을 기르는 황금빛 들판 사이에 드문드문 자리 잡고 있었는데, 집집마다 무거운 노르만식 타워를 갖고 있었다. 가난한 집은 촘촘히 자라난 레몬이나 오렌지 나무들 위로 지붕이나 타워가 거의 보이지도 않았다. 가끔씩 하얀 벽의 일부가 무성한 나뭇잎 사이로 보였는데 그것도 낮고 폭이 넓은 격자 구조물을 덮고 자라난 덩굴에 따라 달라졌고 그 위로 가느다란 종려나무가 경계 근무를 서는 외로운 보초병처럼 서 있었다.

바다는 화사한 햇살에 비친 유리처럼 어른거리고, 심지어 빨리 달리는 기차에서도 바닥이 들여다보이는데, 때로는 수면에서 10피트나 15피트 밑까지 보인다. 하얀 돌과 짙은 자줏빛 해초 뭉치가 시원한 에메랄드의 중심에 박힌 진주와 자수정처럼 누워 있다. 작은 섬에서 멀리 떨어져나온 작은 암초와 크고 울퉁불퉁한 바위가 눈처럼 하얗게 부서지는 포말의 가장자리를 통해 고르지 못한 해안선에 이를 드러낸다. 끊임없이 변하는 차창 밖의 전경은 날개를 달고 날아가는 것과 같아서, 하나를 제대로 감상하기도 전에 다음 것을 지나치게 된다.

커브를 돌면서 기차는 큰 어촌 마을로 달려 들어간다. 그물과 작은 배가 있는 안정된 마을로 맨다리를 드러내고 술이 달린 실로 뜨개질한 모자를 쓴 남자들과, 경사진 언덕 옆에 위로 가려고 애쓰는 순한 양처럼 옹기종기 모여 있는 집들이 보인다. 타일과 백색 도료로 지어진 도시의 집들이 수십 명의 충실한 정부 관료의 보호를 받으며 한데 같이 뭉쳐 있는 이곳—뾰족탑이 있는 종루— 테르미니 이메레세(Termini Imerese)는 마카로니로 유명한 시칠리아에서 가장 바쁜 지방도시다. 여기에는 축복받은 온천 히메라가 있었다. 전설에 의하면 헤라클레스가 에릭스 왕과 레슬링 결투를 한 뒤 이곳에서 목욕을 했다고 한다. 온천에서 나오는 물이 마카로니에 특별한 풍미를 더해준다는 말이 있다. 그리고 바로 이곳에서 그리스 시칠리아의 잔인한 베드로, 아가토클레스가 태어났다.

테르미니에서 동쪽으로 몇 마일 더 가면 철도는 해안을 벗어나게 되고, 남쪽으로 방향을 틀면 토르토 계곡으로 들어간다. 이곳이 시칠리아의 바위투성이 척추 등반이 시작되는 곳이자 고대 아프리카와 티레니아 해 사이의 분수령이 되는 지점이다. 남쪽으로 갈수록 풍경이 너무 많이 달라지기 때문에 마치 완전히 다른 나라와 기후대에 와 있는 것 같은 착각이 든다. 철도 길 양쪽에는 중세 성곽들의 폐허와 아직도 청동기 시대에 살고 있는 작은 산촌이 인접해 있다. 팔레르모에서 48마일 떨어진 네르카라(Lercara) 근처, 유황 광산 지구의 제련 용광로에서 나오는 유독가스가 초목과 목초를 중독시키고 모든 것을 미라처럼 섬뜩하게 만들어버린다. 게다가 신선한 산 공기도 오염되어 유황 냄새가 풍긴다.

7마일 더 가서 아라고나—칼다레 지르겐티(Aragona-Caldare Girgenti)—가 처음 나타나면 확실히 '언덕 위에 세워진 숨길 수 없는 도시'란 느낌이 든다. 그러나 오늘날 이곳은 더 이상 25세기 전에 세워진 고대 그리스의 식민도시 아크라가스처럼 보이지 않는다. 그보다는 다 말라버린 스펀지처럼 보인다. 한때 가장 부유하고 화려했던 시칠리아의 주요 도시에서 남겨진 것들은 전부 언덕 꼭대기에 세워진 과거의 성채의 경계 내에 한 덩어리가 되어 모여 있다. 고원의 가파른 남쪽 가장자리를 둘러싸며 세워진 신전들까지 넓게 퍼지며 확장됐던 위대한 도시는 완전히 사라졌고 신들의 밝은 집들은 무너져 희미한 폐허가 되어 부서진 담벼락 옆, 변함없이 아름다운 언덕과 평야 가운데 외로이 홀로 서 있다.

전성기—히메라 전투가 끝나고 시작되어 카르타고의 포위 때까지 지속된—에 아크라가스는 너무도 부유하고 명성이 드높아서 기록된 내용이 거의 믿기지 않을 정도였다. 목욕용으로 제작된 아크라가스산 목이 긴 유리병과 바디 스크레이퍼는 금과 은으로, 침대는 상아로 만들었고, 각종 연회와 기념 행사는 장관이었다. 두 명의 저명인사 중 하나인 안티스테네스의 딸 결혼식에는 8백 대의 경주용 마차가 결혼 행진에 참여했고, 도시민 모두가 초대받았으며, 셀 수 없을 만큼 많은 모닥불에서 피어오르는 연기와 불꽃으로 도시 전체가 마치 불타오르는 것처럼 보였다. 겔리아스의 접대는 한 술 더 뜬다. 도시의 모든 문마다 언제나 그의 노예들이 지키고 서서 그곳에 오는 모든 이에게 마치 자기 손님이라도 되는 양 환영인사를 하게 만들었다. 한 번은 실제로 5백 명의 기사와 그들의 말을 입히고 재우고 먹이며 대접한 적도 있었다. 그리고 프리먼도 언급했듯이, 안티스테네스와 겔리아스 같은 사람들은 전제 군주도 귀족도 과두제 집권층의 일원도 아닌 그냥 평범한 민주주의 시민이었다.

도시의 부의 주요 원천은 카르타고와의 무역으로, 특히 포도와 올리브가 주요 수출품이었는데 이 두 가지는 모두 당시 아프리카에서는 생산되지 않았다. 하지만 분명 모든 포도가 카르타고로 보내진 것은 아니었다. 티마이오스(Timæus)에 의하면 도시의 한 저택에 '3단 노선(Trireme)'이란 별명이 붙었다고 한다. 이는 유행을 쫓는 일부 젊은이들이 어느 날 밤, 술에 흠뻑 취해 자기들이 바다에서 휘청거리며 울렁대는 배에 타고 있다고 상상하고 위태로운 배를 가볍게 하겠다고 집 안의 가구를 밖으로 집어던지기 시작했기 때문이다. 소동을 진정시키려고 정부 관리가 쫓아왔을 때 만취한 청년들이 그를 분노한 바다의 신으로 착각하고 그에게 폭풍을 재워달라고 빌었다고 한다!

아크라가스의 제일 유명한 아들, 엠페도클레스는 이렇게 탄식한다. "이들은 내일 당장 죽을 것처럼 쾌락에 몸을 맡기며 살면서, 집은 영원히 살 것처럼 짓는구나." 호화로움을 사랑하는 이 도시민들은 무역거래로 자신들을 부자로 만들어준 야만인들이 마침내 질투심이 자라나 그들이 이웃을 위해 지었던 모든 것의 힘을 빼앗아갈 것이라곤 꿈에도 생각하지 못했다. 엠페도클레스는 시칠리아 전체 역사를 통틀어 가장 특이한 인물 가운데 한 사람이다. 정치적 지도자이자 도시의 위생 시설을 신경 쓰는 기술자였던 그는 기회가 왔을 때도 절대 권력을 거절하고 스스로를 원시적인 초보 수준의 사회주의자라고 주장했다. 그러나 말년에 그는 자신이 예전에 가졌던 사회주의적인 이론은 모두 잊어버린 것 같았다. 황금 띠 장식으로 테두리가 둘러진 자주색 로브에 황동색 신발, 그리고 델포이식 화환을 풍성한 머리에 쓰고서 그는 스스로를—그 자신이 지은 시, 『정화(淨化, Katharmoi)』의 한 구절을 빌리자면—"불사의 신이며, 더 이상 한낱 인간이 아니다." 라고 선언했다.

시칠리아 유황의 6분의 1가량이 6마일 거리에 있는 지르젠티(Girgenti)의 고대 안식처, 포르토 엠페도클레(Porto Empedocle)에서 들어온다. 철도의 승강장에서 주위를 둘러보면 적황색과 회색의 언덕들이 탄광에서 나온 작은 쓰레기 폐기 더미로 뒤덮이고 많은 구동으로 구멍이 난 모습이 보인다. 그 위로 작은 판잣집과 광부가 파고 제련하는 현장의 오싹한 굴뚝들이 점점이 흩어져 있다. 창고 근처 측선에는 많은 편평 화차 위에 눌린 케이크처럼 된 보기 흉한 커다란 황록색의 유황 덩어리가 산더미처럼 쌓여 있고, 화물 보관소로 이어지는 차도는 유황 가루로 황갈색을 띠고 있고 공기에서는 뭔가 지옥 같은 분위기가 희미하게 연상된다. 도시 박물관의 골동품 전문가는 유황 덩어리가 굳어지기 전 그 위에 새기는 데 썼던 로마 시대—지르 젠티가 아그리젠토로 불리던 시대—의 타일 도장을 연구해보는 것 도 좋을 것이다.

역 승강장 밖에는 기차가 도착할 때마다 한 떼의 짐꾼(facchini)과 호텔 호객꾼들이 왁자지껄 떠들어대며 모여든다. 우리는 거기서 가 까스로 빠져나와 호텔이 준비한 옴니버스에 올라탔다. 우리가 고른 것은 곧 무너질 듯한 지붕이 낮은 작은 마차였는데, 류머티즘과 통 풍에라도 걸린 듯 스프링과 연결 부위에선 삐걱거리는 소리가 났다. 점잖은 손님들을 태웠다는 사실에 신이 난 마부는 세 마리의 쇠약한 말에 채찍을 휘둘렀고 우리는 위쪽에 위치한 성채로 가기 위해 가파 른 언덕길을 올라 길고 빙빙 도는 지루한 여정을 시작했다.

뒷문에 매달려 타곤 하는 평소에 보던 호텔의 짐꾼이 아닌, 새로운 얼굴이 뒷문에 나타나자 버스는 거의 움직이지 않았다. 무릴료의 그 림에 나오는 천사처럼 갈색 눈동자와 검은 머리칼을 가졌고 은은한 미소는 너무나 독특하고 매력적이라서 제아무리 돌심장을 가진 사 람이라도 그의 순수한 마법에 굴복하지 않을 수 없을 것 같았다.

지르젠티에서 유일하게 번화가라고 할 만한 거리인 비아 아테네 아(Via Atenea)에 위치한 이 호텔은 도착하고 보니 좁고 어두운 골목 에 면한 지저분하고 홍등가처럼 보이는 곳이었다. 그 골목에서 뒤쪽 의 구불구불한 차가운 돌계단을 올라가니 이층 사무실로 통했다. 그 러나 이 여관의 문제점은—그리고 마을에는 여기보다 좋은 곳은 많 다— 다행히도 겉에 보이는 게 전부였다. 우리가 묵을 방은 진짜 편안했고 점심은 상상했던 것보다는 훨씬 괜찮았다. 유리로 된 더러운 과자접시에 담긴 디저트는 대부분 오렌지, 네스폴리, 또는 일본의 모과, 커다란 누에콩, 그리고 셀러리처럼 생긴 '피노키(finocchi, 회향)'였지만 사람들의 주식 가운데 하나는 농축된 진통제의 가공되지 않은 자료인 게 분명했다.

포터가 점심 식사 후에 우리를 태울 랑도(사륜) 마차가 기다리고 있다고 알려주었을 때, 우리는 그에게 철도역에서 우리를 태워온 것과 똑같은 팀인 초라하고 반은 굶은 듯한 세 마리 말이 오후 내내 가파른 언덕을 오르락내리락해야 하는 힘든 여정을 소화할 능력이 되겠냐고 물었다. 그러나 이 짐승들이 그와 똑같은 일을 '20년 이상' 해오고 있다는 사실을 확인하고 나서 우리는 필요 이상으로 시끄러운 가이드에게서 벗어나게 된 것을 자축하기 시작했다.

예스러운 고딕풍의 성 니콜라 성당에 발을 디디는 순간, 그 천사가 갑자기 우리 앞에 나타났다.

"안녕! 어디서 왔니?" 나는 물었다.

소년은 고개를 가로저었을 뿐이지만 만면 가득히 미소를 띤 마부는 들고 있던 채찍으로 마차 뒤를 가리켰다. "A dietro—뒤에 타거라!"

그것은 사실이었다. 그 아이는 약간의 은화를 벌기 위해 몇 마일을 먼지에 숨이 막혀가며 마차 뒤축에 매달렸다. 겸손하고 확신에 찬 태도로 소년은 자기를 소개했다. "알폰소 카라토조예요, 선생님. 저는 12살이에요. 6년 동안 저는 지르겐티 최고의 가이드였어요. 훌륭한 외국 신사 분들이 다 저한테 만족하셨어요. 원하시는 건 뭐든 보여드릴 수 있어요."

알폰소의 장담은 우리의 용건을 다루는 그의 태도와 솜씨로 완전히 증명되었다. 풍경의 아름다움에 대해서 뿐 아니라, 외국인 미국인 (forestieri americani) 전담 자문가 및 가이드로서의 그 자신의 자존감과 중요성에 대한 그의 시적인 평가는 옳았다. 누구든 좋은 가이드가 되고 싶다면 현자 알폰소에게 배우는 것이 빠를 것이다!

혼합된 문명과 오늘날 시칠리아인의 이교도 조상의 존재가 이 작은 성 니콜라 교회에서처럼 확실하게 우리의 주의를 끌었던 적은 한 번도 없었다. 매력적인 소녀 관리인은 완벽한 사라센 계통의 시칠리아인으로, 검은 눈과 검은 머리에, 커다란 금과 산호 귀걸이를 했다. 그녀 옆에 선 알폰소는 그녀가 순수한 무어인의 혈통인 것처럼 모든 면에서 순수한 그리스인의 후손으로 보였다. 소녀는 자기가 무슨 이야기를 해야 하는지 잘 알고 있었다. 그러나 알폰소는 건국부터 시작되는 고대 아크라가스의 이야기에 싫증이 난 듯, 이렇게 속삭였다. "저 누나가 하는 소리는 신경 쓰지 마세요. 누구한테나 하는 얘기거든요!"

디오도루스의 그림자—과연 비밀은 무엇인가!

가까운 곳에 기원전 2세기에 지어진 자그마한 로마 건물이 하나 서 있었다. 파라리스 시대에 존재한 건 분명 아니었지만, 어쨌든 이 건물은 파라리스 예배당(Oratory of Phalaris)이라는 이름을 얻었다. 가장 널리 알려진 그리스 독재자와 그런 건물과 아이디어가 연관된다는 것이 그저 이상할 뿐이다! 그와 관련한 여러 논란들 중에서도 청동 황소 이야기가 가장 유명하다. 그리고 이 황소가 아니었더라면 파라리스는 다른 그리스 도시국가의 이름 없는 수많은 독재자들 중 하나일 뿐이었을 것이다. 전설에 의하면 페릴로스라는 이름의 예술가가 속이 텅 빈 괴기스러운 모습의 청동 황소를 하나 제작했는데, 어깨 부분에 문이 나 있어서 그리로 희생자를 밀어넣을 수 있었다고 한다. 밑에서 불을 때어 이 악마적인 발명품이 뜨겁게 달궈지면 동상의 콧구멍을 통해 새어 나오는 희생자의 고통스런 비명소리가 격노한 짐승의 울부짖음처럼 들렸다. 제법 유머 감각이 있었던 독재자는 즉시 운 나쁜 발명가 페릴로스에게 동상의 효과를 시험해 보았다. 훗날 체제 옹호자들은 이런 이야기들을 부인했다. 그러나 파라리스 사후 1세기가 안 되어 등장한 핀다로스(Pindar)는 그날에 대한 시칠리아 대중의 의견을 매우 간결하게 다음과 같이 요약했다.

피로 더럽혀진 피라리스,
고문의 불꽃을 뿜어내는 청동 황소,
이 둘을 함께 악마의 불길 속으로 던져라,
거기서 영원히 타오르도록!

그러나 가장 위대하고 훌륭한 그리스 독재자들 가운데 하나였으며 그와 동시대에 살았던 아크라가스의 테론에 대해서는 아주 다른 평을 내리고 있다. 그에 대해서는 찬양 일색이다. 두 번째 올림피아 송시는 특히 지나친 감이 있다. 캐리의 번역에 의하면 다음과 같다.

정복 마차에 오른 테론의 모습에
널리 승리의 함성이 울려 퍼진다.
친구에게 충실하고 백성의 자부심인 그대,
고귀한 조상들의 도시이며

꽃이 가득한 이곳 아크라가스에 머물라.
오랜 노동과 위기의 나날은 끝나고
그들은 마침내 강가에
신성한 정원의 나무 그늘을 세웠다.
그리고 시칠리아의 대지를 밝히는
눈이 되었다.
그리하여 내 감히 맹세하노니,
이 도시가 백년이 흘러서야
그 빛나는 역사의 두루마리에
기록된다 할지라도
이 도시의 누구도
사랑으로 다정하게 빛나는 심장과
커다란 꽃다발이 든 손이
테론을 능가할 자는 없을 것이다.

테론이 통치하던 시기에 도시는 번영과 영광의 정점에 이르렀고 그는 겔론과 시라쿠사의 군대와 연합하여 하밀카르의 카르타고 군대를 히메라 전투에서 무찔렀다. 승리자들은 어마어마한 숫자의 패잔병 포로를 손에 넣었고, 테론은 지방자치제도를 발전시키면서 중요한 시대로 접어들었다. 노예들은 그저 인간일 뿐, 영원히 살 수는 없었다. 그들은 몸이 견딜 수 있을 때까지 혹사당했다. 채석장에서 장시간 힘들게 일하고, 도시의 벽을 쌓고, 거대한 연못에서 물을 빼내고, 남쪽 성곽을 따라 웅장한 신전들을 짓기 시작했다.
한편, '독재자(Tyrant)'는 당시의 문명사회에서는 꼭 잔인하고 억압

적이거나 불을 뿜는 괴물을 의미하는 건 아니었다. 실제로 그리스계 시칠리아인 독재자들 가운데 일부는 훌륭한 인물들이었다. 프리먼의 말처럼 '독재자'는 강력한 힘을 지닌 왕위 찬탈자로, 왕과 왕위가 불법적이고 민심에 거스를 때 스스로 최고 권좌에 오른 사람이다.

시칠리아에서 실현된 그리스 자유의 가장 찬란한 시대에 제작된 가장 뛰어난 예술품이었던 여섯 개의 아름다운 신전들 중 지금은 두 개만 남았다. 언덕 가장자리에 부드러운 풍경을 배경으로 서 있는 이 신전들에는 그리스 예술의 경탄할만한 엄격함과 단순함이 한껏 새겨져 있다. 위로는 시칠리아의 코발트 빛 하늘이 타오르고, 주변에는 진홍빛 양귀비꽃, 섬세한 미나리아재비와 등대풀, 그리고 수많은 다른 꽃들이 급성장하고 있다. 플루트처럼 청아한 목소리를 지닌 새들이 올리브 나무 사이를 지저귀며 날아다니고, 대기에는 활짝 핀 아몬드 꽃향기가 공기 중에 나른하게 떠돈다. 그리고 남부의 화창한 햇빛 속에서 신전은 불멸의 신들이 보내는 불길의 희미한 반사인 것이 분명한 황금빛 광휘로 찬란하게 빛난다.

도리아식 간소함의 전형인 이들 신전은 기둥에 둘러싸이고 박공지붕이 전체를 덮은 창문 없는 신당 하나로만 되어 있다. 이러한 설계는 그리스 문명과 기후가 빚어낸 결과이다. 종교는 국가에 대한 헌신과 밀접하게 연관되어 있어서, 인간의 보호자이자 친구이기도 한 신의 집은 공공건물이었고 낭실은 일상생활과 상업 활동, 시민들 간의 교류를 위해 개방되었다.

그리스 종교는 보기 드물게 아름답다. 하지만 배타적이고 미스터리하다고? 절대 그렇지 않다! 종교의식은 단순했다. 다 함께 부르는 찬가와 율동적인 춤이 전부였고, 시민들이 직접 의식을 진행했다. 이

집트의 경우처럼 주술적인 학문을 보호하는 승려는 없었다. 가입자를 제외하고 아무도 알아볼 수 없는 상형문자를 감추는 경우도 없었다. 그들은 가족이 있는 가장, 군인, 상인들로서 일상생활을 꾸려나가는 평범한 신도였다.

이 장엄한 건축물들은 5세기 때의 그리스 양식인 것이다! 나지막하고 육중한 건축물을 단순한 직선이 만들어 낼 수 있는 효과보다 더 극대화하기 위해, 기둥을 약간 부풀려서 상단보다 하단 부분은 더 두껍게 만들었다. 심지어 건축물의 각 코너에서는 기둥이 안쪽으로 살짝 기울어지게 했다. 버팀목을 중간에서 약간 위쪽으로 구부리고 위에 있는 엔타블러처(entablature, 고대 그리스·로마 건축에서 기둥에 의해 지지되는 부분의 총칭)의 긴 라인에도 같은 작업을 했다. 한편 그들은 무엇에든 도금하는 버릇이 있는 것 같다. 건축물의 주요 자재로 사용되는 석회암에도 하얀 스투코나 모르타르를 얇게 칠하고 그 위에 여러 가지 화려한 색상의 멋진 장식물들을 올려놓았다. 신전에 색칠을 해놓아야지만 오늘날 우리가 보는 것처럼 웅장할 수 있다는 것은 믿기 어렵다. 어쩌면 그게 맞을 것이다. 우리가 누구라고 감히 그리스인의 취향에 의문을 제기하겠는가!

콩코드 신전은 중세 때 성 그레고리 교회로 사용되었던 인연으로, 그 34개의 거대한 모든 기둥이 아직도 서 있는 현존하는 이교도 건물 중 가장 보존 상태가 좋은 건축물 가운데 하나이다. 이것은 주변의 영원한 젊음과 비교해도 전혀 손색없는 아름답고 고요한 노년의 장관이다. 한때 평화의 집이라 불렸고, 천사백여 년의 폭풍과 전쟁을 겪고 난 지금도 여전히 평화의 집이다.

경비원은 수다스러운 노병 여행자에게 신상 안치소 위에 있는 아

키트레이브에서 보이는 경치를 보라고 고집스레 재촉한다. 그 경치가 실제로 정말 장관이기는 하다. 하지만 여행자는 아직 그럴 준비가 되어 있지 않다. 어째서 이 관리인들은 하고 싶지도 않은 사람한테 무언가를 자꾸 하라고 재촉하는 걸까! 주머니에 든 두툼한 빨간 책을 흘끗 보더니 그는 비웃듯이 웃는다. "하! 내버려 두라고?" 그는 이렇게 외친다. "하! 독일사람 말은 믿고, 시칠리아 사람 말은 안 믿는군요. 그 책에선 이 신전을 교회로 바꾼 기독교인이 하느님을 믿으려는 최초의 시칠리아인이었다고 되어 있겠지요? 그게 아니요, 선생. 하지만 당신은 그 독일 책에서 하는 얘길 믿으시겠, 좋아요, 마음대로 믿으시라고요!" 자신의 소중한 전설에 대한 믿음을 굳게 지킨 채 그는 성큼성큼 걸어가버린다.

콩코드 신전에서 시작된 길이 고대의 벽과 어깨를 나란히 하며 완만하게 위로 뻗어 올라가다가 가파른 고원에 이르자 남동부 밑각 부분에는 주노를 모시는 신전이 서 있다. 그 아래 동쪽으로는 산 비아지오가 남서쪽 방향으로 지그재그로 흘러가 드라고 탁류와 합류하고, 이 탁류는 옛 항구 엠포리오에서 지중해로 들어간다. 높은 절벽 위, 해면에서 거의 4백 피트 높이에 자리 잡은 이 신전에서 바라다보는 전망은 매우 아름답다.

25개의 기둥만이 온전하게 서 있는 이 건축물의 상태는 콩코드 신전보다 훨씬 열악한 편으로, 여기저기 흩어진 빛바랜 석상들에 보이는 특유의 탁한 피 묻은 얼룩은 기원전 406년에 도시를 태워버리고자 카르타고 군대가 높았던 화재의 흔적으로 보인다. 이런 전설의 근거는 사실상 없다. 폐허로 변한 다른 오래된 그리스 벽담과 부근의 일부 바윗돌 위에도 똑같은 얼룩이 종종 눈에 띄는데, 누가 봐도 외부 날씨에 계속 노출된 탓에 처음부터 돌이 그렇게 변화된 자연스런 흔적이기 때문이다.

여기서 나는 알폰소를 멀리 심부름 보내고 우리가 이 성스럽기 그지없는 곳에 들어설 때 근처를 배회하던 다른 소년 가이드를 구했다. 옛날에는 주노의 거대한 석상이 서 있던 제단이라고 주장하는 부서진 대리석 블록 위에 가볍게 뛰어오른 소년은 우습고 과장된 포즈를 취하며 이렇게 외쳤다. "봐요, 주노가 저처럼 이렇게 여기 서 있었답니다!"

가장 매혹적인 폐허 중 하나는 카스트로와 폴룩스 신전으로, 이 파편 조각에는 더 나은 이름이 붙여져야 할 것 같다. 올리브와 아몬드 나무들이 둘러싼 곳에서 말 그대로 꽃의 카펫 위로 엉킨 덩굴들이 사이사이를 휘감으며 기어오르는 우뚝 선 네 개의 장중한 기둥이, 눈부신 하늘을 배경으로 실루엣을 자랑하며 꿀 빛깔의 엔타블러처를 떠받치고 있다. 고고학자들은 이 기둥들이 두 개의 서로 다른 건축물에서 가져와 제멋대로 조합된 것이라고 선언했지만, 그 사실을 알더라도 이 복원된 건축물과 주변 환경의 아름다움은 조금도 감소되지 않는다.

신들의 왕이라는 이름에 걸맞게 가장 큰 신전을 가진 신은 올림피아의 주피터였다. 에페수스에 있는 다이애나 신전 이후로 지금껏 지어진 것들 가운데 가장 큰 신전이었다. 지금 그곳에서 볼 수 있는 건 화려한 노란 꽃들의 바닷속에 형체도 알아볼 수 없이 쌓여 있는 조각난 커다란 돌무더기뿐이다. 별 모양의 두려움을 모르는 꽃송이들이 부서진 기둥과 박공을 감싸고 신상 안치소 혹은 안식처 속으로 기어 들어가, 원래는 엔타블러처를 지지하고 있었던 것으로 추정되는 약 25피트 높이의 38개의 거대한 아틀란티데스 혹은 여인상 기둥에 입을 맞춘다. 이 장엄한 건축물은 길이는 약 372피트, 폭은 최소한 182피트, 그리고 높이는 120피트였다.

그러나 이것이 다가 아니다. 벽의 안팎에 흩어진 더 많은 신전의 폐허들은 책에서 읽는 것보다 직접 탐사하는 게 훨씬 흥미롭다. 기독교도의 지하 묘지와 무덤, 거석 문화시대의 벽, 황금빛 남쪽 바다를 곧장 내려다보는 골든게이트, 황금의 문도 있다. 또한, 박물관에는 매우 흥미진진한 골동품도 많다. 하지만 신전과 호텔 주변을 서성대는 허울만 그럴듯한 유물 장사꾼들은 조심하는 게 좋다. 20세기 이전의 그리스인들이 자기 물건에 '메이드 인 독일'이란 스탬프를 찍지는 않았을 테니까 말이다.

길을 따라가다 보면 엄청나게 많은 하얀 덩어리들이 마치 과일과 나무 둥치 위에 균일하게 자라난 곰팡이처럼 잔디와 나뭇잎과 벽 위에 흩어져 있는 것이 보인다.

"저건 달팽이랍니다." 알폰소는 설명하듯 말했다. "아주 맛있어요. 비가 온 뒤에는 크고 통통해져요. 맛이 아주 달콤하지요."

마차에서 뛰어내린 소년은 벽에서 통통한 달팽이를 한 마리 떼어낸 다음 다시 마차로 폴짝 올라탔다. 능숙하게 이빨로 껍질을 으깨어 속에서 꿈틀거리는 연체동물을 끄집어내 먹었다. 벽에 붙어 있는 더 큰 달팽이를 손으로 가리키며 그는 이렇게 물었다. "선생님도 맛 좀 보실래요?" "선생님은 방금 식사를 하셨단다." 다행히도 마부가 대신 대답했다. "달팽이는 디저트로는 별로지."

다시 아크로폴리스로 돌아온 우리는 가엾은 말들을 위해 마차를 물리치고 도보로 이동했다. 대성당에 도착하기 전에 알폰소의 집을 지나쳤는데, 그는 궁전에서 서로 인사를 나누는 귀족처럼 격식을 갖춰 우리에게 가족을 소개시켜주었다. 여느 가난한 시칠리아인들 한테처럼 우리는 아버지, 어머니, 이모, 사촌, 세 명의 누이와 남자 형제 한 명으로 구성된 그의 가족들에게서 라틴 농부들과는 확연히 구별되는 타고난 예의 바름을 발견할 수 있었다.

가족들은 산타 마리아 데이 그레치 교회를 집중적으로 보여주었다. 제우스 아타비리우스 혹은 미네르바의 주요 성소에서 얼마 안 남은 유물들을 이 안에 모두 모아둔 것 같았다. 그동안 밖으로 내쫓기는 바람에 팁을 벌 기회를 잃은 부랑아가 장난스럽게 교회 문에 돌을 던졌다. 대성당은 더욱 흥미로웠다. 위쪽의 애프스가 과하다 싶게 치장 벽토가 발라져 있고 금색과 흰색으로 된 소용돌이무늬와 아기천사로 덮여 있기는 했지만. 성당에서 가장 중요한 보물 중 하나는 귀도 레니의 최고 걸작에 비할 바는 아니더라도 그가 그린 마돈나였다. 성구 보관실에는 로마 시대의 정말 훌륭한 오래된 흰 대리석 석관이 하나 있는데, 그 위에는 히폴리투스와 패드라의 신화가 돋을새김으로 조각되어 있다.

그러나 안에 있는 그 무엇도 일몰 시간에 창밖으로 보이는 경관과는 비견할 수 없다. 우유 같이 하얀 백악질의 도로와, 꿀 색깔의 노란 데이지, 머스터드와 메리골드는 가나와 관련된 성서의 예언, 젖과 꿀이 흐르는 약속의 땅을 연상시킨다. 저무는 태양과 더불어 사라져가는 찬란한 광채에 몸담은 언덕 풍경에서 가장 매력적인 것은 신록의 초지와 계곡 사이에 나 있는 우유 빛깔의 도로이다. 그 배경으로 보이는 흉하고 세속적인 유황 구덩이와 쓰레기 더미와 굴뚝이 이 오랜 자연풍광에 거친 현대의 색채들을 흩뿌린다. 이것은 잊을 수 없는 풍경이다. 서서히, 조심스럽게 은은한 장밋빛과 푸르스름함이 뒤섞인 저녁의 연무가 산비탈을 기어오른다. 조금씩 자주색 그림자가 짙어지고, 은은하게 조화된 연녹색이 흐릿한 배경 속으로 녹아들면서 유일하게 보이던 크림색 도로가 시야에서 사라진다.

불과 수년 전까지 이 지역 전체는 산적 때문에 그다지 안전하지 않았다. 지금은 지르젠티의 어디든 안심하고 돌아다닐 수 있다. 그래도 도시 밖에 어디에 있든 필요할 때면 어디서든 멋진 검은색과 자주색 제복을 입고 삼각모를 쓴 두 명씩 조를 이룬 경찰관을 찾을 수 있다. 신전이 그들에겐 이미 익숙한 것이었을 텐데도 우리만큼이나 유적지 폐허에 관심이 많은 것 같았다.

알폰소는 지나가는 길에 마주친 좀 친분이 있는 듯한 경관에게 미국 거리에서처럼 "안녕하세요!"라고 무심한 듯 애쓰며 아는 척을 했다. 그 경관도 싹싹하게 마주 보며 인사했다. 계속 길을 가면서 소년은 순진한 자부심을 숨기지 못하고 이렇게 말했다. "보셨죠? 제 친구예요. 저하고 같이 계시기만 하면 경찰이 잘 보호해줄 거예요. 저처럼 아는 경찰이 있다는 건 참 좋은 일이죠!"

8

시라쿠사SYRACUSE로 가는 길

이 지역은 지르젠트 북서쪽 방향으로 유황 구덩이들로 벌집처럼 구멍이 도처에 뚫려 있어서, 하데스의 지옥문이 이곳에서 열렸다는 고대 신화 이야기가 제법 신빙성 있게 들린다. 기차가 아라고나-칼다레에서 철도의 본선을 떠난 뒤로는 터널과 유황 광산만이 눈에 보이는 유일한 풍경이다. 이 지역 전체가 뭔가에 엄습당한 듯한 모습으로, 황량한 구불구불한 평원과 바위투성이 언덕 위에 음울한 기운의 마을들이 나타난다. 흑백 영화에서처럼 휙휙 스치며 지나가는 이 마을들의 주된 매력은 역사적인 관점에서 찾아야 한다. 이들 중 가장 중요하고 번영한 도시는 칼타니세타(Caltanisetta)로, 매년 50만 톤을 생산하는 유황 산업의 중심지다. 대부분의 광산이 지극히 원시적인 형태로 운영되고 기계는 실제로 쓰이고 있지 않다. 연료가 거의 구하기 어렵고 비용도 비싸기 때문에 운영자들은 제련 가마나 용광로에 가공되지 않는 유황을 그대로 연료로 사용한다.

철도 트랙이 팔레르모 라인과 합쳐지는 교차지점인 산타 카타리나 키르비(Santa Catarina Xirbi)에 도착하기 바로 직전에 처음으로 멀리서 눈 덮인 봉우리가 하얀 낮은 구름처럼 걸려 있는 에트나 산을 잠간 흘끗 볼 수 있다. 작은 협곡과 터널들이 연속해서 빠르게 옆을 스치고 지나가고 기차가 척박한 계곡을 통과해 고통스러운 곡선을 그리며 헉헉대며 올라가는 와중에 눈을 들어 위를 쳐다보면 고대 도시 엔나(Eana), 카스트로 조반니가 눈에 들어온다. 이 도시는 거의 직각을 이룬 깎아지른 듯한 절벽 위에 완벽한 편자 모양으로 세워지고, 험준하게 돌출한 바위벽로 둘러싸이는 대자연 보호를 받았기 때문에, 예전의 수많은 포위 공격자들 중 누구도 이곳에 쳐들어올 수 없었다. 무장공격이 해내지 못했던 것을 성공시킨 건 배신과 굶주림이었다. 리비우스는 이곳을 "난공불락의 도시"라고 불렀는데, 아마 그것은 지금도 마찬가지일 것이다. 개선된 현대식 공법을 사용해 최근에 다시 튼튼하게 요새화했기 때문이다. 올라갈 때는 길을 이용하는데, 직접 체험해보길 권한다. 그러나 일단 위에 도착하고 나면 도시에서 바라보는 장관에, 오는 길에 치른 수고가 결코 아깝지 않았다는 걸 실감하게 될 것이다. 이곳이 바로 시칠리아의 배꼽(umbilicus Siciliæ)으로, 예전 성채의 가장 높은 탑에서 바라보면 스위스의 산조차 능가할 수 없는 산들의 원형 파노라마가 눈앞에 펼쳐진다. 무수한 산봉우리와 산맥과 산맥이 끝도 없이 겹겹이 겹쳐지며 펼쳐진 에트나는 희뿌연 하늘 속으로 녹아 사라진다. 수천 피트의 공중에 세워진 마을들은 가파르고 불친절한 비탈길에 필사적으로 매달리거나, 아니면 바늘 끝처럼 뾰족한 산 정상 위에 위험천만하게 자리 잡았다. 언덕과 평원 너머의 남쪽에는 보조개처럼 움푹 파인 군청색의 아프리카 바다가 보인다.

모험심 강한 그리스인들이 이 언덕을 식민지로 만들기 전까지 수세기 동안 엔나는 자연의 비옥함과 수확의 수호자인 시칠리아 여신의 본거지였다. 그리스인들은 이 여신을 자신들의 데메테르로, 나중에 온 로마인들은 케레스와 동일시했다. 이 신전의 돌멩이 하나도 지금은 남아 있지 않다. 때문에 우리가 할 수 있는 것이라곤 현재 낡은 성채가 서 있는 곳이 원래 신전이 있던 곳이라고 추측하는 것뿐이다. 마차를 타고 남쪽으로 두 시간 정도 가면 한때 사랑스러웠던 작은 호수, 페르구사에 도착한다. 바로 이곳에서 플루토가 아름다운 프로세르피나와 마주쳤고 바로 그대로 그녀를 납치해 자기가 다스리는 저승의 왕비로 삼았다고 한다. 그때 당시 이 지역은 너무나 아름다워서 디오도루스는 사냥개조차 꽃향기에 취해 사냥감의 냄새를 놓치는 일이 허다했다고 전했다. 아! 그러나 애석하게도 그 아름답던 곳이 이제는 흔적도 없이 사라져버렸다. 노래하는 봄의 전령이 나뭇가지 사이를 뛰놀며 즐겁게 지저귀던 화려한 정자나무도 사라지고, 페르구사의 모든 아름다움도 다 사라져, 지금은 농부가 아마포를 담가두는 한낱 더러운 작은 연못일 뿐이다. 그러나 최소한 오비디우스가 묘사했던 모습의 흔적은 아직도 더듬을 수 있다. "그늘진 계곡 바닥, 녹음 우거진 높은 산에서 떨어지는 물줄기의 풍요로운 세례를 받는 곳, 형형색색의 꽃들이 대지를 뒤덮은 아름다운 이곳에서 자연은 온갖 빛깔로 아름답게 몸치장한다."

디타이노 계곡 입구를 지나면 에트나가 곧 다시 나타나 어서 오라고 끈질기게 유혹하는 것 같아, 기차는 발구아네라 아소로(Valguarnera Assoro) 역의 철도 레스토랑 앞에서 아주 잠깐 망설이는 듯 보인다. 이곳은 'Ristorante G. Galliano(갈리아노 레스토랑)'라는 큰 간판을 단 금방이라도 무너질 듯한 작은 판잣집이다. 만약 아량 넓은 차장이라면, 그는 당신이 훌륭한 시골 와인을 한 모금 마시고 아주 상당한 가격을 내도 아깝지 않을 갈리아노가 제공하는 '맛있는 염소고기'의 맛을 충분히 느낄 수 있게 기다려줄 것이다. 몇 마일을 더 달려가면 아지라(Agira) 역이 나오는데, 이 역이 위치한 곳은 철도 뒤쪽에 언덕 틈새에 자리한 고대 시칠리아 도시들 중 하나이다. 훗날 이곳에서 그리스의 역사가 디오도루스가 태어났으며 그는 고향에 대해 아름답게 묘사했다.

반 시간 뒤 기차는 언덕에서 카타니아(Catania) 평원으로 들어선다. 카타니아 평원은 지역의 역사가 시작되던 초창기부터 곡식이 많이 생산되는 곳으로 유명해서 시칠리아의 곡창지대로 알려진 곳이다. 비코카(Bicocca)에서 철도의 본선을 벗어나면 카타니아와 거대 화산이 뒤로 물러나고 기차는 다시 시라쿠사를 향해 남쪽으로 향하게 된다. 시칠리아에서 가장 큰 내륙 수원인 유명한 렌티니(Lentini) 호수를 중심으로 곡창지대가 나타난다. 호수의 너비 둘레는 계절에 따라 9마일에서 12마일까지 다양하게 달라진다. 이곳은 흡사 너무나 커다란 진흙 웅덩이 또는 고인 바닷물에 잠긴 목초지처럼 보인 탓에 여기서 나온 유독성 증기와 폭발과 열기가 이웃을 해치는 화근이 되었다는 이야기가 그럴듯하게 들리는 음울한 호수다.

시칠리아 철도는 도로변 역에 근무하는 직원에게 마실 물을 제공하지 않는 게 분명하다. 기차가 설 때마다 전신 기사, 하물운반 계원, 매표원과 일반 직원이 기관차로 달려 나와 청동 수도꼭지를 틀어 벌컥벌컥 들이켜기 때문이다. 몇 마일을 더 가면 이집트 수차와 똑같이 정렬된 커다란 수차가 있는데, 수 세기 전 무어인이 생존을 위해 그곳에 설치해두었던 것이 분명하다. 이 장치는 매우 간단하다. 수평 바퀴의 커다랗고 투박한 나무 톱니가 수직 바퀴의 그것과 느슨하게 맞물리도록 설치하는 것이다. 그 위로 암이 하나 튀어나와 있는데 거기에 인내심 강한 동물을 밧줄로 잡아맨다. 많은 도자기 항아리나 양동이가 달린 긴 로프를 통해 수직 바퀴 위로 물이 흘러넘치게 하는 것으로 장치는 완성되는데, 우물 속으로 다시 떨어지지 않는 물은 모두 관개용 저수지와 웅덩이로 흘러 들어간다. 마치 살아남은 무어족의 후예와도 같은 이 특별한 수차를 작동시켰던 노새는 현대식 발명품에는 익숙하지 못했다. 노새는 엔진이 비명을 지르자 달아나려 했다. 앞이 깊이 팬 눈가리개를 한 노새가 펄쩍 뛰자 물이 사방으로 튀었고 부득이 목욕을 할 수밖에 없게 된 농부 주인은 짐승을 흠씬 두들겨 팼다. 노새를 후려치는 소리가 기차가 지나는 소음을 뚫고 다 들릴 정도였다. 커브를 도니, 에트나 산이 다시 그 위용을 뽐내며 나타나 시야를 전부 가렸다. 베수비어스 산처럼 전보다 두 배는 더 커진 것 같았다. 낮은 경사면은 짙은 녹음으로, 높은 곳은 흰 눈으로 덮여, 마치 검은 곡선이 울퉁불퉁 그려진 것이 날카롭게 들어 올려진 피부처럼, 아프고 쓰린 입술처럼 갈라져 있었다. 그 위로 검은색의 약간 들쑥날쑥한 원뿔형의 산꼭대기가 보이고, 주위에는 멀리서 보기에 한 줌밖에 안 되어 보이는 솜털처럼 보드라운 연기 뭉텅이가 깔려 있었다.

아그논(Agnone)에서는 노란 데이지꽃으로 된 산울타리와 불그스름한 갈색 키네로 가득한 짙은 목초지, 돌로 지은 농가, 그리고 풍요로운 경작지 중앙에 지어진 가축용 축사를 볼 수 있다. 1마일 떨어진 곳에 있는 청록색 바다는 바람에 물결을 일으키고 '서쪽에서 항해해 온 은빛 요트'의 하얀 점이 군데군데 보인다. 길 양쪽에 서 있는 기다란 티모시, 그리고 귀리와 뾰족뾰족한 선인장을 가득 심은 들판은 불타오르는 무수한 양귀비꽃을 위해 설정된 그림처럼 보인다. 기관차가 내지르는 큰 비명소리에 기절초풍한 양은 엔진이 지나는 길에서 할 수 있는 한 멀리 도망치겠다는 듯이 곧장 앞으로 달려나간다. 대담한 곳은 여기저기서 고집스런 산마루를 낮추어 쏜살같이 달리는 기차에게 멀리 아래서 젖은 모래가 가장자리를 은줄로 세공한 황금 낫의 칼날처럼 빛나는 순간적인 풍경을 볼 수 있도록 허락한다.

빠른 속도로 연속하여 이 불규칙한 풍경들이 뒤로 사라지고, 기차는 해안을 따라 소금 농장과 풍차를 지난다. 그런 다음 대담하게 튀어나온 섬 하나가 보루와 교회를 앞세우며 베니스처럼 바다에서 나타났다. 그림같이 아름다운 키포니아(Xiphonia)의 현대의 후손 아우구스타이다. 치열한 전투와 피비린내 나는 정복이 거듭되었던 현장이다.

아우구스타는 프리드리히 2세에 의해 가장 극적인 방식으로 세워졌다. 언덕에 있던 도시 첸투리페(Centuripe)는 폭동 선동으로 제국의 분노를 불러일으켰고 그 결과 완전히 파괴되었다. 진압이 끝난 뒤 프리드리히는 그곳의 백성을 모두 여기로 몰아넣고 이곳에서 얌전히 지낼 것을 명령했다. 아마도 여러모로 보나 순탄치 못했던 탄생이 그후 아우구스타의 험난한 역사를 설명해주는 것 같다. 가장 특기할만한 사건은 1676년 프랑스와 네덜란드 함대 사이에 벌어진 엄청난 해상 결투였다. 듀케인 제독이 네덜란드 제독 더 라위터르를 패퇴시켰고, 나중에 그는 당시에 입은 상처로 인해 시라쿠사 근처에서 죽었다. 해안을 가까이 따라서 가다보면 히블랜(Hyblæan) 언덕을 빠르게 지나친다. 이곳에 담긴 이야기를 듣고 싶지만, 비정한 철 덩어리 말은 무자비하게 계속 앞으로만 전진할 뿐, 달콤한 꿀 생산지로 유명한 히메투스(Hymettus)에 대해서는 알지도 못하고 관심도 보이지 않는다.

아우구스타를 지나 계속 달리면 철로는 메가라 만의 해안을 접하게 된다. 기원전 415년에 함대를 이끌고 시라쿠사를 공격하러 온 아테네의 제독 니키아스, 알키비아데스, 라마쿠스는 여기서 닻을 내렸다. 함대의 규모가 너무도 어마어마해서 수평선을 하얗게 가득 메운 흰 전함들을 목격한 사람들의 얼굴은 보는 것만으로도 이미 창백하게 질렸다고 한다. 그러나 오늘날은 쳐들어오는 군선들의 텐트와 돛 대신, 증기를 내뿜는 탱크와 풍차, 눈처럼 쌓인 소금이 바위투성이 해변에 점점이 흩어져 있는 모습만을 보게 될 것이다. 기차는 탑수스(Thapsus)—오늘날의 마그니시—곶의 목을 가로질러, 로마인 마르셀루스의 정복 함대가 아테네 패주 후 2세기 동안 잠든 트로질루스 만(Trogilus Bay)을 빙 둘러가고, 디오니소스 벽을 건너고, 굵은 곶 주위를 휩쓸고, 마침내 사라쿠사에서 멈춘다.

시라쿠사에 도착해 철도역과 당신이 묵을 호텔 사이에서 졸린 듯 하품하는 지저분한 작은 지방 도시를 보게 되더라도 실망하지 말길 바란다. 그리스 극장에 가서 영원의 바위를 깎아 만든 객석 윗줄에 앉아, 우아한 아래의 파노라마를 볼 때까지 판단을 유보하라. 한때는 더 위대한 시라쿠사였던 곳을 드문드문 차지한 포도밭과 숲 너머로, 진주가 수북이 담긴 굴 껍질 모양 같은 오르티지아에 쌍둥이 항만과 반짝이는 모래의 사파이어 형상으로 오늘날의 도시가 누워 있다. 황금빛 햇빛의 연금술이 백색 도료를 칠한 공동주택을 그리스 궁전으로 변화시키고, 작은 낚싯배는 위풍당당한 전투용 갤리선으로, 평범한 현대의 농부는 더 행복하고 활기차던 시대의 시민으로 변모시킨다. 이 광경이 주는 감동으로 벅차올라 가만히 서 있노라면, 한때 이 곳을 차례로 거쳐 갔던 시켈, 그리스, 로마, 사라센, 또는 노르만 역사의 기억이 봉인을 풀어버린다. 내륙에 있는 언덕 꼭대기에 남겨진 강력한 요새의 폐허는 독재자의 시대 이야기를 나직이 들려주고, 버려진 평야를 둘러싼 디오니시우스의 범상치 않은 벽을 따라 걷다보면 거인족에게나 가능했을 법한 엄청난 노역에 새삼 감탄과 놀라움을 금할 수 없게 된다. 아래쪽으로는, 아크라디나의 해안에서 입 벌린 어두침침한 동굴이 탐험자의 보트를 유혹한다. 유적을 찾으려면 무덤의 거리(Street of Tombs)에 가야 하지만, 거기서는 기껏해야 흩어진 뼈 몇 개만 보게 될 것이다. 오르티지아의 끄트머리에 위치한 카스텔로 마니아케스(Castello Maniaces)에는 채석장으로 향하거나 그 사이를 누비는 매력적인 소로, 유명한 라토미(Latomie), 정말 놀라운 카타콤과 아나포 여행 등 비잔틴 시대를 기억할만한 것들이 가득하다. 확정된 일정이라는 급한 볼일 때문에 재촉받지만 않는다면 이것 말고도 여행자가 즐길 수 있는 짧고 즐거운 여행들은 얼마든지 많다. 그런 이유는 외국을 충분히 보고 즐기는 걸 방해하는 가장 못되고 허울만 그럴듯한 변명에 지나지 않는다!

모체 식민지는 그리스인이 그곳에서 발견한 거대한 메추라기 떼의 이름을 딴 오르티지아의 작은 섬에 기원전 734년 세워졌다. 처음부터 인자한 신들은 시라쿠사에게 미소를 보냈고 섬은 매우 빠르게 발전해서 70년 만에 스스로 자신의 식민지를 건설하기에 이르렀다. 아크라가스의 위대하고 선량한 테론의 사위인 독재자 겔론이 통치할 때, 헬레니즘의 최고 전성시대가 시작되었고 시라쿠사는 발전의 선두에 섰다. 그리고 그는 나중에 사실상 장인과 함께 모든 그리

"그리스 원형 극장 꼭대기 전열 좌석에는
눈부신 풍경이 펼쳐진다."—시라쿠사.

스의 시칠리아 식민지를 다스렸다. 실제로 시라쿠사는 가장 중요한 나라였기 때문에 때때로 그 역사가 시칠리아 역사로 착각되기도 한다. 선한 독재자와 악한 독재자들이 나타났다 사라지고, 민주주의가 독재를 타도했다가 다시 독재가 민주주의를 뒤엎었다. 선동 정치가 (demagogues)—이 단어는 문자 그대로 '민중 정치가'을 뜻한다—들은 사람들을 부추겨서 정부나 독재에 저항하게 하거나, 때로는 스스로 독재자가 되는 위험인물이기도 했다. 하찮은 일반 대중을 자극적인 언어로 흔드는 게 얼마나 쉬운가를 알게 되자, 모든 계층의 사람들이 대중연설을 연마하기 시작했다. 청년 교육에는 이 교육이 필수였고, 시칠리아에서 처음으로 웅변술이 등장했다.

　오르티지아 섬에서부터 도시는 내륙의 언덕 위로 확장되고 네 개의 자치구, 아크라디아, 티케, 네아폴리스, 그리고 에피폴라이로 나뉘어 발전하여 막강한 다섯 도시 연맹을 이룩했다. 이 도시 연맹은 섬에 세워진 그리스의 다른 식민도시들 가운데 가장 중요한 공동체였을 뿐 아니라, 물리적인 면에서도 전 세계의 그리스 식민지 중 가장 그 규모가 컸다. 한때 이곳은 그리스뿐 아니라 전 유럽에서 가장 큰 도시로 인정받았다. 아테네가 질투심을 느끼게 된 것도 당연했다. 기원전 415년, 아티카인의 억눌린 분노는 엄청난 폭발력으로 시라쿠사에 향해 터져 나왔다. 그러나 아테네의 영원한 적군, 스파르타가 시라쿠사에 지원군을 보냈고 아테네 군대는 역사상 가장 참혹한 패배 중 하나를 맛보았다. 이 강렬한 고비를 넘긴 후에도 예전과 같이 정부와 독재자가 나타났다 사라지기를 반복했고, 구원자가 찾아와 민중의 이름으로 도시를 정복하고, 또 사라졌다. 그러다 마침내, 젊은 거인 로마가 청동 갑옷을 입은 군단과 함께 입성하고 이로부터 빛나는 역사의 시기가 시작되었다.

오늘날도 처음처럼 도시는 오르티지아에 있다. 횃대 위에 몰린 새들처럼 집들이 오래된 담벼락 뒤에 서로서로 밀집해 모여 있는 모습을 보면, 해변에 저렇게 넓은 공간을 두고도 왜 사람들은 그렇게 다닥다닥 붙어 있는 걸 좋아하는지 이해가 안 간다. 게다가, 거리는 기가 찰 정도로 자주 뭔가가 변한다. 최대한 벽에 가까이 붙어서 도보로 도시를 한 바퀴 돌며 탐사하는 데는 충분히 여유 있게 움직인대도 기껏해야 한 시간 반 정도면 충분하다. 지도대로만 간다면 여기서 크게 벗어날 일은 없다. 그러나 실제로 해보면, 진짜 코스를 따라가기가 불가능하다는 걸 알게 된다. 몇 차례 거리에서 벗어나다 보면 용기를 잃게 되고 이 놀라운 고갯길과 샛길이 부르는 예상 밖의 변화무쌍함에 백기를 들 수밖에 없다. 이런 길들은 아무런 표시나 신호도 없이 서로서로 뒤섞여 있어서, 정면 현관문 계단에서 끝나거나, 반 블록 못가서 막다른 골목에 막히거나, 요새에서 끝나버린다. 틀림없이 아래에 바다가 있을 거라고 생각했는데 아주 신비하게도 다른 어딘가에서 나타나고, 항상 처음과 동일한 방향으로 이어지지도 않는다.

시라쿠사에는 현대식이라고 부를 만한 것이 거의 없다. 대부분은 중세의 은둔 생활과 비슷한 삶을 영위하고 시민들은 단순하고 온화하며 완전히 세상과의 접촉에서 벗어나 있다. 보통은 편안함이나 편의를 위해 필수적이라 여겨지는 것들도 여기선 관심의 대상이 아니다. 예를 들어, 거리에서 작은 가게 주인의 알뜰한 아내가 아이의 빨간 단벌옷을 빨아 단추를 채운 뒤 가로등 기둥의 불룩한 부분에 널어 말리는 모습을 보았는데, 작고 얇은 옷이 바람에 자꾸 펄럭거려 그 작업이 답답하고 어려워 보였다. 그동안 꼬마 숙녀는 거리에서 사랑스럽게 뛰어놀았다. 어떤 옷을 입고 있든 먼지 속에서 뛰노는 것에는 전혀 지장을 받지 않았다.

N도시의 중심 가까이에 대성당이 서 있다. 흉벽이 있는 무어인 건축 양식의 성과 고대 그리스 신전, 그리고 현대식 기독교 구조가 혼합된 괴이한 조합물이다. 거의 1,300년 전에 시라쿠스의 조시모 주교는 기원전 6세기 초에 세워진 폐허가 된 신전을 기독교 교회로 바꾸는 공사를 시작했다. 열주가 있는 장소에 단단한 벽을 채워 넣어서 거기서는 지금도 도리아식 기둥을 일부 확인할 수 있다. 사라센 침략자들은 878년에 이곳을 모스크로 개량했고, 회교 사원의 기도 시간을 알리는 사람이 2백 년 동안 그 안에서 알라와 모하메드의 이름을 낭송했다. 11세기 노르만인의 정복과 더불어 건물은 다시 기독교도의 예배의 전당이 되었고, 비록 1693년의 지진으로 일부가 파괴되

긴 했으나 손상된 부분은 곧 수리되었고 그때부터 계속해서 시라쿠사의 감독 관구의 교회로 보존됐다. 남부 이탈리아의 대부분의 복구된 교회들과 마찬가지로, 내부는 황량하고 특기할만한 것이 없다. 그러나 외관은 다르다. 그리스풍의 엔터블러처와 기둥, 사라센 양식의 프리즈와 흉벽, 무시무시한 르네상스 양식의 파사드와 주랑 현관, 이 모든 것이 아우러진 외관은 기독교 교회들 중에서도 독특한 것으로 인정받는다.

이교도 시절 여기서 숭배되던 신의 정체와 관련해 의혹을 갖는 일부 고고학자들이 있다. 전에는 다이애나의 신전으로 생각됐지만 당국은 현재 일반적으로 미네르바의 사원이었다고 믿는다. 그러나 키케로의 뛰어난 문장에서는 미네르바(아테나) 신전이 오늘날의 두오모 현장과는 분명히 다른 곳에 위치하는 것으로 되어 있다. 이 웅변가는 자신이 직접 본 신전의 모습을 이렇게 묘사한다. "금을 입힌 거대한 황동색 방패를 든 신상이 항구로 들어오는 선원들에게 이정표 역할을 했다. 상아와 황금으로 된 접이식 문에도 장엄한 메두사의 황금 머리가 장식되어 있었다." 이 웅대한 보물의 대부분은 현재 도난당했다. 로마 법무관 가이우스 베레스는 예술 작품에 대해 높은 안목을 지닌 신사로, 시라쿠사, 그리고 사실상 시칠리아 전체에서 로마군대가 못 보고 지나쳤던 작품들을 모조리 쓸어갔다. 그리고 마침내 자신의 범죄를 기록하게 되었을 때 그는 키케로의 신랄한 모욕 대신 약탈품을 가지고 자발적 추방으로 달아나는 쪽을 택했다.

그러나 신전 이름에 관해 고고학자들이 어떤 의심을 품고 있든, 집 없는 부랑자들은 그런 것에 신경 쓸 여력이 없다. 그들은 이곳이 '다이애나 신전(Tempio di Diana)'이라고 큰소리로 주장하고 이 자발적 정보에 대해 여행자가 돈을 지불할 때까지는 떠나지 않을 것이다.

대각선으로 두오모 광장을 가로지르면 외부적으로 눈길을 끄는 박물관에 닿게 된다. 이 박물관의 수집품은 흥미진진하고도 기발하게 진열되어 있다. 시칠리아 역사가 이제는 사라진 선사시대 시켈족의 유골과 부싯돌 도구에서부터, 과도기적인 그리스 시대 셀리누스의 소간벽, 그리고 이 도시가 헬레니즘 문화와 예술의 중심이 되었던 최전성기의 화려한 주화와 꽃병까지 전시하는 것으로 요약되어 있다. 실제로, 에바네투스와 키몬이 주조한 주화에 새겨진 아레투사의 옆얼굴은 지금까지 알려진 것 중 가장 정교하고 아름다운 그리스인의 모습이다. 그 무렵 주화 제작자는 최상급 수준의 예술가로, 화가와 조각가처럼 자신의 작품에 서명을 하는 데 익숙했다. 에바네투스와 키몬 이 두 사람이 남긴 품격 높은 주화에는 신성에 대한 그리스인의 생각이 최상의 상태로 묘사되어 있다. 가장 아름다운 대리석 조각상은 1804년에 발견된 비너스 아나디오메네(Venus Anadyomene)로, 머리와 한쪽 팔을 제외하고 거의 완벽한 상태로 보존되었다.

그리 멀지 않은 곳에 웅장한 그리스 신전의 폐허 유적지가 하나 더 있다. 옛날에는 다이애나 신전이라고 불렸지만 지금은 아폴로에게 헌납된 것으로 대부분 인식하고 있다. 아무래도 고고학자들은 이 처녀 신에게 반감이 있는 모양이다! 그 외에는 그리스적인 것이 별로 없지만, 좁은 거리를 거닐다 보면 중세 양식의 건축물이 몬탈토와 란자 궁전의 화려한 시칠리아 고딕 양식과 사라센 양식의 창문들과 같이 전혀 예상치 못한 장소에 드문드문 나타나는 것을 볼 수 있다. 이것들은 그 밑으로 내려다보이는 지저분한 거리와 궁색한 주민들을 배경으로 하여 한층 부유하고 경이로워 보인다. 무니치파레 궁전 혹은 시청은 17세기 건축정신의 좋은 예로, 그 양식은 공공건물보다는 남작에게 어울릴 법한 크고 호화로운 개인 왕궁 스타일이었다. 이 시기에는 건축물의 외관을 꾸미는 장식용 철제 용품에 많은 신경을 썼기 때문에, 지금도 주변에는 섬세하고 만족스러운 창문 발코니가 가득한데 그중 일부는 분명히 스페인에서 직접 들여온 것이다.

"당시 화폐를 제조하는
사람들은 일류 예술가로서
그들의 작품에 이름을 새겼다."

첫 번째 그리스 정착민들은 고국의 전설을 함께 시칠리아에 들여왔다. 여기서 그 설화들은 친화적인 토양을 발견했고 라틴 시인의 교감 어린 손길을 거쳐 최고의 완벽한 모습을 갖추게 되었다. 가장 아름다운 신화 중 일부는 시라쿠사의 전설과 하나로 섞여 들어갔다. 또한 가장 즐거운 일은 도시를 산책하다가 듣게 되는 전설들로, 이를테면 그레이트 하버의 가장자리를 따라 곧장 걷다 보면 타마린드가 심어진 넓은 산책로를 지나치고 도시의 성벽이 뒤로 물러난 곳에서 어느새 그 특별히 우아한 사연 때문에 아레투사의 샘이라 불리는 작은 웅덩이에 이르게 된다. 이 웅덩이의 가장자리에는 파피루스가 자라나 그림처럼 아름답다.

아주 오랜 옛날―이 아득한 옛날이야기는 이렇게 전한다― 그레이트 하버의 해변에서 거품이 부글부글 일더니 수정처럼 맑은 샘이 하나 생겼고, 곧이어 가까운 곳에서 깨끗하고 달콤한 작은 샘이 하나 더 콸콸 흘러나왔다. 상상력 풍부한 그리스인이 그런 기막힌 우연의 일치를 그냥 지나칠 리 없었고, 시라쿠사인들은 이 쌍둥이 샘이 아르테미스(다이애나)가 몹시 아꼈던 상냥한 님프 아레투사와 그녀를 사랑한 강의 신 알페우스라고 믿게 되었다. 구(舊) 그리스의 오르티지아 섬에서 알페우스의 너무나 조급한 구애에 겁먹은 아레투스는 아르테미스의 도움으로 샘으로 변신했고, 이오니아 해 밑으로 도망쳐 길고 어두운 여행을 한 끝에 시칠리아의 새로운 오르티지아의 밝은 햇빛 속으로 다시 나왔다. 용기 없는 인물이 아니었던 알페우스는 스스로 물로 변신하여 열심히 빠르게 그녀를 쫓아갔다. 그러나 간발의 차로 그녀를 놓치고 만 그는 사랑하는 여인의 바로 옆에 항구의 바닷물 속에서 두 번째 샘으로 솟아 나왔다. 그러나 바다의 신 포세이돈은 님프나 강의 신보다 훨씬 막강했다. 어느 날 자신의 장대한 침대를 힘차게 흔들어 아름다운 아레투사 주위의 벽을 무너뜨렸다. 오늘날 그녀의 샘물은 소금기가 가득할 뿐 달콤하지 않으며, 그녀의 연인 알페우스도 더 이상 그녀 옆에서 거품을 내며 솟아나지 않는다.

9

항구와 아나포ANAPO 강

시라쿠사의 역사가 깊숙이 얽힌 또 하나의 아름다운 전설은 키아나—키아네—와 아이도네오스 혹은 플루토의 이야기다. 얘기를 제대로 하려면 튼튼한 녹색과 푸른색의 보트를 타고 약 2km 폭의 포루투 그란데를 건너 아마포 강으로 가야 한다. 기분 좋게 불어대는 산들바람을 맞으며 배는 사파이어처럼 반짝거리는 강물 위를 순탄하게 미끄러지며, 닻을 내린 채 꼼짝도 않는 요트와 바다 혹은 강 아래 습지에서 염전 일을 끝마치고 느릿느릿 부두로 들어오는 배를 지나쳐 흘러간다.

세계의 어떤 도시도 그렇게 큰 항구를 자랑할 수 없는 상황에서, 오늘날의 항구와 이천삼사백 년 전 항구의 모습을 비교해본다는 건 얼마나 대단한 일인가! 여기에 시칠리아, 그리스, 페니키아, 거만한 시라쿠스의 해군, 배와 해안 사이를 쏜살같이 오가는 무수히 많은 작은 배들이 이 항구에서 북적거리고, —아, 그리고 항해 중인 배도 빠뜨려선 안 된다— 바람이 불지 않는 날씨에는 하나같이 무수히 많은 다리를 가진 거미처럼 노를 내려뜨린다. 해안의 곡선 주변으로 섬 끝까지 하구까지 3백 마일에 걸쳐 부두에 배가 정박한다. 만 가장자리의 비탈진 해변에서 그들은 배를 기울여놓고 노예를 시켜 배의 바닥의 틈바구니를 막고 타르 칠을 한다. 조선소, 무기고, 무역상의 창고들이 해안에 줄지어 있다. 위대한 해양 민족이 작업을 하며 내는 온갖 활기찬 소음이 만과 도시 끝까지 가득 울려 퍼진다. 2천 년 후 영국이 자신의 지정학적 위치와 바다를 다루는 기술에 힘입어 현재의 강대국의 자리에 오른 것과 정확히 마찬가지로, 이 도시가 지닌 영광과 권력은 모두가 항구에서, 그리고 바다를 다스릴 줄 아는 지혜에서 나온 것이었다.

약간의 상상력을 발휘해 20세기의 소금 배를, 기원전 413년 9월 1일에 아테네와 시라쿠사 간의 역사적인 전쟁을 극적인 최고조로 치닫게끔 만든 작고 투박한 삼단노선으로 그려보자. 오르티지아 끝에서 플레미리온 곳까지 닻을 내린 채 사슬처럼 일렬로 서로를 묶은 많은 갤리선과 상선에 의해 아테네 함대는 그레이트 하버에 봉쇄된 상태였고, 이제 힘으로 뚫고 나갈 준비를 갖추고 있었다.

모든 시라쿠사 주민들과 양측 군대는 해안에 줄지어 서거나, 멀리 극장 좌석에 올라서서, 혹은 지붕 꼭대기에 몰려서서 응원과 함성으로 병사들을 격려했다. 두 경쟁 지휘관들은 각자 평소와 같이 병사들에게 한 사람의 사내와 애국자로서 조국에 자신을 바치라고 독려하는 연설을 마쳤다. 만을 향해 함대는 노를 저었다. 그로트는 이 모습을 생생하게 묘사했다. "지름이 5마일이 약간 넘는 비좁은 만의 안쪽에 배 한 척당 2백 이상의 군인들이 탄 군선 186척이 몰려들어 이제 막 전투를 시작할 참이었다. 주위에는 셀 수도 없이 많은 구경꾼들이 둘러 서 있었는데, 너무 가까워서 서로의 얼굴이 보이고 목소리가 다 들릴 정도였다. 시칠리아의 맑은 대기 속에 시야를 가리는 연기나 다른 장애물이 없었던 역사상 가장 생생한 전투였다."

처음 공격을 시작한 것은 성급한 아테네 군대였다. 그들은 장벽을 향해 돌진해 시라쿠사 군의 방어막을 부수었다. 상선들을 서로 단단히 묶어 장애물로 고정시킨 굵은 밧줄을 자르기 시작하면서 아테네 군이 승리의 함성을 지르는 순간, 바로 그때 시라쿠사의 삼단노선들이 사방에서 그들을 포위하며 몰려들었다. 전투는 즉시 평범하고도 필사적인 양상으로 변했다. 배와 배가 부딪치고, 한 번 단단히 묶인 배들은 다시는 거의 분리되지 않았다. 시라쿠사 군은 아테네의 110척에 달하는 대형 군선 함대에 맞서 76척의 작은 삼단노선밖에 투입할 수 없었지만, 그래도 이들을 거느리고 우직하게 앞으로 밀고 나갔다. 이 작은 배들은 마치 성난 모기떼처럼 끊임없이 적선 주위를 맴돌며 물어뜯고 화를 돋웠다. 과감히 치고 빠지고 또 치고 빠지는 임무를 충실히 해낸 이 가벼운 전투선 삼단노선이 보여준 성과는 배의 크기나 효율적인 면에서 볼 때 현대의 작고 빠른 순양함 혹은 어뢰정에 버금가는 가치가 있었다.

투키디데스는 싸움을 재촉하는 시민과 군대의 극적인 합창 소리로 평화로운 항구가 가득했다고 말한다.

"많은 삼단노선이 내는 엄청난 소음들로 양쪽 군대는 모두 정신이 하나도 없었고 자신들의 지휘관이 무슨 명령을 내리는지도 알아들을 수 없었다. 함포를 쏘라는 명령을 내리거나 아니면 순전히 열정적인 연설을 하느라 양쪽 모두에서 고래고래 고함을 질러댔는데, 아테네 측은 함대에게 길을 뚫고 전진하라고 소리쳤고, 시라쿠사 측은 적군의 탈주를 막는 것은 지극히 영예로운 일이며, 이번 승리로 모든 군사는 조국의 자랑이 될 거라는 등의 소리들을 외쳤다. 바다 위의 전투가 극렬함을 더해가는 동안, 육지의 사람들도 각기 자기가 좋아하는 군대를 편들며 서로 다투었다. 전투 현장이 너무 가까운 데다, 그들 모두가 같은 부분을 바라본 게 아니었기 때문에, 자기가 응원하는 쪽의 군인이 가슴을 부여잡고 쓰러지는 모습을 본 사람은 신의 이름을 부르며 그의 목숨을 앗아가지 말라고 외쳤고, 자신의 친구가 죽는 모습을 본 사람은 애통해하며 크게 비명을 질렀다. 바다 위의 전투 자체가 혼란의 도가니였기 때문에 동시에 같은 장면을 본 사람들 중에서도 어떤 사람은 애통해하고, 어떤 사람은 자기네가 이겼다고 외치고, 어떤 이는 졌다고 외쳤으며, 큰 위험에 빠진 군인을 보더라도 각자 다른 소리를 떠들어댔다."

전투가 끝났을 때 아테네 군의 모든 함선과 시라쿠사 군의 26척은 모두가 상륙하거나 침몰했고 바다 위에는 단 50척만 남겨졌다. 아테네 장군들은 다음 날 부하들에게 함선들을 해변으로 끌고 와 항해할 수 있게 수리해서 다시 싸우자고 호소했지만 아무 소용없었다. 전투가 너무나도 끔찍한 혼돈이었고 아티카 함대의 투지가 완전히 사그라졌기 때문에 군인들은 다시 승선하기를 거부했고, 곧이어 바로 철수가 시작되었다.

4만 명의 사람들이 "도시의 이민자들처럼 해안에서 각자의 짐을 가득 싣고 적대적인 사람들로 가득한 도시로 들어갔다. 뚜렷한 목적지도 충분한 음식도 없고, 궁극적인 생존 가능성에 대한 믿음도 없이 두려움에 고통스러워하며, 무감각한 절망이나 침묵에 빠지거나 혹은 인간과 신을 향해 막연한 분노를 터뜨렸다. 하지만 이중에서도 가장 끔찍했던 건 황량한 해안에 두고 온 많은 부상자와 병자들이었다. 그들은 자신들의 친척과 전우가 떠나갈 때 큰 소리로 통곡하며 슬퍼

하거나 그들의 옷자락에 매달려 스스로 일어설 수 있게 될 때까지만 잠시라도 함께 데려가 달라고 애원했다."*

며칠 동안 그들은 승리한 시라쿠사와 스파르타의 동맹군에게 추격당하고 괴롭힘당하고 퇴로를 차단당하면서도 힘겹게 나아갔지만, 결국 극심한 정신적·육체적 탈진으로 항복하고 말았다. 그들은 항복이 불러올 불가피한 결과를 잘 알고 있었다. 일반 군인들은 노예의 신분이, 귀족 장군들에게는 불명예스러운 죽음이, 그리고 세계 최강의 권세를 자랑하던 조국에게 남겨진 것은 몰락이었다.

노 젓는 배가 아나포의 넓고 깨끗한 입구가 중앙에 자리 잡고 있는 반짝이는 낮은 해안선에 다가감에 따라 이 모든 생각들이 자연스레 마음에 떠오르게 된다. 배가 실제로 강에 들어가기 전에 담록색의 해류가 만의 농도 짙은 소금물을 통과해 들어와 물결의 고랑을 갑자기 차단시킨다. 그 해류는 원래 둑으로 보호받던 곳을 떠난 지 오래되었기 때문에 더 이상 소금물이 아니라 담수이다. 요란한 소리를 내며 흐르는 해류 속으로 배를 저어가며 사공은 유창하게 상세한 설명을 시작한다. 이때 그들이 설명하는 건 누구나 예상할법한 자연 풍광에 관한 것이 아니라, 바로 다름 아닌, 이런 환경에서 배를 달릴 수 있는 자신의 특별한 기술과 자기 시간의 귀중함이다!

분명 이들 사공들은 2,300년 전 반짝이는 만에서 고귀하게 자신의 의무를 다했던 바위투성이 섬의 전형적인 뱃사람이다. 그들의 인상적인 깊은 눈과 그리스인의 특유의 라인이 살도록 섬세하게 깎인 얼굴 윤곽은 그들의 혈통에 관한 역사가의 이야기에 신빙성을 더해준

---

* Dr. 에른스트 쿠르티우스, 『그리스 역사』 3장, 402쪽.

다. 실제로, 대부분의 시라쿠사인은 전형적인 그리스인의 모습을 갖고 있으며, 후에 도래한 이방민족의 영향은 거의 또는 전혀 찾아볼 수 없다.

개울 입구에서 안쪽으로 100야드 정도 떨어진 곳의 다리 옆에서는 거대한 어깨에 허리 근육이 발달한 씩씩한 여인들이 무릎 위까지 조심스레 치마를 걷어 올린 채 빨래를 하고 있는 모습을 언제나 볼 수 있다. 그들의 내놓은 맨다리 주위로 얼음처럼 차가운 물이 멋진 물결을 일으키며 소용돌이쳐도 그들은 추위쯤은 아무것도 아니라는 듯 몇 시간이고 계속 빨래를 한다. 비록 둑 위에 올라선 몇몇 노파가 변형된 손과 류머티즘에 시달리는 발로써 투명한 개울을 더럽힌 신성모독에 대해 강의 신이 어떤 복수를 하는가를 말없이 증언하지만 말이다.

해안에 놓인 양동이에 가득한 것과 검은 바위에 놓인 푸르스름한 젖은 덩어리는 모두가 옷이다. 시트는 정말 튼튼해서, 무거운 방망이, 강력한 오른팔, 비누조각도 모래도 하나 없이 흐르는 물과 그 속의 아무것도 안 덮인 거친 바윗돌을 가지고 이 막강한 일꾼들이 제아무리 두들겨대도 끄떡없다. 그래서 시트를 빨아오면 올수록 정말 세탁부 하나는 잘 됐다는 생각을 하게 될 것이다!

배가 들어왔다가 다리 아래 저 멀리로 사라질 때까지 빨래가 거의 되어 있지 않다면, 그건 저 쾌활한 여인네들이 빨래하기보다 구경하길 더 좋아한다는 뜻이다. 그래서 그들이 일하는 모습을 사진에 담는 유일한 방법은 일하지 않으면 통행료를 내지 않고 지나가겠다고 위협하는 것이다. 그러면 폭풍처럼 열심히 빨래한다! 빨래터에서 조금 더 가면 개울 왼쪽으로 탁 트인 들판이 나오는데, 그곳엔 심하게 훼

손된 돌기둥이 두 개 서 있다. 둑에서 도보로 10분 정도 거리에는 올림포스 신 제우스의 신전 유물들이 도처에 널려 있다. 신전이 세워진 건 6세기 초로, 젤론 왕은 신전에 놓인 제우스 신상에 히메라에서 무찌른 카르타고인에게 빼앗은 순금으로 만든 옷을 입혔다. 그러나 대략 1세기 후 디오니시우스 1세는 신상에서 황금 옷을 벗겨내어 개인 용도로 다 써버리고 나서 백성에게는 신상이 입기에 그 옷은 "겨울엔 너무 춥고 여름엔 너무 더워서" 그랬다고 해명했다.

키아네 개울에서는 사공들이 장대로 배를 밀고 가거나, 풀에 당겨지거나, 내려오는 배가 있으면 구석진 자리에 잠시 멈춰서 먼저 지나가게 비켜주면서, 또 할 수 있을 땐 노를 저으면서 느릿느릿 나아간다. 화려한 꽃들로 활기 넘치는 부드러운 색조의 들판 사이로 맑은 개울물이 이리저리 굽이치며 흐른다. 곳곳에 가지를 늘어뜨린 버드나무와 무성한 나뭇잎이 덥수룩하게 덮인 인상적인 고목들이 물 위로 몸을 기울이고 녹색의 삼단 같은 긴 머리를 찰랑이는 거울처럼 맑은 수면 위로 드리우고 있다. 새로 돋아난 가냘프고 늘씬한 줄기 위에 커다란 깃털 장식 머리를 버겁게 얹은 아름다운 파피루스 나무가 강둑 양 옆에 나란히 줄지어 늘어서 있거나, 혹은 10, 15, 18피트 높이의 큰 키를 자랑하며 위풍당당하게 따로 모여 서 있다. 파피루스 나무가 이곳에 나타나게 된 경위에 대해서는 두 개의 전설이 있다. 하나는 9세기경에 침략자 아랍인들이 들여왔다는 것이다. 이 얘기가 사실일지는 모르나, 이에 관련되어 남아 있는 시가는 없다. 다른 하나인 보다 아름다운 전설에 따르면, 아랍인들보다 천 년도 더 전에 살았던 어느 너그러운 파라오가 히에론(Hieron) 왕과 그의 상냥한 왕비 필리스티스의 이야기에 감명받고 그녀에게 검은 이집트가 낼 수 있는 가장 아름다운 선물을 골라 보냈다는 것이다. 어쨌든 두 이야기 중에서 마음에 드는 쪽을 믿으면 그만 아니겠는가!

시칠리아에서 천 년을 살았든 이천 년을 살았든, 파피루스 갈대는 여전히 나뭇잎이나 마디 하나 없이 촉촉한 대지에서 늘씬하고 우아하고 부드러운 녹색 줄기로만 자라나며, 분첩 같은 머리를 나른하게 반짝이는 수면으로 늘어뜨리고, 온화한 아버지 나일 강 옆 태양이 작열하는 옛 고향을 꿈꾼다—식물도 꿈을 꾼다면 말이다. 오늘날에는 세계 어디에도 고대 파라오의 종이 갈대가 야생으로 자라는 곳이 없다. 하지만 여기 이곳에서 유럽의 꽃과 들판 사이에서 이 식물이 함께 조화를 이루고 있는 모습은 묘하게 이국적인 정취를 자아낸다.

개울물이 솟아나는 둥근 샘은 수정처럼 맑고 하늘처럼 푸르다. 비록 차갑기는 하나, 티 하나 없이 깨끗하고 푸르러서 —어쩌면 성스러운 샘의 수호자일지도 모를—거대한 회색빛 숭어와 다른 물고기가, 20피트나 30피트 아래까지 훤히 다 내려다보이는 곳에 자란 미모사 같은 수생 식물의 주변을 쏜살같이 빠르게, 혹은 아주 천천히 헤엄쳐 다닌다. 이 샘에는 시적 영감이 살아 숨 쉰다. 햇살이 빗금처럼 내리꽂히고 깊이와 각도에 따라 물의 색감이 시시각각 달라진다. 어떨 때는 은빛의 비스듬한 거울인가 싶다가도, 또 어느 순간은 은은한 회색과 반투명색으로 변하고, 다시 깨끗한 푸른빛과 빗물에 씻긴 공기처럼 희미해진다. 그러나 언제나 아름답고, 언제나 태양을 향해 보조개 미소를 보낸다. 그러니 이보다 더 시적인 것이 있을 수 있겠는가?

플루토—현재의 시칠리아인이 선호하는 라틴화된 그리스 전설을 다시 들먹이자면—가 페르구사 호수에서 프로세르피나를 납치해 가

자, 그녀의 시녀 님프 중 하나인 키아네가 울면서 검은 마차를 뒤쫓아갔는데, 시라쿠사의 이 초원까지 왔을 때 어둠의 왕이 뒤를 돌아보고 손에 들고 있던 홀을 그녀의 얼굴에 대고 휘둘렀다. 그러자 가엾게도 그녀는 눈물의 샘물 속으로 녹아 들어가 키아네 샘이 되었다. 그러나 그녀의 슬픔이 너무도 강렬했기 때문에 수 세기가 지나도록 샘은 마르지 않고 계속 흘렀다. 마치 작고 푸른 호수의 맑은 물밑에 살아 있는 샘처럼, 자신이 '사라지지 않았음을 증명하기 위해' 샘물은 지금도 계속해서 솟아오르고 있다.

강의 하류로 돌아가는 길에 뱃사공은 정부의 재산을 '보호하는' 기가 막힌 방법을 시전한다. 이탈리아 정부는 소중한 파피루스 나무를 빈틈없이 보호하는 데 심혈을 기울이고 있는 까닭에 역에 들어올 때마다 배들은 일단 멈춰야 하고 세관 경비는 거기서 파피루스를 한 줄기 이상 가져가는 여행자가 없는지 엄중 감시한다. 뱃사공도 이 사실을 잘 알고 있었지만, 멋진 갈대밭에 관광객들이 크게 기뻐하며 환호하면 기분 좋게 배를 멈추고 손님들이 원하는 만큼 갈대를 잘라주는데, 이때 규정에 관해서는 한마디도 하지 않는다. 그러나 경비초소에 차츰 가까워지면서 그들은 배에 실린 초과분량의 갈대를 다 던져버리고 어이가 없어 격분하거나 재밌어하는 여행자들에게 그제야 규칙을 설명해준다. 파괴행위로부터 파피루스를 '보호'하기 위해 그것을 던져버리는 모순은 미국인의 유머감각을 상당히 자극한다. 차라리 너무 많이 갈대를 자르는 뱃사공에게 다소 빡빡한 벌금형을 내리는 편이 더 효과적이지 않을까 싶다! 그러나 '터무니없음의 최고봉'은 바로 세관 경비들이었다. 우리를 진지하게 바라보더니 숙녀분과 내가 혹시 결혼한 사이냐고 물었다. 내가 그렇다고 대답하자 그들은 고개를 저었다.

　"선생님 갈대는 버리시지요." 그들은 이구동성으로 이렇게 말했다.
"결혼한 커플은 하나만 가질 수 있습니다!"

10

시라쿠사SYRACUSE,
펜타폴리스PENTAPOLIS

항구에 커다란 '관광객 요트'가 있을 경우 더 큰 도시에 대해 연구하고자 하는 실수를 하지 마라. 여러분이 아침식사에 대해 생각하기 훨씬 전에 그 요트들이 펑! 펑! 펑 소리를 내면서 창문 밑으로 지나갈 때 그것으로 충분하다는 것을 곧 알게 될 것이다. 끝없는 행렬의 마차들이 시끄럽게 손을 흔들며 섬에서 천천히 나아간다. 여행 안내서에 열광하는 사람들은 쾌활한 형용사로 자신들이 알고 있는 것에 빠져 있는 것들을 채워 넣는다. 이들은 저녁에 먼지로 하얗게 된 상태로 지쳤지만 즐겁게 돌아오며, 배를 타고 선상의 하얀 궁전으로 돌아온다. 시라쿠사는 다시 한숨을 쉬며 잠이 든다. 한 번 더 모험을 시도하기에 안전하며, 한 번 더 나쁘지 않은 가격으로 마차를 탈 수 있으며, 한 번 더 그리스와 로마 시절의 소심한 유령들을 부드럽게 불러본다.

오르티지아(Ortygia) 섬은 한때는 다듬돌로 본토에 연결되어 있었으나 여러 기간 동안의 변덕과 위험 때문에 그 이후 분리되었다가 붙었다가 다시 분리되었다. 이제는 연결되어 있는 동시에 분리된 상태이다. 섬과 해안 사이에 성이 있으며, 튼튼한 교량을 가로지르는 작은 운하에 의해 분리되어 있으나 필요 시 방어를 할 수도 있다. 비가 전혀 오지 않는 계절에는 모든 먼지가 성을 통해 교량을 가로질러 섬에서 이어지는 먼지투성이의 길에 집중되어 있는 것처럼 보이며, 이는 방파제 측면의 부두를 채운 일련의 선박을 지나 시라구스의 아고라가 있었던 메마른 광장을 지나간다.

모든 로마의 도시에 포룸(forum)이 있었던 것처럼 모든 그리스 도시에는 아고라 혹은 시장이 있었다. 아고라는 모든 종류의 식품과 상품을 팔았던 시장이었을 뿐만 아니라 도시의 회합 장소이자 뉴스와 의견 교환의 중심지였다. 여러분은 아고라를 재구성하려면 상상력을 사용해야 한다. 어두운 얼굴을 하고 오래된 그리스의 늘어뜨린 의복을 입은 사람들로 채우고, 참주의 경비병들이 웃지 않은 군중 사이로 지나갈 때 무기와 갑옷의 절거덕거리는 소리를 들어보라. 이제 아고라는 헐벗은 열린 광장일 뿐이며 가운데로 벌거벗은 적색 기둥이 위를 향해 튀어나와 있다. 작은 반원형 강당 가까이에 있는 로마의 팔래에스트라(Palaestra)—라틴화된 시라쿠사의 청년들이 자신의 근육을 연마하기 위해 사용했던 김나지움(gymnasium)과 강당. 이 중에서 매우 아름다운 부분만 일부 남아 있다—에 엄습한 운명은 좀 더 자애로웠다. 깨끗한 물이 웅덩이에 차 있고, 빛나는 편자에 대리석 자리 사이의 틈과 이음매로 엿보이는 연약한 공작고사리가 반사되어 보인다. 여기에서 만나 사회에 대해 토론하던 학생들은 누구였을까? 그리고 이제 물장군과 작은 도마뱀만이 생명의 흔적을 보여주는 이 선택된 홀에서 열변을 토하던 '교환 교수'들은 누구였을까?

이 도로는 마을에서 멀지 않은 곳에서 즐거운 농경 지역과 만나며, 아몬드, 레몬, 시트론(citron) 과수원으로 이어진다. 네아폴리스

(Neapolis)와 에피폴라이(Epipolai)의 경사는 더 높아져서 신비하고 환상적인 모양의 오래된 올리브로 이루어진, 매우 흉해 보이는 토지의 소작인들이 있는 거대한 바위투성이의 작은 숲으로 구불구불 뻗어간다. 이 숲은 오크(oak)처럼 소용돌이 모양이며, 사과나무처럼 혹이 많고, 구멍이 잔뜩 있으며, 모든 각도로 기울어져 있다. 그리고 무엇보다 가장 흥미로운 것은 나무껍질이 반쪽뿐인 것처럼 보인다는 것이다. 나무껍질의 반쪽만 뿌리와 닿은 것이 보인다. 이처럼 바위투성이의 놀라운 지역에서 어떻게 살아가며 열매를 맺는지는 미스테리이다. 그러나 이 숲은 일반적으로 번식력이 강하다. 이 숲은 죽은 시라쿠사의 유령, 한때 자신들의 힘과 영광에 자부심을 가지고 에피폴라이, 네아폴리스, 튀케(Tyche), 아크라디나(Achradina), 오르티지아-시라쿠사의 거리를 걸어 다녔던 시민들의 유령처럼 보인다.

현재 이 도시에는 거주민들이 3만 2천 명 이하이며, 여기서 5천만명 이상은 한때 쌍둥이 항구에 떠있는 거대한 상선들을 우습게 보았다. 그리고 겔론(Gelon)과 히에론, 아가토클레스(Agathocles), 티모레온(Timoleon)이 활약했던, 그리고 테오크리투스(Theocritus)와 아르키메데스(Archimedes)가 태어나고 일했던 언덕에는 흩뿌려진 석회석이 군데군데 놓여 있으며, 매, 박쥐, 관광객, 가이드만이 이 침묵의 도시를 방해하는 유일한 생명체들이다.

4개의 본토 자치구(borough)로 불리었던 도시 외곽에 디오니시오스(Dionysius) I세—배반과 음모를 통해 5세기 초에 참주가 되는데 성공한 뛰어난 군인—는 17년에 걸쳐 엄청난 벽을 건설했다. 6만 명의 노동자와 6천 마리의 황소로 20일에 거의 3½마일을 건설했는데, 엄청난 벽돌과 까다로운 구성에 대해 연구되기 전까지는 이 엄청나게 힘든 노동에 대해 평가할 수 없었다. 처음에 건설된 16마일 중에서 10마일만이 참주의 업적의 견고함을 입증하듯 아직도 서 있다.

디오니시오스는 에피폴라이의 가장 서쪽에, 도시에서 가장 높은 곳에 지금은 완전히 파괴된 에우리알로스(Euyelus)의 거대한 요새를 건축했다. 말로는 이 요새의 크기와 강도를 설명할 수 없다. 이 요새는 시라쿠사에만 있으며 무너진 퇴적물 사이에 서 있는데 디오니시오스의 가장 위대한 업적의 가치와 광대함을 엿볼 수 있다. 이 요새에는 자연석으로 깎아서 만든 5개의 거대한 탑과 깊은 해자(垓子)가 있으며, 어떻게 이를 점령했는지 이해하기가 어렵다. 그럼에도 불구하고 200년 후, 강습(storm) 때문이라기보다는 반역(treason) 때문이기는 했지만 마르셀루스(Marcellus) 치하에서 로마인들이 이를 점령했다. 군대에 의해 포위되었지만 도시를 훌륭하게 방어한 것은 한 명의 엔지니어의 승리였다―위대한 아르키메데스는 벽 위에서는 볼 수 없는 사람이었지만 이러한 놀라운 일을 해냈다. 그는 훌륭한 노왕 히에론의 시대 훨씬 이전에 근거리 및 장거리 발사 방법을 간파했고, 상상할 수 있는 모든 무기와 공병학을 완성했다. 플루타르크(Plutarch)는 아르키메데스가 갤리선을 집어 올려 벽에 부딪친 달걀처럼 박살내는 거대한 지렛대, 경포 및 중포용 노포, 투석기, 석궁, 크레인과 같은 갈고리, 선원들이 떨어지거나 죽을 때까지 선박을 들어 올려 거대한 풍차처럼 공중에서 빙글빙글 돌리기 위한 장치를 가지고 있었다고 말했다. 로마인들은 그의 무시무시한 기계를 너무 무서워하여 결국 이 조용하고, 점령되지 않은 벽에 접근하기를 거부했다. 이 도시는 강습이 아니라 다른 이유로 점령당하게 되었다.

결국 1년 동안의 포위 이후 아르테미스 축제일 밤에 일군의 로마인들이 술 취한 경비병의 저항 없이 북쪽 벽을 기어 올라와서 문을 열었고, 전 군대가 에피폴라이로 행군해왔다. 그날 마르셀루스는 정상에 섰고 그가 얻게 된 대단한 도시를 내려다보았다. 그는 엄격하고 유능한 군인이었지만 이 로마인은 시인의 영혼을 지니고 있었으며, 그가 도심부에 도달하기 전에 참고 견뎌낸 모든 시라쿠사인들을 보며 울었다.

그러나 그는 자신의 방식으로 싸울 필요가 없었다―오르티기아는 한 스페인 용병 장교에게 배신당했다. 가장 비극적인 사건은 시칠리아에 불멸을 가져다주었던 위대한 천재의 죽음이었다. 세부사항에 대한 설명은 다르다. 그러나 마르셀루스가 아르키메데스를 소환하기 위해 군인을 보낸 것은 확실해 보인다. 병사는 나이든 학자가 수학 문제를 풀고 있는 것을 발견했고, 그가 자신의 증명을 완료하기 위해 시간을 달라고 했을 때 이를 오해하여 그를 죽였다. 이것이 정확한 사실이든 아니든, 우리는 마르셀루스가 진정으로 그의 죽음을 애도했다는 것을 알고 있다.

시라쿠사의 고통에 대한 로마 사령관의 눈물에도 불구하고, 그는 시라쿠사를 처음 보았을 때 로마를 위해서는 공금을 강탈한 반면에, 자신의 고향에서의 개선 행렬을 장식하기 위해 회화와 조각상과 다른 예술작품을 빼앗는 것을 주저하지 않았다. 마르셀루스는 불운한 시라쿠사의 약탈로는 멈추지 않았지만 그는 수 세기 동안 최악의 범죄자가 되었다.

에우리알로스 요새의 산산이 부서진 벽에서부터 장엄한 광경이 펼쳐지며, 이는 먼 거리에서는 안개에 둘러싸여 있다. 북쪽과 남쪽은 가리비 꼴의 해안으로 이어지며, 지중해의 춤추는 푸른빛으로 희미해져간다. 남쪽과 동쪽으로는 오르티지아가 있으며, 수천 개의 하얀 벽과 타일을 깐 지붕 위로는 태양이 반짝이는 반면에 반대 방향으로는 구름이 걷히면 웅장한 에트나가 서 있는데 여전히 눈으로 된 겨울 모자를 쓰고 있다. 곧장 서쪽으로 언덕이 높이 솟아 있으며 들판에는 연해의 꽃과 냄새가 좋은 모든 과일들이 있다.

요새에서 멀지 않은 곳에 카페라고 표시된 작은 별장이 있는데 경솔하거나 소화력이 좋은 사람은 여기에서 점심을 사 먹을 수 있다. 그러나 일반적인 사람이라면 추가 비용 없이 호텔에서 내놓은 관광객용 간식을 들고 가서—여러분이 펜션에서 지낸다면— 뒷베란다에서 먹는 것이 더 훌륭한 식사가 될 것이다. 어리석게도 여러분이 요청하면 이 카페에서 '차'를 내놓을 것이다. 그러나 마른 버드나무 잎으로 만든 잉크가 연한 지방 적포도주보다 상쾌할 리는 없다. 차를 만든다는 것은 시칠리아에서는 아직 배우지 못한 정교한 기술이다. 그러나 뒷베란다에서 트로일로스 만(Bay of Trogilus)의 가파른 경사 아래로 펼쳐진 풍경은 형편없는 차와 철제 의자의 사소한 불편함에 비해서는 더 많은 보상이 된다. 확실히, 주인장은 자신의 가구가 기념품을 수집하려는 방문객들에게 시칠리아의 전리품으로 포함되지 않을 것이라는 점을 알고 있다.

고대 그리스인들은 미래를 위해 어떻게 이런 것을 지었을까! 그들은 아무도 알 수 없는 많은 생명과 많은 돈을 희생하여 바위투성이의 고원 깊숙이 엄청난 수로 두 개를 조각했고, 이는 저 멀리 있는 산의 시냇물에서 오래된 시라쿠사까지 식수를 가져다주었다. 금강 수로를 뚫을 수 있는 다이너마이트의 도움도 없었다. 아무도 볼 수도 없고 들을 수도 없는 어두운 곳에서 증기로 작동하며 달각거리고 쿵

쿵대는 기름투성이의 착암기도 없었다. 물은 여전히 바다로 콸콸 흘러가고 있었다. 이는 모두 손으로 작업한 것이며, 언덕과 계곡과 들판을 가로질러 에피폴라이의 정상 위에서 항구를 향해 아래로 내려가는 경로를 나타내는 아래의 정사각형 석회암 깃돌을 눈으로 따라가면 외경심에 가까운 존경심으로 가득 차게 될 것이다.

로마는 우리에게 시칠리아의 상대적으로 적은 유적들을 남겨주었지만, 이는 예술뿐만 아니라 삶에 있어서 그리스와 로마의 이상의 차이를 명확히 보여준다. 그리스인들은 자신의 순수성 및 단순성과 결코 맞지 않는 독보적인 사원과 극장을 세웠다. 로마인들의 욕실과 원형극장의 호화로움은 과시 및 사치를 보여준다. 시라쿠사의 원형극장은 로마의 원형극장과 유사하다. 가운데에 엄청난 수조(cistern)가 있는 방대한 타원형 경기장(arena)—길이 231피트, 너비 132피트로 측정된다—은 군함의 장관(壯觀)을 위해 타원형으로 채워져 있다. 이 경기장의 벽은 투사와 짐승들의 드나드는 8개의 문이 있는 아치형의 복도의 측면을 이룬다. 경기장에 여러 단으로 세워진 좌석 위에 산산이 부서진 대리석에서 '칸막이 좌석의 관람객'이었던 귀족의 이름을 찾을 수 있다.

이 경기장의 크기는 시민들이 극장에서 '죽음의 연기'에 혹은 아리스토파네스(Aristophanes)의 훌륭한 희극에 더 이상 만족하지 못하고 실제의 죽음과 피를 더 큰 경기장에서 요구했을 때 로마의 규칙에 따른 시라쿠사의 영락(零落)의 증거가 된다. 이 경기장에 셀 수 없이 많은 평화로운 잔디와 야생의 꽃들이 녹색과 금색의 옷감처럼 펼쳐져 있고, 잔인하고 오래된 폐허 주위에 영원한 아름다움의 수의(壽衣)를 새빨갛게 물들이고 있다. 이곳에서 아버지가 '바닷일'을 하기 때문에 여기저기서 언어를 공부하면서 언어를 다 배우면 가고 싶은 나라를 결정한 후, 나중에 영사관이 되고 싶다고 말하는 시골 젊은이를 만났다.

원형경기장 가까이에 세계에서 가장 큰 제단이 있다—길이가 606피트, 너비가 75피트, 높이가 6피트이다. 히에론 왕이 이를 세워 시라쿠사는 7월 4일 독립기념일을 적절히 축하할 수 있었다. 역사가들이 참주들의 제1시대라고 부른 시대에 마지막 찬탈자가 제거되었을 때 자유의 신 제우스 엘레우테리오스(Zeus Eleutherios)를 기념하여 엘레우테리아 축제가 도입되었다. 이는 오히려 민주주의가 중단되고 축제의 의미가 사라진 이후에도 시라쿠사가 축하할 권리를 갖고 있다는 점에서 주목할 만하다. 히에론의 제단에서는 매년 제단 자체만큼 큰 제물이 바쳐졌다. 축제일을 위해 한 번에 450마리의 황소를 도살하여 태웠다고 생각해보라! 그러나 과거에 이들은 신들에게 아끼지 않는 헌신적인 추종자들이었고, 엘레우테리아 축제와 같은 경축 행사 시 전체 도시가 흥청거렸다.

시라쿠사를 건축한 돌을 잘라낸 거대한 채석장 중 하나인 라토미아 델 파라디소(Latomia del Paradiso)는 도로를 가로지른 곳에 있다. 아마도 12피트의 깊이의 단단한 바위에서 잘라낸, 흠뻑 젖은 황량한 채석장이 시간이 흘러 비옥해졌다. 시칠리아의 기름진 자연은 이를 따뜻한 야생의 색깔로 다채롭게 변모시켰다. 동굴 감옥을 건설한 의심 많은 군주인 디오니시우스는 자신의 정치범들 사이에 무엇이 일어나고 있는지 알게 되었다. 라토미아의 서쪽에 S자 형태의 동물이 있는데 이곳은 기이한 유치장 중 하나로 불규칙적으로 선택되었으며 디오니시우스의 귀라고 불렸다. 이곳이 정말로 참주의 원래의 계획이든 혹은 채석 중의 사고이든 간에, 상단에 있는 사람들이 아래로부터 속삭임을 들을 수 있었다는 것은 사실이다.

파라디소 옆에는 라토미아 디 산타 베네라라는 또 다른 채석장이 있으며, 아름다운 이웃 채석장보다 더 풍부하고 찬란한 색깔의 식물로 가득 찬 정원이다. 모든 채석장에는 커다란 기둥, 선반, 첨탑, 포탑, 채석공들이 돌을 가지고 갈 때 남겨둔 더 단단한 부분의 바위들이 있다.

채석장의 바로 서쪽에는 밀레투스(Miletus)와 메갈로폴리스(Megalopolis) 이후에 가장 큰 개방형 극장인 그리스 극장이 있다. 15단의 좌석과 무대의 상부 구조는 사라졌지만 강당은 약 240년의 세월에도 불구하고 상당히 온전한 상태를 유지하고 있다. 그리스의 위대한 시절에는 개인의 거주지의 설계와 장식에 상대적으로 주의를 기울이지 않았으며, 이에 대해 남아 있는 흔적이 없다. 그리스인-시칠리아인의 생활의 중심인 극장들은 남아 있다. 이는 부분적으로는 극장이 언덕의 내구성 있는 바위를 잘라내서 만들었기 때문이며, 또한 어느 정도는 로마인들이 이를 계속 사용하고 수리했기 때문이다.

여기 시라쿠사 극장에서 걸출한 계관시인 핀다르(Pinder)가 이 극장을 세우기로 한 잔인하고 의심 많은 참주, 히에론 1세의 영광을 위해 거창한 송시(ode)를 노래했다. 우리는 이 시인의 감정이 궁금하다. 단순히 많은 후원을 받기 위해 아첨을 했던 문제일까? 아니면 무엇을 위해서였을까? 200년 이후에 선왕인 히에론 2세는 극장을 복구하고 장식했다. 그리고 왕좌를 뒤덮은 대리석판 조각에서 우리는 그의 이름과 함께 아내 필리스티스(Philistis)와 며느리인 네레이스(Nereis)의 이름을 찾을 수 있다.

히에론이 떠오르는 젊은 장교였을 때 사랑에 빠진 필리스티스는 동전에 초상이 남아 있다. 그리고 그녀가 예술가들이 값비싼 금속에 그린 것처럼 귀여운 얼굴에 온화했다면, 그녀의 연인이자 남편인 왕이 그녀의 아름다움이 영원하기를 바랐다는 것은 놀랍지 않다. 참주 히에론처럼 왕은 예술의 후원자였으며, 그의 시절에 테오크리투스(Theocritus)는 목가시(pastoral ode)와 전원시(bucolics)를 고안 및 발전시켰으며, 이는 예술적인 의미에서 핀다르의 시가 이전의 체제를 구분 지은 것처럼 명확하게 이 시기를 구별 짓는다.

이 극장에서 순수한 무대가 아닌 많은 드라마를 보았다. 여기서 열렬한 무리들이 영광스러운 전투를 지켜보았으며, 이후에 "시칠리아의 옛이야기에서 가장 순수한 영웅"이 자신의 제2의 조국 앞에 나타났다. 태생으로도 행위로도 고귀한 코린트(Corinth)의 티모레온(Timoleon)은 기원전 344년에 고국의 참주와 해외의 야만인들에 대해 도와달라는 시라쿠사의 요청에 응답하여 군대와 함께 파견되었으며, 공화국을 재건했고, 자신의 아내와 아이를 위해 공적 생활에서 은퇴하고, 자신이 해방한 사람들 주변에서 말년을 즐기기 위해 정착했다. 갑작스러운 실명이 위대한 군인-정치가에게 엄습했지만, 그의 능력에는 끝까지 어두운 그늘이 지지 않았다. 시라쿠사의 영리한 두뇌가 필요할 때마다, 시민들은 그를 국가로, 마차로, 극장의 무대로 데려와 시라쿠사의 번영을 위해 자신의 풍부한 경험으로 조언을 하게 했다. 그가 스틱스로 조용히 떠난 지 8년 뒤에 프리먼은 우리에게 이렇게 말한다. "그리하여 죽고 그리하여 존경을 받았다. 시칠리아의 옛이야기에서 가장 고귀한 명성을 가진 자, 이를 다른 사람에게 전하는 것이 충분하다고 생각했던 자, 자신을 위해서는 아무것도 추구하지 않았던 자."

그리고 티모레온은 그저 위대한 자가 아니었다—그는 행운아였다! 모든 사람들에게 빠르고 훌륭하게 의견을 전달하고, 실명의 고통이 엄습할 때에도 여전히 절정의 인기를 누렸으며—그리고 사람들의 존경뿐만 아니라 동정과 사랑을 받았으며—변덕스러운 대중이 그를 잊고 그의 이름을 중상하고 저주하기 전에 사랑받는 영웅으로 죽었다는 것은 가장 운이 좋은 사람이다—십중팔구 티모레온 자신은 신들이 그에게 무엇을 주었는지 결코 깨닫지 못했지만 말이다!

극장의 위층에서 시라쿠사의 가장 황량한 거리—안치된 시신들을 그리워하는 납골소와 벽감이 있는 무덤의 거리가 언덕까지 올라간다. 수세기 동안 위대한 사람을 잃을 때마다 그에게 인근의 가장 좋은 웅장한 무덤을 주는 것이 온화한 풍습이었다. 우리는 티모레온이 시라쿠사의 아고라 근처에 묻혔다는 것을 안다. 또한 우리는 키케로가 시칠리아의 검찰관이었을 때, 도시 밖에서 아르키메데스의 무덤을 발견했고 구(球)의 체적은 구에 외접하는 원기둥의 체적의 2/3라는 선생이 가장 좋아한 증명이 새겨진 기하학 도형을 보고 이를 확인했다는 것을 안다. 두 개의 묘는 모두 사라졌고, 카타니아로 가는 도로 옆의 두 개의 로마-도리아 양식의 무덤을 원래 주인의 권리와 무관하게 임의로 티모레온과 아르키메데스의 무덤으로 삼았다.

알고 보니 시칠리아인들이 우리가 이탈리아어 때문에 고심하는 것처럼, 머뭇거리는 영어로 연습을 하고 싶어 한다는 사실은 즐거운 일이다. 매우 더러운 옷을 입은 수염이 긴 고대의 수도사가 산 지오반니 에반젤리스타(San Giovanni Evangelista) 교회의 문을 열고 우리에게 와서 재빠르게 묻는다.

"테데스코(Tedesco)*?"

"아니오."

"아, 러스키(Russky)**?"

"아니오."

"음. 잉글레제(Inglese)***?"

"아니오."

"디아볼로(Diavolo)! 하지만 당신은 영어를 조금 하는군. 그렇지요?"

"조금요." 나는—이탈리아어로— 대답했다.

수도사는 싫증을 내며 나를 노려본다. "영어를 할 수 있다면 왜 하지 않소? 나는 기회가 있을 때마다 영어로 말한다오."

이 대단히 흥미로운 교회는 12세기 후반에 세워졌으며, 붉은 창문은 스테인드글라스와 해당 시기의 구성에 대한 훌륭한 예이다. 민간 설화에 따르면 사도 바울(Apostle Paul)이 도시에 왔을 때 지하실과 같은 예배당에서 설교했으며—"시라쿠사에 대고 사흘을 있다가"(사도행전 28장 12절)— 수도사는 그가 "대중을 축복한" 제단을 보여주었다. 안타깝게도 최초의 산 지오반니는 4세기 건축물이며, 사도 바울은 로마로 가는 길에 혹은 다른 때에 이를 볼 수 없었을 것이다. 또한 수도사는 시라쿠사의 최초의 순교자가 된 사도 마르키아누스(St. Marcian)가 매를 맞아 죽은 화강암 기둥과 그의 자리와 아치형 제단(무덤)을 가리켰다.

---

* '독일인'이라는 뜻의 이탈리아어.
** '러시아인'이라는 뜻.
***'영국인'이라는 뜻의 이탈리아어.

사도 마르키아누스의 기둥은 카타콤(catacomb)의 입구 가까운 곳에 서 있다. 카타콤은 아크라디나(Achradina) 지역에서 매우 중요하며, 로마보다 더 큰 데다 세계에서 가장 인상적인 지하 공동묘지이다. 주회랑은 너비 10피트 높이 8피트이며 100야드 이상의 단단한 석회암을 관류한다. 일반적으로 저명한 사람들이 원형 홀(rotundas), 커다란 원형 예배당, 그리고 여기에 매장되었다. 지상의 교회가 파괴되었거나 공개적으로 예배를 드리는 것이 금지되었을 때, 쫓기는 충실한 신도들이 비밀리에 예배를 드렸다. 시편 구절과 비슷한 내용이 여기저기 문 위에 새겨져 있으며, 몇몇 무덤 벽감의 측면에 적색으로 조잡하게 칠해져 있다. 여기서 생명보다 신앙을 가치 있게 여긴 침묵의 증인들은 순교자로 죽었다.

어둡고 침침한 동굴에서도 용감한 영혼들은 일종의 거친 예술을 행했다. 벽에, 반원 공간(lunette)에, 예배당의 제안 위에 색상과 디자인은 거칠고 형편없지만 무엇으로도 정복할 수 없는 신의 사랑에 대한 메시지가 숨 쉬는 프레스코화가 있다. 영원한 밤의 도시의 벽과 천정과 출입구는 기독교인들이 사용했던 램프 연기로 그을음투성이며 검다. 초기 박해 동안 많은 사람들이 여기로 도피했다는 것은 의심의 여지가 없다. 우리는 차고 끈적끈적한 어둠 속에서 작은 청동 램프의 희미하고 흘러내리는 불빛만으로 살아가는 것의 공포를 상상할 수 없다. 그러나 우리는 모든 것을 견뎌낼 수 있었고, 초라한 램프의 손잡이에 "데오 그라치아스(Deo gratias)—하나님께 감사드립니다!"라고 기쁘게 꾸며놓은 사람들의 엄격한 강건함에 감탄할 수 있다. 안타깝게도 무덤은 훼손되지 않은 채 남아 있지 않으며 지금 볼 수 있는 유물은 작은 뼈 무더기와 부스러진 도기뿐이다. 박물관으로 옮겨진 몇

몇 석관은 거의 중요하지 않다.

또한 가장 크고 인상적인 채석장인 라토미아 데이 카푸치니(Latomia dei Cappuccini)가 인근에 있는데 이 채석장은 거대하고 불규칙한 형태의 심연이며 측면에는 절벽이 있고 벌집 모양으로 새겨진 작은 구멍 투성이거나 우중충하고 흐린 호박색으로 뒤덮여 있다. 바닥은 고르지 않으며 금회색의 돌로 이루어진 엄청나게 멋진 기둥에서 공기가 흘러나간다. 벽과 기둥은 울창한 녹초와 꽃들이 만발해 있다―은색 베르무트(vermouth), 황색 등대풀, 진홍색 장미가 반짝이는 담쟁이덩굴과 은매화, 인동덩굴과 으름덩굴의 녹색 흐름과 대비된다. 이 광대한 꽃의 미로의 중심에 아주 높은 소나무가 심연에서 세상을 향해 위로 헛되이 뻗어 있으며, 여기서는 산들바람이 잎을 흩뿌리지 않으며, 강풍이 가지를 벗기지도 않는다. 그리고 태양으로 따뜻해진 이슬에 젖은 은회색의 올리브의 작은 숲이 초봄의 부드러운 온기 속에서 가시투성이의 배나무, 노란색의 레몬, 황색의 네스폴리(nespoli), 황금색 오렌지, 아몬드꽃 옆에 무성하게 자라난다. 이 청명한 아름다움 도처에 지금처럼 강렬한 정원도 없었던, 생포된 아테네인들이 황폐한 채석장으로 내몰렸던 그리스의 비극적인 시절의 침울한 기억처럼 얼룩진 바위와 잎으로 그늘져 있다.

투키디데스(Thucydides)는 이렇게 말한다. "처음에는 머리 위에 지붕이 없었기 때문에 낮의 태양에 그슬리고 숨이 막혔다. 가을밤은 춥고 온도의 극심한 차이로 인해 폭력적인 무질서가 발생한 반면에 … 상처나 기후 등에 노출되어 죽은 시체들은 무더기로 쌓여 있었다. 악취를 견딜 수 없었고 배고픔과 목마름에 시달렸다. … 그러한 장소에서 인간에게 일어날 수 있는 모든 종류의 고통이 그들에게 일어났다. 포로들은 약 10주 동안 이런 상태였다 … 죄수의 전체 숫자는 정확히 모르지만 7만 명 이하는 아니었다."

10주가 끝날 때 이들 중 많은 사람들이 팔렸다. 투키디데스는 거대한 경매에서 처분되지 않은 사람들의 운명에 대해 설명하지 않는다. 그러나 그로트(Grote)는 이렇게 말한다. "에우리피데스의 드라마는 시칠리아 전체에서 특히 인기가 있었다. 이 중에서 상당 부분을 외우고 있던 아테네 죄수들은 주인에게 사랑을 받았다. 군대의 낙오자조차도 동일한 매력으로 피난처와 접대를 스스로 마련했다. 우리가 알기에 에우리피데스는 불행했던 피해자들이 아테네로 돌아온 이후 감사를 받으며 살았다."*

아테네인 이외의 다른 사람들은 여기에서 최후의 잠자리를 찾았다. 음울하고 작은 동굴에, 바닥에서 1~2피트 위에 있는 벽에 대리석 평판(slab)에 밀봉된 벽감이 잘려 있다.

> 시라쿠사의 영국 부영사인 리차드 레이넬(Richard Reynall, Esq.)을 추모하여 바친다,
> 기원후 1838년 9월 16일에 세상을 떠났다.
>
> 그는 자신이 모르는 무기의 전문가와의 결투에서 죽었다.

이 얼마나 열려 있는 추억인가! 싸움을 강요했던 허풍쟁이는 누구였을까. 무기는 무엇이었을까. 싸움의 상황은 어땠을까. 이 용감한

---

* Dr. 에른스트 쿠르티우스, 앞의 책.

영국인은 의도적으로 자신의 운명에 따랐을까? 그리고 부드러운 석회화로 된 외로운 벽감에 있는 우리의 젊은 동포에게 새겨진 전설은 얼마나 슬픈가.

윌리엄 니콜슨(William Nicholson), 미국 해군의 장교 후보생, 기원후 104년 9월 18일에 생명과 건강이 한창인 나이에 사회에서 급사했다.

작은 올리브 숲과 꽃들 가운데, 아름다운 정원으로 둘러싸인 이 라토미아 바로 위에 매력적인 위치의 호텔이 하나 있다. 여기서 원한다면 침몰한 채석장(정원)을 내려다보면서 시라쿠사를 도시 중의 도시로 세운 돌들을 깎아낸 거무스름한 노동자들과 엄숙한 아테네 노예들의 신체적 고통과 향수병과 솔로몬의 모든 영광으로도 치장하지 못하는 남루한 돌들을 입고 있는 데메테르(Demeter)의 자애로움을 상상해볼 수 있다. 그러나 나에게 만(灣) 옆에 있는 호텔의 경치는 활기차고 생기 넘치는 물과 내 귀에 들려오는 이 물의 소리이다. 그리고 시라쿠사에 대해 생각한다는 것은 그리스인들이 교감하는 상상력만으로 그리스 시대의 님프와 파우누스(fauns)*로 변하는 소녀와 연인을 만나 음악으로 이야기하는 아레투사(Arethusa)**의 산책로에 대해 생각하는 것이다!

---

* 로마 신화에 나오는 전원의 신. 그리스 신화의 판(pan).
** 그리스신화에 나오는 님프.

11

카타니아CATANIA와
에트나ÆTNA 화산

카타니아는 섬에서 두 번째로 중요한 도시이며, 기름과 포도주, 유황, 곡물, 아몬드, 경계구역에 경비병이 서 있는 풍부하고 비옥한 평야의 다른 산물들의 거래에 지대한 영향을 미쳤다. 이 도시는 밀라노와 같이 외국인이 많은 미국의 공업 중심지를 떠오르게 하는 평범한 도시이며 처음 봤을 때 역사적인 용모 이외에는 더 이상 제시할 수 있는 것이 없다. 그러나 이곳의 역사는 항상 영웅의 정신과 사람들의 모험심이라는 씨실로 만들어진 생생하고 선명한 태피스트리(tapestry, 직물)다.

기원전 729년에 정착한—티베르(Tiber) 강 옆에 있는 도시가 사반세기밖에 안 되었을 때— 카타네이온(Kataneion) 혹은 카타네(Katane)는 6세기에 카론다스라는 이름의 개혁가이자 법률 제정자로 유명해졌다. 카론다스가 시행한 일부 법률은 확실히 독창적이었다. 그는 이혼을 간단하게 만들었다. 남편이나 아내는 충분한 이유가 있으면 다른 배우자와 이혼할 수 있었다. 그러나 이혼한 사람보다 더 젊은 사람과 재혼할 수는 없었다! 그리고 카론다스는 무장한 채로 의회 (General Assembly)로 들어올 수 없다는 자신의 법률에 따라 죽었다는 이야기가 있다. 그가 언덕으로 약탈자를 추적하러 갔다가 의회로 돌아왔을 때 소란이 일어났다. 그가 상황을 진정시키려고 서둘렀을 때 의원 한 명이 그의 칼을 보고 소리를 질렀다. "카론다스, 자네는 자네의 법을 깨뜨렸네!"

그는 대답했다. "제우스에 따라 나는 나의 법을 파기하지 않을 것이네—나는 법을 추인할 것이네!" 그리고 그는 자신의 가슴으로 칼을 찔러넣었다.

그로부터 오랜 후 기원전 476년에 경쟁심이 강한 참주 히에론은 도시의 명칭과 도시의 사람들을 속여서 바꾸기 위해, 주민들을 없애고 새로운 거주자들로 다시 식민지를 만들어 다른 이름을 붙였다. 지금까지 이어진 조용한 카타니아인은 참주가 죽었을 때 스스로 되돌아온 예전 시민들의 후손일까? 아니면 이 시내전차의 가이드, 유니폼을 입은 쾌활한 짐 운반인은 히에론의 식민지 사람들의 자손일까? 그리고 우리가 지금 카타니아인에 대해 연구하는 바로 이 거리는 이 도시의 명칭을 바꾼 사람들을 위해 에트나로 이어지는 고대의 길이었을까?

카타니아가 현대적인 외양을 갖고 있는 주된 이유는 현대적이기 때문이다! 카타니아는 너무 많이, 지금은 부분적으로, 또다시 전체적으로 파괴되어, 새롭고, 진정 불사조 같은 시칠리아의 도시이다. 호텔의 우리 방은 천정에서부터 매우 새롭고 빛나는 전기등으로 장식된 샹들리에에 이르기까지 최신 물건이었다. 그러나 아아! 우리가 불을 켜려고 했을 때, 샹들리에에 대해 완전히 오해했다는 것을 알게 되었다. 짐꾼이 왔을 때, 그는 잘 알고 있다는 듯 만족해하며 웃음을 지었다.

"이 샹들리에는 조명을 위한 것이 아닙니다. 전지제품이 아니라 매우 비쌉니다!" 우리는 뉴욕 맨션의 바닥 전체만큼 큰 방에서 거의 수지 양초 하나의 희미한 빛으로 만족해야 했다.

카나티아의 골동품에 관해서는 할 이야기가 있다―그리스 극장, 로마 원형경기장, 포룸, 욕실, 님파에움(nymphaeum)*. 에트나의 과거 활동 덕분에 이 중 대부분은 현재 지하에 있지만 부분적으로 출토되었다―사실 거의 잊혀졌다. 그러나 티시아스는 1400년 전에 극장에서 상영된 그리스 드라마의 노래하는 코러스(lyric chorus)를 완성한 천재적인 예술가를 가지고 있었다. 이 지역에서는 그를 스테시코러스라 불렀고, 그와 같은 유명인 덕분에 카타니아는 사정이 더 나았으며, 그의 명성을 기념하여 이름을 붙인 크고 훌륭한 광장뿐만 아니라 도시에는 산을 향해 직선으로 이어지는 중심 거리 또한 있었다.

피아자 스테시코로(Piazza Stesicoro)에는 1802년에 이곳에서 태어나 1867년에 죽었을 때 파리에서 되돌아온 카타니아의 총아인 작곡가 벨리니(Bellini)의 기념비가 서 있다. 좀 더 인상적인 기념물은 이 도시의 훌륭한 언덕 많은 공원인 빌라 벨리니(Villa Bellini)이다. 깨끗한 황색 및 백색 자갈로 된 무수한 경사진 길들은 모르타르(mortar)의 가장자리에 조심스럽게 놓여 있으며, 검고 흰 당초 무늬(scrollwork)로 장식되어 있고, 다양한 꽃들의 단단한 벽으로 둘러싸여, 두 개의 작은 산으로 이어진다. 이 산들 중 한 산에는 작은 전망대가 화단과 인접해 있으며, 다른 산에는 거대한 음악당(bandstand)이 있다. 두 개의 산 사이에 에트나가 수평에 미동 없이 걸려 있는데, 실제 산이라기보다는

---

* 고대 서양에서 님프에게 바쳐졌던 사당.

화산이 반사되어 있는 것 같고, 기슭에는 포도밭과 숲의 잎들이 입혀져 있으며, 머리에는 거의 녹지 않는 눈이 덮여 있어서 거인의 은색 머리와 같이 햇빛에 희미하게 비친다.

또 다른 매력적인 작은 공원은 플로라 델라 마리나(Flora della Marina)인데, 이곳은 만을 따라서 좁게 늘어진 정원이자 잔디밭이다. 철로 고가도로의 아치를 통해 오면 매력적인 잔디와 별처럼 반짝이는 밝은 색의 화단에서 훌륭한 페르시아 자수 줄무늬가 수수한 코트에 놓여 있는 것과 동일한 효과를 느끼게 되어 즐거워하며 감탄할 것이다. 여기저기에 청결하고 눈이 날카로운 경비원들이 선원의 유니폼을 입고 빈둥거리고 있다. 화려한 이탈리아의 삼색기가 선박의 중앙에 있는 돛대에서 휘날리고 있다. 그리고 그 뒤에는 선원들의 집이 있으며, 여기서 나이든 노련한 선원들이 만으로 통하는 벤치에서 꿈을 꾸며 앉아서 기다린다.

지진 때문에 자주 망가졌던 로저 왕의 11세기 대성당이 복원되었는데 이 성당은 단지 크고 복잡한 현대 건축물이다. 여기에는 실제로는 강력한 남작 가문이 수도 팔레르모에서 통치하는 동안 일반적으로 여기에 거주했던 아라공(Aragón) 왕가의 식구들의 무덤이 들어가 있다. 1445년에 알폰소(Alphnso) 왕은 이곳에 최초의 시칠리아 대학을 설립했고, 오랫동안 카타니아는 이 섬의 문예의 중심이었다. 그러나 보기 좋고 새로운 대학 건물이 세워진 것은 겨우 1818년까지 거슬러 올라간다.

시칠리아는 항상 자신의 성인들에게 몹시 신경을 써왔으며, 카타니아의 아가타(Agatha), 시라투사의 루시(Lucy), 팔레르모의 로잘리아(Rosalie)는 존경받는 많은 여성 후원자(patroness)들 중에 세 명일 뿐이다. 성인 아가타는 로마 집정관 퀸티아누스(Quintianus)에게 처형당했고, 유품과 보석 그리고 그녀의 머리가 들어 있다고 알려진 금박의 은색 조각상이 대성당의 예배실에 있다. 어떤 경우에도 이 인물은 크게 존경을 받았고 매년 2월에 전 도시에 교회에서 교회로 행렬이 이어진다. 성상와 받침대는 몇 톤에 이르며, 약 3백 명의 사람들이 백색 예복을 입고 튼튼하게 짝을 지어, 이를 들어올리기 위해 35피트의 기둥을 어깨에 짊어진다. 아무리 운반인이 많아도 유품은 한 번이 몇 피트만 전진하며, 의식을 완료하는 데 2일 혹은 3일이 걸린다.

라틴 사람들에게 성일(Holy day)은 휴일(holiday)이었으며, 성일의 종교적 황홀경은 타오르는 폭죽과 즐거운 열광의 야단법석과 질식할 것 같이 혼잡한 거리에서 출구를 찾았다. 거리뿐만 아니라 창문과 지붕에도 열정이 넘치며 아이들 같이 수다스러운 활기로 흥분한 인파들로 미어터졌다. 태곳적부터 내려오는 이 축제의 가장 기이한 특징은 보통 새침하고 점잖은 여성들에게 허용된 특권이었다. 젊은 카타니아 사람이 매우 즐거워하며, 나에게 축제날 밤에 여성들은 좌측 눈을 제외하고 얼굴을 완전히 가린다고 이야기해주었다. 이를 통해 여성들은 할 수 있는 한 쑥밭을 만들어도 된다. 신성한 이미지를 가지고 있는 사람조차도 정체성을 완벽하게 감춘 바람둥이의 교활한 윙크와 요염한 눈짓이 되돌아온다.

대성당 앞의 피아자 두오모(Piazza Duomo)에는 오래되고 기이한 용암 코끼리가 있는데, 장식이 화려한 받침대에 설치되어 있으며, 안장에는 이집트 오벨리스크가 아로새겨져 있다. 코끼리는 마치 어리석인 현대의 운송 수단들을 비웃는 것처럼 즐거운 표정으로 자신의 발밑을 회전하는 시끄러운 노면 전차들을 내려다본다. 이 코끼리는 오래되어 누가 언제 왜 만들었는지 아무도 모르지만, 전설에 따르면 주술사 헬리오도루스(Heliodorus)—박해자를 피해 콘스탄티노플에서 칸타니아까지 하늘을 날 수 있는 능력이 있었으며, 이 기묘한 짐승을 제작할 능력이 있었던 사람—가 만들었다고 한다!

가장 특이한 품질의 호박(Amber)은 칸타니아의 특징이다. 거의 모든 가게에 다듬지 않은 상태의 호박이 있으며, 지금은 20년 전보다는 훨씬 풍부하지 않지만 아름다운 비즈, 브로치, 흡연자의 물건, 다양한 종류의 빗과 장식품이 호박으로 만들어진다. 상인들은 이 고가의 상품의 미래에 대해 고개를 흔든다. 왜냐하면 가장 좋은 지층은 이미 고갈되었으며, 광부들은 매년 호박을 충분히 찾기가 더 어렵기 때문이다. 이 호박은 일반적으로 깨끗하거나 흐릿한 것보다 색상이 더 깊고, 풍성한 마멀레이드 색상이며, 저렴한 등급에서는 흑색 및 암갈색에서 황토색과 밤색을 거쳐 상이한 톤의 순수한 황색에 이르기까지 색조가 다양하다. 가장 훌륭한 조각은 깨끗한 호박이 기름이나 바셀린(vaseline)에 담겨 있는 것처럼 보이며, 푸르스름한 살을 뚜렷하게 볼 수 있다. 판매업자들은 세계 어디에도 기름을 부었을 때 물 위에서 보이는 것과 같은 이렇게 엷은 색조의 호박은 없다고 주장한다. 그리고 청색과 휘도의 양이 이 제품의 가치를 결정한다.

일부 조각에는 모기가 완벽하게 보존되어 있으며, 미술관에 병에 담긴 표본처럼 보인다.

"이건 얼마나 오래되었나요?" 나는 한 상인에게 물었다.

카타니아인은 어깨를 으쓱했다. "아! 저것들은 호메로스(Homer)가 트로이에 돌아가는 길에 여기에 배를 타고 왔을 때부터 있던 것입니다. 적어도 5백 년은 되었겠죠, 나으리!"

결국 카나티아를 만드는 것은 역사도, 현대적인 특성도 호박도 아닌 에트나이다. 이 도시에서 에트나를 가장 잘 볼 수 있는 곳은 마을의 서쪽 외곽에 감춰져 있는 산 니콜로(San Niccolò) 혹은 산 베네데토(San Benedetto)의 베네딕트 수도원(Benedictine monastery)이다. 이 교회는 시칠리아에서 가장 크며 그 자체로 흥미로운데, 이 섬에서 가장 좋은 파이프 오르간이 있으며 다섯 개의 건반이 있는 굉장한 악기이다. 우리가 다음 예배가 언제 열리는지 물었을 때—내 시계를 보면서— 관리인이 웃었다. "다음 예배까지는 오래 기다리셔야 할 겁니다. 1년에 한 번 연주되지요. 그 이상은 연주되지 않습니다. 나폴리에서 이탈리아의 가장 훌륭한 오르간 연주자가 내려와 연주를 합니다. 그는 지금 여기에 있습니다!"

1866년부터 이 수도원은 막사, 학교, 미술관, 도서관으로 사용되었다. 지붕에는 큰 돔(dome)이 있는 천문대가 있는데, 지진계와 지진을 연구 및 기록하기 위한 정밀한 다른 기구들로 가득 찬 지하의 실험실과 시험장이 연결되어 있으며, 이는 실제로 매우 더 중요하다. 화산 현상에 관심이 있는 사람에게는 이 깊은 동굴과 흥미로운 기구들이 시칠리아에서 가장 매력적인 대상이 된다—그렇다, 세계에서도.

산 니콜로의 교회 돔에서 여러분은 에트나뿐만 아니라 지평선 전체를 볼 수 있다. 첨탑이나 돔이 빨간 표면을 통해 뚫고 나오는 것처럼 모든 면으로 도시의 평평하고 단조로운 적갈색 타일이 뻗어 있으며 여기저기 끊어져 있다. 한쪽으로 번창한 작은 거리는 30피트 혹은 40피트 높이의 울퉁불퉁하며 날이 있는 용암 벽에서 갑자기 끝나며, 이는 수백 년 간격으로 에트나를 특징짓는 무서운 활동을 조용히 입증한다. 폐허를 따라 좀 더 가면 그 방향으로는 아무것도 볼 수 없지만 거대한 면으로 이어지는 긴 갈색 발자국—지금은 아르마딜로 (armadillo)의 등처럼 거칠고 물때가 끼어있지만 사나운 물뱀에 대도시의 일부를 삼킬 것처럼 턱이 벌어진 차가운 스톤 강(stone river)—이 있다. 다른 쪽으로는 재건한 마을의 경계 너머에 포도밭과 은회색 올리브 숲, 채소밭, 윤택한 농장이 있으며, 온기와 색상과 대비가, 무엇보다도 뜨거운 시칠리아 하늘에는 밝은 녹청색이 가득하다.

위에서 말한 모든 것 위에, 시칠리아의 동부 지역의 주인이자 언덕이나 진입로 없는 바다에서 일어나 멋들어지게 홀로 서 있는 거대한 크기의 에트나-몽지벨로(Mongibello)가 높이 솟아 있다. 현재 거인은 잠들어 있지만 역사상 80회 크게 깨어났다고 기록되어 있으며, 막대한 파괴를 일으켰다. 용암은 검은 입술에서 쉿쉿 소리를 내며 넘쳐 쏟아지며, 이 중 하나는 40평방마일을 뒤덮는다. 50개의 도시를 폐허로 만든 지진에는 괴물의 사나운 헛구역질이 동반된다. 수백만 톤의 재와 유황과 돌이 주위에 수 마일에 걸쳐 비옥한 전원 지대를 파괴했다. 그러나 에트나는 무자비한 고통과 죽음을 가져다주었지만, 또한 은혜를 베푸는 존재이기도 하다. 왜냐하면 에트나가 비옥하게 만든 토양에서 매우 풍부한 작물들이 열리기 때문이다. 전설에 따르면 시초부터 키클롭스(cyclops)의 감옥인 분화구가 만들어졌고, 키클롭스들이 자유를 얻기 위해 투쟁하여 폭발이 일어났다. 베르길리우스(Virgil)는 키클롭스, 엠페도클레스(Empedocles), 다른 많은 사람들에 대해 노래했다. 그들에게 시칠리아는 신들의 고향이었으며 에트나는 산꼭대기에 불과 눈이 어우러진, 가장 눈에 띄는 신들에 대한 징후였다. 사실상 단테가 오고 나서야 사람들이 초자연적인 현상보다 에트나를 기꺼이 믿게 되었다.

시칠리아 지역은 몇만 평방마일이며, 가장 거대한 유럽 화산들이 거의 1/20을 차지한다. 높이는 거의 11,000피트이며—여름에만 올라갈 수 있다—2백 개 이상의 더 작은 화산 혹은 원뿔로 덮여 있으며, 커다란 보일러용 거대 안전밸브가 있고 이를 통해 활동을 쉬고 있는 지옥 내부에서 지속되는 분출이 증기 형태로 빠져나갈 출구를 찾는다.

우리는 더 작은 베수비오(Vesuvius) 화산—에트나의 높이의 절반도 되지 않는다—을 등산하는 불확실한 기쁨을 경험했기 때문에, 우리가 정상에서 형언할 수 없는 일출의 장엄한 효과를 보지 못하는 것을 후회하기는 했지만 에트나는 멀리 떨어진 곳에서만 우리의 것이라고 생각하기로 했다. 많은 방문객들은 1669년에 산 정상의 측면에서 분출된 작은 두 개의 분화구인 몬티 로시(Monti Rossi), '형제들'에 더 짧게 더 쉽게 여행할 수 있는 것으로 만족했다. 이 분화구는 그 자체로 3천 피트로 적지 않은 높이이며, 전망이 매우 좋다. 더욱이 철로로 산을 둘러싸는 것이 가능하여 화산과 시골의 경치를 모두 만족스럽게 즐길 수 있다—적색, 흑색, 회색으로 석화한 해면과 같은 용암의 울퉁불퉁한 거대한 평지, 용암에 의해 만들어진 비옥한 토양, 풍부한 포도밭과 과수원, 작은 '안전-밸브' 분화구, 때때로 쉭쉭거리는 위협, 매우 빽빽하게 들어선 농업지방의 나무들 사이에 있는 농가들. 길을 따라 하나 이상의 마을에서 잠깐 멈춰 서면 타이탄(Titan)과 그의 작품을 더 잘 볼 수 있는 기회가 주어진다.

역사적으로 이 마을들은 부유했으며, 현대의 발걸음이 닿자마자 매우 놀랍고 믿기 어려운 메아리가 과거로부터 크게 울려나왔다. 예를 들어, 크고 황폐한 노르만 양식의 성이 있는 편안한 마을인 아데

르노(Adernò)는 디오니시우스 I세가 2,300년 전에 하드라눔(Hadranum) 도시를 세웠던 곳이었다. 이 주변에 한때 하드라노스(Hadranos)의 시켈(Sikel) 사원이 있었다. 인간 경비병 대신에 수천 마리의 커다란 개들이 불의 신의 사원을 보호했고, 이들의 명성은 전 세계에 퍼져 있었다. 이 구조물의 조각이 마을 주면의 개인 정원에서 여전히 발견된다.

철로—치르쿠메트네아(Circumetnéa)라고 불린다—는 이름에서 알 수 있는 것처럼 산을 둘러쌀 뿐만 아니라 경사를 타고 올라가 바다 위로 3,195피트의 지점에 도달한다. 이를 통해 여행자들은 화산에서 두 개의 다른 구역 혹은 초목으로 된 벨트를 볼 수 있다. 가장 낮은 곳은 경작된 구역이며, 여기서 에트나의 낙과와 포도가 중요한 역할을 한다. 철로 바로 위에서 레지오네 보스코사(Regione Boscosa) 혹은 숲 지역으로 알려진 두 번째 벨트가 시작되어 거의 4천 피트까지 올라간다. 이 벨트는 주로 소나무, 더 높은 구역에서는 자작나무, 그리고 근소하지만 오크나무 숲으로 이루어져있다. 가장 높은 세 번째 구역은 검은 입술이 있는 분화구까지 이어지는데 메마른 사막이며 가장 왜소한 작물들만이 존재한다.

비잔틴이 시칠리아의 구원자가 된 1,040년에 지오르지오스 마니아케스(Giorgios Maniakes)가 말레토(Maletto) 외부의 사라센을 공격했다. 노르웨이 왕자—후에 왕이 된— 하랄 하르드라다(Harald Hardradr)와 그의 용맹한 전사들은 비잔틴 군대의 일부였다. 그리고 연합된 힘으로 결정적인 승리를 얻어냈다. 125년 이후에 거기에 수도원이 설립되었고 1,799년 부르봉(Bourbon) 시기 동안 페르디난드 IV세는 넬슨 경에게 모든 토지를 주어, 번개를 의미하는 인근 도시의 이름을 따서 그를 브론테 공작으로 삼았다. 빌라(Villa)는 지금도 이렇게 불리는 것처럼 여전히 자신의 지역에 대한 권리를 보유하고 있는 영국인 비스카운트 브리포트(Viscount Bridport)의 재산이다.

이러한 에트나 마을 중에서 가장 아름다운 곳은 란다조(Randazzo)이며, 이곳은 여성들이 미사에 참석할 때 머리 위의 부피가 큰 흰색 숄을 던져버린 흥미로운 장소이다. 란다조는 다른 마을보다 분화구에 더 가깝지만 항상 파멸에서 벗어났으며, 그리하여 흥미로운 중세의 것들—집, 너무 형편없어서 학생이 쓴 것 같은 라틴어로 된 비문이 있는 궁전, 이제 감옥으로 사용되는 공작의 성—로 가득 차 있다. 먼 옛날 공작이 처형한 범죄자들의 머리를 자른 날카로운 철제 못에 고귀한 건축물의 벽이 투영되는 불행한 운명이여! 7월 및 8월 동안 란다조에서 에트나로 올라갈 수 있다. 이 여행은 약 6시간 걸리며, 호텔 주인이 등산가당 7달러(미국)에 가이드, 노새, 음식을 제공할 것이다.

옛 시절의 또 다른 흔적은 말바그나(Malvagna)의 작은 비잔틴 교회이다. 이 교회는 이 섬에서 유일한 종류의 교회이며 사라센의 침략과 정복 속에서도 살아남았다.

카타니아에서 스코글리 데 치클로피(Scogli de' Ciclopi)로 해안을 따라서 마차 혹은 보트로 즐겁고 짧은 여행을 할 수 있다. 작은 쇠 망치를 가지고 노는 평범한 지질학자들에게 이 엄청난 바위는 틀림없이 아주 거대한 자연 격변의 증거일 것이다. 그러나 눈멀고 늙은 호메로스를 사랑하는 나머지 인류에게 이 바위는 재빠르지 못한 폴리페모스(polyphemus)가 오디세우스와 그의 용맹한 동료들이 달아날 때 욕설을 퍼부은 돌이다. 오디세우스의 위풍당당한 6보격(헥사미터,

hexameter)은 고귀한 음률(swing)의 이야기를 들려준다—강건한 그리스 영웅이 술에 취한 거인의 눈을 불타는 막대기의 끝으로 태웠고, 차가운 새벽에 키클롭스가 거대한 손으로 양의 등을 만져보는 동안 키클롭스의 양의 배에 매달려 도망가서, 작은 보트를 띄워 당황한 거인을 대담하게 조롱했다.

황폐한 삶에서 보잘것없는 생물에게 두 번 속은 폴리페모스는 눈이 멀고 화가 나서 한 손으로 작은 언덕의 윗부분을 떼어내어 집어던졌지만 아슬아슬하게 그리스인들을 놓쳤다. 그러나 그로 인해 일어나 파도 때문에 보트가 거의 해안으로 밀려왔다. 오디세우스는 다시 폴리페모스에게 고함을 질렀고, 거인은 다시 던졌다. 그리고 지금까지 이 바위는 바다에 솟아올라 있으며 이 중 하나는 물에서 거의 2백 피트 이상이며 몸통 둘레는 1천 피트 이상이다. 이탈리아 당국은 이 거인이 던진 것을 측지 조사 및 수로 기지로 만들었다. 호메로스—혹은 오디세우스!—가 이 바위를 지금 본다면 뭐라고 생각할까? 충분히 흥미롭게도 이러한 스코글리 혹은 바위 중 두 개에 대해서는 오디세우스가 상세히 말했지만 이 그룹 중 다른 다섯 개에 대해서는 아무것도 말해주지 않는다.

폴리페모스를 다루는 또 다른 생생한 전설이 여기서 발전했다. 이 해안을 따라 수 마일에 걸쳐 있는 마을에는 이름에 Aci가 접두사로 붙어 있는데, 이는 갈라테아(Galatea)와 아시스(Acis)의 이야기를 상기시킨다. 폴리페모스—거대하고, 엄청나고, 투박한 괴물—는 섬세한 님프에게 아무런 매력이 없었지만 현실에서도 때때로 일어나는 것처럼 그의 크기는 갈라테아를 열렬히 사랑하는 것을 막지 못했다. 그리하여—누군가 구어체로 빈정대듯— 양치기 아시스가 "그를 잘

라냈을" 때, 폴리페모스는 아시스를 갈라테아의 은둔처에 있는 돌에 부딪쳐 죽게 만들었다. 올림포스는 그녀의 가련한 애도를 들었고, 아시스의 생혈에서 수정 같이 맑은 개울이 흘러나와 질투심 많은 에트나가 다 마셔버릴 때까지 그의 생명을 카나티아에게 나누어 주었다. 그러나 아시스는 거인이 다 마셔버렸음에도 살아 있다. 아치레알레(Acireale), 아치카스텔로(Acicastello), 아치 산 안토니오(Aci San Antonio)—라틴 국가에서 이방인과 기독교의 신화가 얼마나 진기하게 어우러져 있는가!— 그리고 많은 다른 아치가 아시스를 불멸케 한다.

타오르미나(taormina)로 가는 철로의 간선에서 카타니아로부터 약 10마일 떨어져 있는 아치레알레는 머무르기에 즐거운 장소이다. 광물이 솟아나며, 바다와 해안을 기분 좋게 볼 수 있으며, 흥미롭고 아름다운 주변 환경을 통해 모든 방향으로 걷거나 드라이브를 할 수 있으며, 물을 좋아하는 사람은 인근의 작은 보트 여행을 하면 온화한 시칠리아의 봄 동안 유유자적할 수 있는 가장 쾌적한 장소가 될 것이다.

12

타오르미나TAORMINA

시칠리아의 철로는 절대 일정에 따라 운영되지 않는 매우 평화로운—혹은 어떤 사람들에게 이 단어는 격분을 의미할 수도 있을까?— 습관이 있다. 가끔은 왜 시간 테이블이 있는지 의문이 들 수 있다! 열차는 급행이든 완행이든 항상 너무 늦거나 너무 빠르다. 여러분은 '정시' 이전에 기차역에 도착할 것을 택할 수 있으며, 작은 기관차가 늦어서 부끄러워하면서 훌쩍거리며 올 때까지 하는 일 없이 있거나 정시에 가서 객차의 문이 잠겨 있는지 열차가 떠날 준비가 되어 있는지, 경비원이 여러분을 위해 문을 열어주는 것을 매우 싫어하는지 살펴볼 수 있다. 그러나 이러한 상황의 경우 일반적으로 주머니의 짤랑거리는 소리로 문이 열린다.

내가 '급행 혹은 완행'이라고 말했나? 이는 마찬가지기 때문에 어느 쪽이든 수수께끼이다. 열차의 '완행'부는 '급행'부가 미친 듯이 빠르게 달릴 때마다 같이 달려야 한다. 그리고 '급행'부는 '완행'부가 특히 선호하는 기차역에 갈 때마다 정지해야 한다. 어느 열차에 타느냐는 전적으로 우연히 여러분의 차에 붙은 표식에 좌우된다! 하지만 이러한 예측 불허의 변화에도 불구하고 철로는 우수하며, 직원들은 정중하며, 덜렁거리는 소리는 보통 참을 만하며, 서비스는 특히 안전하다. 나와 이야기한 철로 조서관은 이에 대해 다음과 같이 설명했다. "이탈리아인이냐 시칠리아인이냐는 중요하지 않아요. 하지만 우리는 바초(Baccho)에 따라 외국인들과 충돌하는 것은 허용할 수 없어요!" 이에 관해 말하자면 그들의 개인적인 이유는 우리의 문제는 아니었다. 우리가 안전하다고 느낄 수 있으며 안전하다는 것이 중요하다.

우리가 타오르미나로 온 날, 우리는 너무 빨리 기차역에 도착했고 기적이 일어났다. 기차가 너무 빨리—15분이나— 와 있었고, 우리는 가장 좋은 객실에서 기다렸다. 결정적으로 안전하게 진행하기에는 너무 빨랐기 때문에, 엔지니어와 차장은 마을을 이리저리 거닐며 친절하게 사람들을 불렀고, 기차 승무원은 근처 카페에서 반주를 마셨고, 우리는 결국 느긋하게—5분 더 늦게 출발했다.

이 기차역은 지아르디니(Giardini)-타오르미나이며 해수면에 있다. 그리고 지아르디니는 원칙상 타오르미나의 '항구'이지만 그저 작은 어촌 마을일 뿐이다. 그러나 25세기 전에 최초의 시칠리아의 구원자인 코린트의 티모레온은 자신의 명성에 도움을 주고 시칠리아에 자유를 주는 일을 시작하기 위해 여기에 상륙했다. 그리고 1860년에 두 번째 구원자인 주세페 가리발디(Giuseppe Garibaldi)는 시칠리아에서 자신의 일을 완수한 이후 이탈리아 본토에서 자신의 해방 운동을 계속하기 위해 여기서 레지오 디 칼라브리아(Reggio di Calabria)로 진출했다. 이제 누구도 지아르디니를 두 번 보기 위해 멈추지는 않지만, 지아르디니가 자리 잡고 있는 거대한 절벽에 시칠리아에서 가장 좋아하는 아름다운 장소가 있기 때문에 1년 내내 예술가와 여행자들이 찾아온다.

여러분이 기차와 만나는 곧 무너질 듯 한 구식 랜도 마차를 미심쩍게 보고 있을 경우, 마부가 여러분의 짐을 쌓아 올리고 여러분을 거의 밀어 넣은 다음 채찍으로 철썩 소리를 내어, 도로에서 넓게 휘어진 길고 완만한 오르막길로 천천히 출발할 것이다. 발길이 닿는 곳마다 화려한 광경이 펼쳐진다. 아래에는 바다가 놓여 있는데, 해변의 투명하고 날 선 에메랄드 색에서 깊이를 알 수 없는 하늘색을 지나 수평선에서는 흐릿하고, 칙칙하고, 거의 색깔이 없어진다. 바다가 바람의 경로에 따라 줄무늬가 생기며, 작은 흰 물결로 얼룩덜룩해지고, 흰 박쥐와 같은 어선으로 점이 찍혀 있는 반면 이탈리아에 닿을 것 같아 보이며 사랑스러운 여동생을 껴안을 것처럼 보이는 해협 위에서는 그 사이를 경솔하게 지나가는 불운한 여행자들에게 배가 고파 손을 뻗는 스킬라(Scylla)*와 카리브디스(Charybdis)**를 상상하기가 쉽다. 야생 및 재배한 꽃들, 절벽으로 끈덕지게 기어 올라가는 혹은 사랑스럽게 제방을 쌓아 산책로를 만든 정원의 테라스에서 무성하게 자라는 식물 가운데 있어도 아르고호*** 이외에 다른 것을 생각하기 어렵다. 평범하고 민숭민숭한 정사각형의 흰색 오두막 양식에서 예술가들이 혐오하는 온갖 종류의 성곽, 흉벽, 총안 양식에 이르기까지 모든 종류의 그림 같은 빌라들이 있다.

도로에서 돌면 에트나의 출중한 경치가 펼쳐진다. 적색 바탕에 갈색 얼룩의 그리스 극장의 폐허가 전면에서 희미하게 빛나며, 작은 언

---

* 그리스 신화 중에서, 메시나 해협 암벽에 살고 있다는 괴물의 일종.
** 그리스 신화 중에서, 바닷물을 들이켰다가 뱉어내면서, 하루에 세 번 산처럼 거대한 소용돌이를 일으켜서 난파시킨다는 여자 괴물.
***그리스의 영웅들이 타고 원정을 떠났던 배.

"붉게 그을린 그리스 극장의 폐허… 하지만 타오르미나를 만든 것은 에트나."

덕의 튀어나온 꼭대기 위에 높이 놓여 있다. 여기서 연극의 관람객들은 코러스에 지쳤을 때 멋진 광경을 보고 이를 즐겼다. 가파른 경사의 모서리에서 발끝으로 서서 호텔을 기분 좋게 바라보는 것은 매력적이다. 그러나 이 부스러지는 벼랑의 가장자리에서 어떤 일이 일어날 수 있는지에 대해서는 약간 연상이 된다.

여러분이 친숙한 프랑스-독일 요리를 하는 일반 스위스 호텔에 내내 머무른다면 한 번은 시칠리아 호텔을 시도해보는 것이 어떤가! 이숙소들은 중심가에서, 산허리에서 볼품없이 중첩된 일련의 층들과 기이하게 분리된 포탑과 망루에서 위아래로 꾸불꾸불 이어지는 호텔에서 찾아야 한다. 거리에서 보면 입구가 벽의 검은 구멍처럼 보인다. 이 문은 나란히 있는 작은 목공소의 문과 동일하나, 빛깔이 바랜 페인트로 된 리스토란테(Ristorante, 고급 식당을 일컫는 말)란 명판만 예외이다.

이 장소의 가장 큰 매력은 정원이며, 이 정원은 부분적으로는 해수면에서 부분적으로는 아래로 경사진 작은 제방에서 산책할 수 있다. 뒤쪽은 돌벽까지 이어지며, 돌벽 너머에 이 지방의 유백색(milky white) 도로가 있다. 이 도로는 기괴하게 헝클어져 기어 올라가는 장미와 마르샬 니엘(Maréchal Niel)의 풍부한 색상을 갖고 있지만 10센트 동전보다는 크지 않은 작은 것들이 빽빽이 들어차 있다. 대부분 적색, 황색, 핑크색, 백색 장미이다. 화려한 제라늄, 오렌지 나무, 레몬, 모과나무, 아몬드, 땅딸막한 용설란, 바늘이 있는 배나무, 핑크색 꽃무늬가 올라가는 선인장, 가장 놀라운 한 쌍의 사과나무! 담쟁이덩굴, 수많은 포도나무와 화려한 삼색메꽃이 만발하는 반면에 중앙 아래로는 만발한 장미 속에 반쯤 삼켜진 레몬 아치 아래로 길이 이어진다.

이 산책길 옆에는 격자 울타리로 둘러싼 정자가 있는데, 수천 개의 작은 황색 장미로 덮여 있으며 대리석으로 덮은 탁자와 철 의자가 비치되어 있다—이상적인 작업장이다. 그러나 아아! 이 마을 양철공은 확실히 내가 좋아하는 선입견을 공유하고 있었다. 내가 작업을 준비하러 나왔을 때, 그는 이미 자신의 기계 작업을 위해 여기를 차지했고, 정원을 녹색으로 유지하기 위해 물뿌리개를 두드리는 동안 공기가 덜걱거리는 소리와 숯을 그을린 유독 가스로 가득 차 있었다.

날개와 식당 사이에는 많은 의사소통 수단이 있어서 마음을 놓기가 매우 쉽다. 특히 부엌 계단을 조심하라. 여기에는 크고, 포동포동하고, 나이 많고, 위엄 있는 염소가 종종 길을 막는다. 염소를 옆으로 부드럽게 밀려고 시도해보라. 여러분은 염소가 얼마나 무겁고 강한지를 알게 되어 놀랄 것이다. 꼬리의 뿌리와 뿔로 염소를 단단히 잡고 전체를 들어 올려라. 그리고 디딤대 아래에서 소문난 돼지가 괴로운 소리를 낼수 있다. 이러한 소리를 듣는 사람 중에는 요리사도 있다. 요리사는 충분히 사죄를 하고 지독한 저항을 무시하면서 동물의 수염과 뿔 혹은 다리를 움켜쥐고 말 그대로 안으로 확 잡아당긴다. 그러나 요리사가 다시 풀어주는 순간에 염소는 고무줄의 끝처럼 다시 뛰어나온다.

타오르미나는 하나의 긴 곡선 형태의 백색 리본 같은 거리를 통해, 골목과 샛길의 휘날리는 자투리처럼 녹색 산비탈에 묶여 있다. 이 코르소 비토리오 엠마뉴엘레(Corso Vittorio Emmanuele)는 빈약하지만 요동치는 도시의 사건들이 흐르는 동맥이자 좁고 처량한 틈이지만 단조롭고 지루하지는 않다. 교통은 활발하며 작은 가게들은 어두운 내부를 거의 볼 수 없지만 마을 사람 및 농민들과 활발하게 거래를 한다. 여기저기에 작고 특이한 수집품 가게들—타오르미나는 잘 속아 넘어가는 외국인, 수집가, 예술가, 여행객만으로 살아가며 돈을 번다—은 '그리스의 영광'에 대한 분명한 기억을 가지고 방심한 상태로 두리번거리는 골동품 애호가들을 유혹하기 위해 문 옆에 커다란 도자기를 전시해놓았다.

예술의 쇠퇴와 관련된 모든 것들은 정사각형에 못생기고 실용적인 건물들에 포위되어 있으며, 토박이들은 이 건물들이 고귀한 선조들의 매우 아름다운 옷과 보석보다 좀 더 실용적이라고 생각한다. 폐허의 정교한 조각에 있는 예기치 못한 것들이 이 마을의 위대한 매력의 일부를 이룬다. 그러나 한때 타오르미나의 수녀원이었으며, 마을 위 불규칙한 산비탈 나무들 사이에 있는 라벤더 꽃은 선인장 밭으로 에워싸 있고, 그 안으로 솟은 약간 오래된 석탑인 바디아 베키아(Badia Vecchia)는 고립된 그 상태가 아름다웠다. 바디아 베키아는 지붕이 없고 버려진 상태로, 코발트색 하늘을 배경으로 연갈색 윤곽을 보여주며 서 있으며, 부서지기 쉬운 창문에는 여전히 눈처럼 하얀 대리석 마름모꼴 무늬가 테를 두르고 있고, 벽은 검은 용암과 하얀 대리석으로 체크무늬를 이루고, 고귀한 고딕 풍경에 노르만 시절의 분위기가 가득 차 있다.

일반적인 경로는 몰라(Mola)를 경유하지만, 이 울퉁불퉁하고 꾸불꾸불한 길은 이 산비탈에서 저 위에 있는 바위산을 왕관으로 쓰고 있는 오래된 성으로 이어진다. 현재 이 성은 해안과 언덕의 감동적인 파노라마를 보는 곳으로 매우 중요하다. 지아르디니 바로 너머 무성한 레몬 농장으로 뒤덮인 작은 곶 위에, 기원전 735년 테오클레스(Theocles) 치하의 열정적인 개척자들이—일부 작가들처럼 이들을 해적이라고 부르는 것은 공정하지 않아 보인다— 시칠리아의 모든 그리스 식민지 중에서도 가장 오래된 낙소스(Naxos)를 건설했다. 낙소스에 대해 특히 흥미로운 사항은 식민지 개척자들이 벽 외부에 빠르게 중립지대가 된 곳에 낙소스의 후원자이자 모든 그리스-시칠리아의 후원자인 아폴로 아르케게테스(Appolo Archegetes)의 제단과 사원을 세웠다는 점이다. 모든 그리스인들은 섬에서 내분이 맹렬히 계속된다고 하더라도 여행을 떠나기 전에 축복을 받기 위해 여기로 무사히 올 수 있었다. 올림픽 경기와 이스미언(Isthmian) 경기의 선수와 후원자들은 그리스의 형제들로부터 월계관을 빼앗아오기 위한 자신들의 노력에 대해 신이 호의를 얻기 위해 항해를 떠나기 전에 이곳으로 왔다.

그러나 낙소스는 다른 도시들에 비해 수명이 짧았다. 기원전 476년에 '식민지의 사기꾼'이라고 불린 시라쿠사의 참주 히에론이 강제로 낙소스의 주민들을 내보내고 레온티노이(Leontinoi) 시의 거주민들을 정착시켰다. 이는 참주에게는 맘에 드는 여흥이었던 것으로 보인다. 이 아주 유명한 참주는 일시적인 변덕을 채우기 위해 혹은 처벌의 수단으로, 일부 불운한 공동체에게 자신이 선택한 장소로 서둘러 이동하도록 조용히 강요했다. 그러나 73년 후에도 낙소스에 사람들이 살고 있었던 것으로 보인다. 왜냐하면 403년에 디오니시우스가 낙소스를 완전히 파괴했고 그 이후로는 낙소스는 이름으로만, 시칠리아를 위대하게 만든 우수한 그리스 문명의 경로를 따라가는 최초의 이정표라는 것을 우리가 알고 있기 때문이다.

어쨌든 타오르미나 성은 유람을 할 수 있는 장소들을 선택할 때 아주 유리한 지점이며, 매력적인 것들이 많이 있다—해안에 흥미로운 작은 동굴들로 우묵우묵 자국이 있는 카포 디 타오르미나(Capo di Taormina)와 카포 디 산안드레아(Capo di Sant'Andrea)로, 몬테 베네르(Monte Venere)로, 몬테 지레토(Monte Zirreto)로, 그리고 또 다른 많은 지역의 아름다운 장소들로 보트로, 도보로, 당나귀로 갈 수 있다.

시칠리아에서 여러분은 여러분이 생각하고 듣는 모든 것을 믿지 않아야 한다—무엇보다 여러분은 인상에 따라 성급하게 행동하지 않아야 한다. 시칠리아인이 기분이 좋을 때 그의 "안녕하세요!"라는 말은 "검투사에게 스파르타쿠스를"처럼 들린다. 어떤 사람이 마치 여러분 자신이 희생자인 살인에 대해 생각하는 것처럼 여러분을 다룰 경우, 안심하라. 이것은 즐거운 여행에 대한 정중한 소망을 라틴 사람의 독특한 열정과 억양으로 전달하는 것일 가능성이 높다. 타오르미나에서의 첫 번째 아침에 물이 뚝뚝 떨어지는 커다란 암포라(amphora)를 맵시 있는 머리에 이고 있는 거친 모습의 농부가 무뚝뚝

한 제스처로 웃으며 우리를 멈춰 세워 우리는 깜짝 놀라 소름이 끼쳤다. 그녀는 어떤 숙녀분에게 손가락을 가리키며 우리가 이해할 수 없는 인상적인 시칠리아 방언을 토해냈다. 하지만 나는 그녀가 우리가 타오르미나에 어울리지 않는 사람들이며 즉시 떠나는 것이 좋다고 말한다고 생각했다.

마피우시(Maffiusi)—우리가 마노 네라(Mano Nera)를 대충 부르는 말—에 대한 유쾌하지 않은 생각이 휩쓸고 지나갔다. 소녀의 말은 매우 사나웠고, 소녀의 표현은 아주 위협적이었다. 나는 소녀가 이 두려운 일대의 대표자가 아닌지 의문스러웠다. 그러나 나의 불쾌감과 불안이 결합하여 난국에 빠지기 전에, 두 명의 타오르미나 사람들이 와서 이탈리아어로 설명해주었다. "이 아이는 당신의 부인이 손수건을 잃어버릴까 봐 걱정하고 있네요. 벨트에서 떨어졌어요."

나는 경찰을 부르기 위해 소리치지 않아도 되어서 기뻤다!

내가 이탈리아어를 완벽하게 이해할 수 있는 소녀에게 사진을 찍어도 되는지 물었을 때, 그녀는 스스로는 아무 말도 할 수 없었지만 이전의 사나움의 흔적도 없이 동의했으며—타오르미나에는 안타깝게도 자존심이 드문데— 사례를 거부하며, 그저 우리가 좋은 하루를 보내기를 바란다고 하며 골목의 돌 오두막의 검고 연기가 자욱한 계단으로 사라졌다.

이 마을이 오히려 그녀 같지 않다는 것이 유감이다. 타오르미니아 사람들은 비교적 팔레르모 사람들의 단순한 친절과 매력, 해맑은 순수함과 성실함을 거의 보여주지 않는다. 처음에는 왜 그런지 이해하기 어렵다. 왜냐하면 그들은 도시 사람들 못지않은 시칠리아인들이기 때문이다. 그러나 이들을 약간만 알게 되면 대부분의 사람들은 그들이 그리스와 로마와 사라센의 미(美)의 복제품이 아니라 자신의 고유한 가치를 배웠다고 확신하게 될 것이다. 결국 이들 중 많은 사람들은 단순한 산골 사람에서 진실하지 못하고, 게으르고, 젠체하며, 카메라나 연필을 경계하며, 자신들의 형제들과 구별해주는 아이 같은 미덕을 영원히 잃어버린 사람들이 된다.

  그리고 이 사람들은 과거의 복제품이 아니다. 이들의 향토 음악은 또한 옛날을 회상케 한다—비온(Bion)과 테오크리투스(Theocritus)가 똑같은 언덕을 거닐고 영원한 젊음의 노래를 썼던 시절부터 흘러내려온 순수한 그리스의 멜로디와, 사막과 강의 야생의 정신으로 가득 찬, 떨리며 멜랑콜리한 사라센의 사랑 노래, 그리고 노르만 시절의 기사도 정신을 연상케 하는 열정적인 시적 로맨스가 있다. 그러나 항상 우세한 것은 가장 순수하고 가장 단순한 그리스였다. 매일 작

"이 소녀의 발음은 사납지만
표현은 정감 있게 거칠다."

190

은 양치기 소년이 갈대피리의 마법을 통해 매우 달콤하고 잊을 수 없는 음악을 불러내는 말없는 노래로 처량하고 가파른 산의 끔찍한 고독을 흔든다. 그리고 저녁 식사 때 여러분은 코르소(Corso)를 오르내리며 달빛에 자신의 마음을 피리 같은 소리로 노래하는 작은 음유시인들을 들을 수 있을 것이다.

여러분이 열의가 있다면 은청색 구체(球體)로 된 커다란 아크램프가 아몬드와 모과나무 사이에서 빛나고 있는, 호텔 뒤의 신비하고 미로 같은 '달의 정원'으로 그를 억지로 데려와서 노래를 청할 수 있을 것이다. 하지만 그는 청중들을 잊어버리기 전까지는 부끄러움이 많고 쑥스러워하는 판(pan)*이며 손가락이 굳어 있고, 머뭇거리며 입을 떼지 못한다. 그다음에 마법의 피리에서 다시 은색의 선율이 시작된다. 산허리에는 호텔이 없지만, 이 멜로디, 달로 물든 원시의 숲, 작은 양치기의 피곤한 무리의 얕은 잠이 있다. 음악이 중단되고―꼬마 요정의 매력이 부서진다. 여러분이 본 요청의 반지 극장 위에서 담쟁이덩굴이나 아칸서스(acanthus)로 된 화관이 아니라 맞춤복, 뻣뻣한 부츠, 파리의 모자를 입은 현대인의 부드럽지 않은 목소리가 터져 나오며―무엇보다 가장 최악인 것은 이들 중 일부는 담배를 핀다는 것이다!

그날 밤에 나는 이 작은 시인에게 그의 리드(reed)**를 갖게 해달라고 애원하고 강요했다. 그는 마지못해 웃으며 내게 리드를 주었고, 지금 글을 쓰는 동안 바로 옆에 놓여 있다. 그러나 아아! 더 이상 이 리드는 그리스의 선율을 모른다―나를 위해 노래를 들려주지 않을 것이다!

---

* 그리스 신화에 나오는 목축·수렵의 신. 염소의 다리와 꼬리를 지녔으며 긴 수염에 이마의 가죽에 뿔이 있다.
** 갈대의 줄기. 관악기에 조각을 부착시켜 소리를 낸다.

13

일부 산의 원경

무식과 문맹이 시칠리아인들의 주된 불행이다. 학교가 적고 멀기 때문에 소녀들은 바느질, 뜨개질, 요리만 배운다. 소년들은 더 불행하게도 교육을 거의 전혀 받지 못한다—이들은 충분한 나이를 먹자마자 일을 해야 하며, 여섯 살이나 여덟 살이면 밭이나 마구간과 염소우리에서 일을 하게 된다. 부유한 혹은 유명한 가족의 아이들은 실질적인 것은 아무것도 배우지 않는, 그리고 아무 것도 모른 채로 걱정하지 않고 살아가는 우월한 존재로 여겨진다. 몇 년 전에 영국 여성이 혼자로 타오르미나에 왔다. 마을은 여전히 여행을 하기에는 길이 길고 괴로웠지만, 힐(Hill) 학교가 사람들에게 도움을 주는 일을 이루어낸 결과는 모든 예상을 압도했고, 유전과 환경의 어려움에도 불구하고 사람들은 방법만 알면 배우고 공부할 의지가 있다는 것이 입증되었다.

코르소를 지나 어두운 현관 중 하나 안에는 일반적인 타오르미나 시설인 뜨개질 학교가 있으며, 여기서 어린아이들이 앉아서 훈련을 받은 장난꾸러기의 얼굴처럼 표정 없는 얼굴로 차분하게 뜨개질과 크로셰 뜨개질, 자수를 한다. '여성 교장'이 자신의 작은 영역에 온

"한 수업 당 한 달에 10센트를 요구한다…. 어떤 이들에게는 과도한 비용이다!"

방문객을 환영하기 위해 우아하게 나서서 사진을 찍도록 선뜻 허락해준다. 그러나 정문의 방에만 불이 켜져 있고 이 작은 머리와 몸은 몇 초조차 반응하기 어렵다. 그리하여 사진은 때때로 나이든 소녀들이 자수에 대한 '졸업 후 과정'에 들어가게 된다는 것을 제외하고 3세 이상의 학생들의 노동에 대한 조사결과를 빠르게 내버린다. 아이들은 방문객들이 라인을 통과할 때 부지런히 딸깍 소리를 내며, 몇몇은 흘긋 쳐다보지도 않는다. 그리하여 아이들은 여교장에게 철저히 훈련을 받는다. 뜨개질 하는 소녀들은 두 개의 긴 바늘을 사용하며 작은 가죽 가슴장식이 있는 벨트를 차고 있다. 이 벨트에 고정 바늘의 밑둥이 있는데 이는 연약하고 작은 몸이 날카로운 강철 장비에 찔리는 것을 보호해준다.

우리는 학교에 방문하면서 수업료로 얼마를 받는지를 교사에게 물어보았다.

"한 달에 10센트입니다." 그녀가 심각하게 말했다. "어떤 아이들에는 많지요."

"그 돈이 선생님에게 지불됩니까?"

그녀는 25명의 학생들을 향해 손을 흔들었다. "그렇지요!"

이 사람들의 음식은 맛을 즐기기보다는 생명을 유지하기 위한 것이다. 그리고 전 세계 어느 곳의 일반적인 아동과 같이 이 작은 아이들에게도 사랑스러운 이빨이 선물로 주어지지만, 맛있는 것을 먹고 싶어 하는 욕구는 거의 충족되지 않는다. 여러분이 달콤한 케이크 봉지를 들고 이 작은 학교의 문 주변에서 어슬렁거리면—코르소 옆의 제빵사가 케이크를 모두 판다. '여교장'은 여러분이 이 반짝이는 흰색 얼음의 보물을 나눠주도록 기쁘게 허락할 것이다. 그리고 여러분은 학생들을 보면서 충분히 보답을 받을 것이다—학생들이 별미를 먹고, 간절한 눈와 입을 완벽히 억제하면서 수줍게 "감사합니다, 감사합니다!"라고 하는 것으로 말이다.

이 작은 산골 마을에서 가장 중요한 명사는 은행가, 증기선 관리자, 우편 배달원, 장사꾼인 아테나시오 판크라지오(Signor Atenasio Pancrazio) 씨다. 그리고 사실 그의 사업 방법은 흥미롭다. 우리는 특히 4일째에 아테나시오 씨에게 돈의 일부를 받으려고 했을 때 알게 되었다. 그는 불규칙하게 11시 반, 9시 15분 전, 12시, 3시 20분에 은행을 열었다. 그리고 이 신사는 시간이 이욕을 위한 욕심 많은 사업의 문제가 아니라는 듯 일요일 아침에 문을 활짝 열고, 어디에나 있는 관광객들을 제외하고 모든 사람이 잠든 지 한참 뒤까지 가게, 은행, 집을 열어둔다.

그는 은행가지만 단순히 돈을 만드는 것 이상의 생각을 갖고 있으며, 여러분이 크고 어둑한 회계실—치즈와 와인, 마늘, 고무 스탬프 잉크의 냄새가 나는—에서 기꺼이 그에게 배우려고만 한다면, 시칠리아인의 문제에 대해 많은 것을 배울 수 있다. 시칠리아인은 무서운 아일랜드 사람과 다우닝 가(Downing Street)의 관계처럼 이탈리아 정부에게 난처한 문제이다. 지주제도가 무지와 가난과 결합했을 때 정말로 문제가 된다.

농업 시스템은 매우 오래되었으며, 이 섬에서 가장 중요한 지배자 중 한 명이었던 그레고리 교황의 시절부터 교회의 이름으로 시작되었다. 교황은 선하고 주의 깊은 지주였지만 다른 사람들은 반대였고, 이 시스템은 항상 불공정했고 퇴보해왔다. 지금 사유지는 명목적으로는 소유주를 대신하여 중매인에 의해 관리되며 대부분 다른 사람에게 다시 임대된다. 이 토지에서 직접 경작을 하고 싶어 하지 않는 이 제3자는 작은 부분을 농부에게 터무니없는 가격으로 임대하거나 혹은 4번째 중매인에게 임대하며 이 과정이 반복된다. 따라서 결국 농부가 몇 에이커를 갖게 될 경우, 너무 많은 임대료를 지불해야 하여, 실질적으로 자신의 실제 경비를 버는 것 이상은 불가능하다.

이러한 조건으로 인해 자포자기하게 되고, 실질적인 요구 때문에 농부는 손쉽게 대부해주는 대금업자를 이용했고, 이 대금업자들은 확실하게 수금을 하여 실질적으로 가엾은 농부는 노예가 되었다. 고리대금업자는 부유해졌지만 그들은 부도덕한 부를 사재기했고, 돈의 순환을 막아 국가는 더 가난해졌다. 자연스럽게 증기선 사무소는 마을에서 가장 중요한 장소가 되었으며 불만이 압도적이었다. 회사에는 모든 질문에 대답할 준비가 된 사람이 있었고, 농부들이 신체적으로 건강하다는 것을 참작하여 힘들게 번 저축을 포기하도록 촉구할 의사가 있었다. 사실 이들은 아메리카의 황금 거리에 대해 열렬히 묘사하며, 유사한 지역에서 무역을 일으키기 위해 말을 잘하고 설득력 있는 대리인을 보내기조차 했다.

나는 이렇게 말했다. "아테나시오 씨, 당신은 증기선 관리자시죠. 이 방향으로 착수하여 무역을 해보시는 건 어떤가요?"

그는 단골손님을 경건하게 부르면서 "성 판크라시오(Saint Pancratius)가 허락하지 않을 겁니다!"라고 소리를 질렀다. 그러나 그는 즉시 다음과 같이 덧붙여 자신의 의도를 망쳐버렸다. "아니오, 저는 그럴 필요가 없습니다. 어쨌든 저는 몰라에서 모든 거래를 합니다. 매우 작죠." 그는 어깨를 으쓱하고 손님에게 돌아갔다.

몰라는 타오르미나의 산꼭대기에 있는 작은 마을인데, 현재 시칠리아에 대해 세금, 교육 부족, 폭리, 그리하여 이주가 일어나는 일반적인 예로 인용할 수 있을 것이다. 몰라는 타오르미나보다 약 천 피트 정도 더 높이 있을 뿐이지만 도보로는 10배는 더 멀다─그리고 도보로 '스스로 혹은 당나귀를 타고' 가야 한다. 피곤하지만 아직 열정이 있는 방문자들은 돌아올 때 당나귀를 타고 온다. 길에서는─낮은 돌계단, 둥글고 평평한 자갈이 모르타르의 모서리에 놓여 있어서 좋다─작은 계곡의 불분명한 쪽을 따라 바람이 분다. 그리고 거의 열대지방 수준으로 타오르는 태양을 가려줄 수 있는 나무가 없기 때문에 충분히 괴롭다. 여기저기에서 여자 거지들이 예기치 않게 나타나 '갈보리로 걸어가신 그리스도의 사랑을 위해' 기부금을 베풀어주기를 청한다.

이 마을은 언덕 꼭대기 주변에서 반원 형태로 구부러지며, 박살난 것들 뒤에는 튼튼하고 오래된 벽이 남아 있다. 이 벽은 지금도 육중

하고 거의 완벽하며 방어 시 많은 부분을 차지할 것이다. 도로가 절벽의 기슭을 지나는 곳에서, 1677년 12월 어느 날 밤에 40명의 강인한 토착 군인들이 로프로 벽을 기어 올라와—여러분이 이 장면을 봤다면 불가능한 위업처럼 보일 것이다—프랑스 기지를 놀라게 하고 이들을 붙잡았다. 벽 아래에 조각된 아치로 이루어진 매우 아름다운 입구는 돌출된 절벽에서 직각으로 밖으로 이어지는데, 흉측하게 생긴 철제 활강포가 차지하고 있다.

몰라는 여전히 오래된 시에 완벽히 들어맞는다.

> 형태를 잃은 폐허의 나무 그늘은 모두 구제할 길이 없으며,
> 긴 잔디가 시들어가는 벽을 기어 오르네.
> 그리고 약탈자의 손에 떨며, 움츠러드네,
> 아이들은 멀리, 저 멀리 땅을 떠나네.

말 그대로 '버림받은 마을'이다. 코르소와 돼지만 살고 있는 것처럼 보이는 기울어진 집 사이에 구부러지고 가파른 구멍과 조용한 큰 길과 골목길을 끝에서 끝까지—이 작은 몰라에 왕의 이름을 딴 큰 길이 있을지라도— 둘러보는데 30분이면 충분하다. 가장 크고, 가장 검고, 가장 더럽고, 가장 야윈 야생돼지는 장엄하게 가장 좋은 집의 앞 계단을 위아래로 행진하거나, 가게의 바닥에서 편안하게 잠을 자고 있다. 때때로, 야생의 새끼돼지와 엄마돼지가 길에서 좋은 부분을 차지하고, 너무 가까이 오는 사람에게 매섭게 달려든다. 우리의 '가이드'는 다리 하나를 거의 잃은 새끼 돼지였는데 사진을 찍으려고 할 때 나를 보고 달려가 가족들을 불러왔다.

그러나 이 모든 거리에는 일할 수 있는 성인을 한 명도 볼 수 없다. '대성당'에서만 관리인과 사제 같은 활발한 사람들을 볼 수 있다. 다른 사람들의 소재는 '아메리카'라는 하나의 마법의 단어로—유럽 사람에게도 그렇게 들리지만— 이야기된다. 이는 문자적으로는 사실이다. 모든 남성 거주자들은 너무 가난하고, 장거리 여행을 하기에 너무 허약하며, 임금 노동자로 받아들이기에는 너무 젊어서 집에 남아 있다. 관리인과 사제와 같은 예외적인 사람들조차 갈망하는 눈으로 바다 방향을 응시한다.

'대성당'은 머리를 아프게 만드는 건물이다. 가난하고 무지한 사람들은 신을 기쁘게 하기 위해 저렴하고 현란한 색상과 흉측한 장식품을 얻으려고 애쓸 뿐만 아니라 자신들의 초라한 교회에 부유한 사람들의 교회 분위기를 주려고 노력한다. 마음을 가장 사로잡는 것은 성구실에서 찾을 수 있다. 위조된 마리아 막달레나(Mary Magdalen) 상의 말에는 사람의 머리로 많은 아름답고 놀랄 만큼 두꺼운 끈이 단단하게 묶여 있다. 이러한 봉헌 이면에 어떤 비극이 있었을까? 몰라의 불쌍한 소녀가 와서 성인의 발 앞에 몸을 숙이고 회개하며, 신성한 말 앞에서 울며 자신의 머리로 눈물을 닦아준 마리아에 대한 감사로 봉납하여 그녀의 팔에 묶었을까? 이는 특정 지역의 비극인가 아니면 깊이를 헤아릴 수 없는 바다 전체에 걸쳐 있는 비극인가? 관리인은 모르는 척 한다. 그러나 버려진 마을의 헝클어진 거리를 거닐면, 봉납한 흔적을 보여주는 여성의 머리를 흥미롭게 보지 않을 수 없다.

우리는 이탈리아 전역에서 대성당 계단에 있는 더러운 거지들에게 여러 번 괴롭힘을 당했다. 그러나 몰라는 이러한 장소에서 돼지가 되었다는 것을 인정하는 돼지를 보여주도록 예비되어 있었다. 우리가 나왔을 때, 거대하고 야윈 야생돼지가 매우 못마땅해 하며 꿀꿀거렸고, 발을 비틀거리며 옆길로 빠른 걸음으로 달려갔다.

몰라의 오르막이 힘들다면, 내려오는 것에 대해 이야기하는 것은 어떨까? 여러분은 스스로 갖고 있다는 것을 알지 못했던 근육을 뻗어야 하며, 세상의 모든 옥수수들이 여러분의 운 없는 발에 집중되어 있는 것처럼 보일 것이다. 그리고 여러분은 바다를 건너는 돛대 없는 배처럼 넘어지고, 구르고, 뒹굴 것이다.

몰라를 여행한 이후에는 가장 에너지 넘치는 여행자도 매우 일찍 잠자리에 드는 경향이 있으며 처음에는 타오르미나의 밤의 소음들을 듣게 된다. 이 마을에는 딸깍! 딸깍! 딸깍! 하는 용암 도로에 징을 박은 뒷발굽의 소리, 아이들의 희미한 재잘거림과 노래와 같이 잠이 들 때까지 달가닥거리는 소리가 상당히 크게 들린다. 이따금 아이들의 명랑함은 이들의 비극에서 눈에 띄지 않는 요소를 갖고 있다. 이를테면, 어린 양치기의 피리소리, 집으로 가는 당나귀가 하루의 일이 끝났다는 것을 반가워하는 지친 울음소리와 같은 것들이다. 30분마다 종이 사람을 괴롭힌다! 포(poe)가 방울이 딸랑딸랑 울리는 리듬을 쓰기 전에 시칠리아의 종을 들었던 것은 아닐까? 종은 울리는 것이 아니라 두들겨 맞는데, 귀가 반란을 일으켜 더 이상 종의 성난 소란에 신경 쓰지 않을 때까지 악마들의 미칠 듯한 이야기와 함께 떠들어 댄다. 어떤 관례에는 섬에서는 종을 치는 사람이 없다. 왜냐하면 돌아가는 프랑스인들이 사람들이 경보를 울리지 못하도록 만종 학살 (Massacre of the Vespers) 이후에 철로 된 종의 혓바닥을 가지고 가버렸기 때문이다. 그러나 영리한 시칠리아인들은 망치로 더 큰 소음을 낼 수 있다는 것을 알았고, 600년이 넘었지만 여전히 소음을 좋아하고 매번 이전의 모든 기록을 깨려고 시도하는 것처럼 보인다. 좀 더 그럴 듯한 이야기는 가리발디가 1860년에 천 명의 혁명당원과 함께 도착했을 때까지만 해도 나폴리인들이 종을 치는 사람들을 데려갔다는 것이다.

종으로 괴로운 것을 제외하면, 오전 10시에서 오후 2시까지는 조용하다. 그 후 첫 번째 당나귀의 작고 과중하게 무거운 발, 당나귀를 탄 사람이 막대기를 때리는 소리, 때때로 느긋하고 작은 쥐색 짐승에 대한 퉁명스러운 애원이 코르소 아래로 재깍거리며 지나가고 일상적인 일과처럼 반복된다. 천천히 빛이 다가오기 시작한다. 종을 치는 사람은 졸린 상태로 불규칙하게 50번 종을 치며, 몇 번 쳤는지 확신하지 못하는 것처럼 한 번 주저하다가 마지막으로 강하게 땡하고 한 번 더 친다. 수탉이 먼저 메아리에 깨고, 목소리 큰 공작이 격렬하게 경쟁한다. 다시 30분 동안 침묵이 지배한다. 그 다음 타오르미나는 잠결에 돌아눕고, 충분히 하품을 하고 '바빠진다.'

코르소를 따라 작은 포도주통과 커다란 염소젖통을 매단 당나귀가 활발한 속도로 지나간다. 피아나(piana)에서 온 채소 행상인이 소리를 치며 자신들의 물건을 열린 출입구로 집어놓는다. 고양이와 닭이 나란히 햇볕을 쬐러 어두운 우리에서 나와서 편안하게 날개를 펴고 퍼덕인다. 아이들은 정의의 저울처럼 서서 손으로 크기를 재고 무게를 달며, 물건을 요구하고, 불가사의한 중력으로 무게를 재고 측정하거나 더 나이가 많은 행상인들을 날카롭게 쳐다본다. 그리하여 이를 '1페니로 살 수 있는 양' 혹은 '반 페니로 살 수 있는 양'을 가늠하는 자신의 척도로 이용한다.

*"말을 듣지 않은 많은 염소들은 부득이하게
어두운 계단에 몇 마리씩 묶어둘 수밖에 없다."*

이 거리 풍경은 매우 흥미롭지만 결국 타오르미나가 예술가들의 천국이 된 것은 에트나 때문이다. 여행자들과 예술가들은 에트나를 언뜻 보거나 그리기 위해 왔다가 또 다시 돌아오거나, 어쩌면 저항할 수 없는 하얀 왕관과 섬세한 빛에 매료되어 화산의 그림자에 정착하거나 수년 동안 머무르며 타오르미나가 창작을 할 때 가장 드물게 아름다운 장소라고 단언한다.

20년 전에 와서 거대하고 차가운 봉우리에 얽매여 빠져나올 수 없었던 미국 예술가 중 한 명은 흰색 벽이 있는 정원에서 자신의 이젤에 앉아 자신의 앞에 있는 영원한 아름다움을 모델로 하여, 산봉우리의 분위기와 새벽, 정오, 해 질 녘, 밤낮으로 매시간 형성되는 놀라운 물의 색상과 함께 구름이나 태양이나 그림자가 줄 수 있는 모든 변덕스러운 효과에 대한 자신의 연구를 보여주었다. 아마도 완벽한 월광의 밤과 그다음 날 아침의 깨끗한 새벽의 차이가 가장 주목할 만한 차이일 것이다. 밤새도록 하늘 높이 엄숙하게 달이 항해하면서 봉우리의 눈이 쌓인 어깨를 옅은 색조를 더해 희미한 녹색이 가미되어 화산의 유령처럼 보이게 된다. 새벽 4시 조금 전에, 하늘이 밝아오고 벨벳 청색의 밤이 얼어붙을 것 같은 회색으로 일그러지고 창백한 청록색으로 변하면서, 달과 창백한 별이 느리고 부드럽게 유령의 그림자로 줄어든다. 이를 통해 엄청나게 푹신한 구름의 거대한 선단이 웅장하게 항해를 하는 동안 에트나가 어둠에서 올라와 아래의 피아나가 올라오지 못하게 한다.

동쪽 하늘에서 희미한 홍조가 점점 커지며 색조가 깊어진다. 안개 낀 겨울 아침에 서쪽 화산의 음침한 더미가 꼭대기에서 더 어두워지고, 형언할 수 없는 핑크색이 주변으로 퍼지며, 원뿔이 유령처럼 변하고, 주요 분화구 위에 곱슬곱슬한 연기의 얇고 보드라운 다발이 증기처럼 위로 소용돌이친다. 최초의 변화에는 서둘러서 다가오는 색조의 효과를 망치지 않도록 조심스럽게 작업하는 거장 화가의 신중함이 따라온다. 가장 처음 빛이 퍼진다. 카메라나 펜으로는 모든 면에서 즉시 변하는 것들을 쫓아갈 수 없다. 거대한 진홍색과 적갈색 원반이 그리스 극장 언덕의 새까만 녹색 어깨 뒤에서 타오르미나의 작은 세계를 보기 위해 장엄하고 느리게 위로 항해한다. 구름의 상단 모서리가 핑크색과 은색으로 바뀐다. 하단은 부드러운 연어 핑크색 사프란(saffron), 오렌지색, 금색으로 변한다. 낮이다!

경외심을 불러일으키며, 고풍스럽고 대단한 무언가가 있다. 이는 성스러운 배로 두아트(Tuat)의 무서운 성채를 지나 부활의 영황 속에서 나타난 아몬-라(Amon-ra)에 대한 고대 이집트인의 믿음을 보여준다.

이는 봄의 아침에 일어나는 쌀쌀하고 배고픈 여흥이다. 6시 15분 전 8시의 아침식사는 굶어죽을 정도로 멀어 보인다. 그래서 가장 좋은 것은 거리로 나와서 우유가 배달되는 것을 보는 것이다. 오른쪽, 왼쪽, 모든 곳에, 코르소 전체에 염소! 염소! 염소밖에 없다. 목초지에 20마리 이상의 다루기 어려운 염소들이 어미의 활짝 열린 황색 노안으로 보이는 곳에 둘씩 따로 혹은 함께 묶여 있거나 어미가 고민하지 않도록 뒷다리를 묶어놓았다. 염소들은 울퉁불퉁한 바위 위의 몰라에서 쫓겨난 것처럼 좁고 작은 계산에서 코르소로 튀어나오며, 길게 굴러 떨어지는 속도를 확인할 수 없다. 가게가 호텔 정반대쪽에 있는 담배 장수는 코를 쿵쿵거리는 몰라의 염소지기들과 거래하기 위해 새벽에 문을 연다. 여러분이 그의 눈에 띈다면, 그는 자신의 양팔을 넓게 벌려 코르소의 모든 염소를 끌어안고 소리칠 것이다. "염소 젖은 정말 맛있어요(Latte de'capri è molto bell')!"

그가 정중하게 전달한 힌트를 눈치 채고 한잔을 요청하라. 소녀들 중 한 명이―적어도 타오르미나와 몰라의 염소지기의 2/3는 어린 소녀이다―풍부하고 따뜻하고 거품이 일어난 우유를 한 파인트가량 줄 것이다. 여러분이 무엇을 불안해하던 담배 장수가 맞다. "염소 우유는 매우 대단하죠!" 차갑고 비어 있는 위에 염소 우유는 매우 좋다.

이 호텔은 상당히 문명화되어 있다. 정직한 염소지기가 종업원이 주의 깊게 지켜보는 가운데 병에 우유를 짠다. 종업원의 일은 불순물이 섞이거나 물을 타는지 살펴보는 것이다. 민가에서는 여전히 좀 더 세심한 배려를 볼 수 있다. 저항하는 많은 염소들은 어둡고 힘든 4개 혹은 5개의 계단으로 기어 올라가 미심쩍거나 게으른 주부의 캔이나 병에 우유를 짜서 '응접실'로 가져간다. 타오르미나 사람들은 자신들의 우유 공급 감독관이나 검시관을 걱정하지 않는다. 왜냐하면 구매자들이 바로 감독관이며 우유는 시칠리아에서 나무랄 데 없는 것이기 때문이다.

14

빛과 그림자

시칠리아의 분수는 사람들의 생활에서 이전의 로마 공동체에서 포룸이 차지했던 것과 동일한 공간을 차지한다. 즉, 분수와 광장은 사람에게 공통적인 뉴스와 소문, 오락, 모든 다양한 기분 전환 거리가 교환되는 중심지이다. 타오르미나에서 중요한 분수는 오래된 벽의 외부에 있으며 카타니아를 마주보는 성문인 포르타 칸타니아(Porta Catania)에서 멀지 않다. 시원하고 물이 떨어지는 웅덩이에 얌전하고 젊은 농부 소녀들이 모여들어, 놀라울 정도로 크고 무거운 물을 채운 암포라를 머리 위에 잘 놓고 균형을 잡는다. 이는 예쁘고 재롱 많은 아이들과 오래된 류머티즘 같은 가십들, 신들의 이코르(ichor)*를 집으로 가져가기 위해 피아나에서 커다란 물통 수레를 끌고 온 음료수를 나르는 촌스러운 소년들, 일반적으로 지저분한 앞머리, 감탄스러운 젊음, 소녀들에게 던지는 추파, 자신들이 결혼할 수 있을 때까지 얼마나 걸릴 것인지에 대한 의문 등—아메리카로 떠나는 항해의 모든 배경이 된다.

---

* 신의 몸 안을 피처럼 흐른다는 영액.

특히 이 분수는 타오르미나의 팔에 둘러싸여 있으며, 몰라와 타오르미나의 쌍둥이 성으로 이루어져 있고 황소의 몸, 물고기의 꼬리, 여성의 머리를 가진 신화의 창조물이다. 이 짐승이 정확히 무엇이냐의 문제가 가장 독창적인 동물학자들의 설명력에 무거운 부담을 지울 것이다—아마도 '자연 위조자'가 더 나을 것이다.

높이가 20피트가량인 오래된 마을의 벽이 포르타 카타니아에서 기묘한 곡선과 급작스러운 각도로 지면의 윤곽을 따라 산허리로 굽이쳐간다. 이 벽은 방어 수단으로는 무용하기 때문에, 검소한 타오르미니아 사람들은 작은 집을 일렬로 건축했다. 이 집들은 튼튼하고 오래된 석조 외부에 꽉 달라붙어 있으며 창문들이 몰려 있어 운치를 크게 더해준다. 덩굴식물이 비옥한 토양에서 자라나 멋지게 기어 올라가며, 거의 모든 창문이 부드러운 푸른 가지와 꽃으로 뒤덮일 때까지 더 높게 높게 우아한 덩굴손이 퍼져나간다.

이 그림처럼 아름다운 시골집을 보면 이런 곳에서 생을 마감하기를 소망하거나 적어도 이러한 향기와 아름다움을 집으로 가져가고 싶어 한다. 가파른 계단 근처에 꽃으로 된 폭포가 있다. 집 옆에서 꽃들이 모든 기둥을 장식하고 석조의 일부를 튀어나오게 하여, 언덕 더 멀리 높이 있는 향이 나는 분수처럼 핑크색 물보라의 거품이 일어나게 한다. 여기서 장미가 길고 흔들거리는 가지에서 향긋한 향기를 뿜어낸다.

벽 안에서 작은 광장을 마주 보면 코르소 바로 아래에 대성당이 있다. 이 대성당에는 14세기 고딕 양식의 대문이 있다. 아마도 14세기에 지어졌을 것이다. 이 성당은 우울하고 금욕적인 쇠약하고 늙은 교구의 사제가 관리하며, 이 사제는 의례에서 부적절한 비음으로 웅얼거리며 그의 목소리는 마을의 구두수선공이 연주하는 쌕쌕거리는 오래된 오르간 때문에 떠내려가 버린다. 합창단은 관리인과 잭인더 박스(jack-in-the-box)*처럼 들락거리는 사람들로 이루어져 있고, 어느 때에도 오르간석에 두 명 이상의 사람들은 보이지 않는다. 하지만 이들의 활력은 숫자의 부족을 만회한다. 합창단의 반대편에는 더 크고 더 인상적인 오르간처럼 보이는 것이 올라와 있다. 이는 그저 악기를 칠하는 캔버스의 들것일 뿐이지만 확실히 산속의 교회의 품위와 위엄으로 방문객들에게 인상을 준다.

우리가 예배를 드렸을 때, 신부는 목회 시 관리인의 보조—그가 노래를 할 때만 빼고—를 받았다. 이 관리인은 크리켓처럼 뛰어다니는 불타는 듯한 진홍색 대례복을 입은 장난스럽고 작은 시종과 함께, 자신의 위치에 대해 존엄성을 느끼면서 일을 했다. 농담 때문에 파문을 받을 만한 작은 장난꾸러기가 있더라도, 흔들 향로를 흔들어 늙은 사제를 실망시키고, 자기 일보다는 이방인을 좀 더 경계하고, 제단 앞을 통과할 때 멈춰 서서 무릎을 불경하게 구부리는 유치한 말썽꾸러기일 뿐이다. 그는 사제의 예복을 다시 정리하기 위해 웅크릴 때에도 장난삼아 홱 던진다. 그리고 익살스럽게 번뜩이는 갈색 눈을 우리에게 고정하여, 우리 중 절반은 미사 이후에 작은 노상강도가 점거하여 교회를 침범할 수 있도록 허가를 받았다는 증거로 1페니 혹은 2페니를 요구할 것이라고 예상한다.

마을의 노인들은 긴 벤치나 대주교가 타오르미나를 방문했을 때 앉았던 붉은 반암의 연단에 앉아 있다. 이들은 호기심 많은 노인들

---

* 박스에 리본을 풀면 용수철로 삐에로 인형이 튀어나오는 장난감.

이며, 태양과 바람 때문에 마디투성이에 쇠약하며 일반적으로 갈색-회색-흑색 숄을 머플러로 쓰고 있다. 그 아래에 왕좌의 가장 아래 계단에, 마을의 가장 늙은 여성들 몇 명이 웅크리고 있다. 이 자리 위에 타오르미나의 무기가 새겨진 크고 인상적인 방패를 낡고 오크로 만든 독수리가 받치고 있는데 이 독수리는 머리의 한 면은 위로 하여 음흉하게 흘겨보고 있으며, 부분적으로 감은 눈에 술에 취한 무게가 표현되어 있다. 이 독수리는 엄밀히 말해 교회의 장식이라기에는 적절하지 못하고 용모가 추하고 괴기스러워 보인다.

집회에 참석한 일부 농부 소녀들은 매우 사랑스럽다―완벽한 젊은 성모 마리아이다. 푸른빛이 도는 검은 눈에, 칠흑 같이 검은 머리에 매우 아름답고 다채롭고, 명백한 그리스 인물들 같다. 그러나 이들이 모두 어둡지는 않다. 다른 유형과 비견될 수는 없지만 라틴 사람들이 크게 감탄하는 화려한 금발 유형도 있다. 소녀들은 고상하고 조신하게 차려입고 있는데, 산사람 중에는 소박한 수준에서 벗어나 겨우 이 정도를 기대하기도 거의 어렵다. 여기저기에 아기 사슴과 같은 처녀들이 머리 바로 위의 커다란 오렌지 밴드와 함께 로마 스카프를 던진다. 이들의 생생한 머리색은 흰색으로 가두리 장식된 단순한 검푸른 의상과, 번창한 가족의 경우 그녀를 구별해주는 흑색 실크 앞치마와 기분 좋은 대조를 이룬다.

신도석(신랑)에 사람들이 모여들어, 예배자의 아이들은 자유롭게 뛰어다니며, 웃고, 울고, 이야기하고, 서로를 부른다. 일부는 교회의 바닥 앞의 문 계단에 있는 작은 장소에 모여 아이와 함께 전례(典禮) 광경을 바라본다. 심지어 성체를 들어 올릴 경우, 가냘픈 님프들 셋 혹은 넷이 예사롭게 징을 박은 신발로 타일을 가로질러 뒤죽박죽으로 덜커덕거리며 움직일 수 있다. 이로 인해 고대의 메아리가 깨어나 작은 목소리로 문으로 들어오는 늙은 농부에게 힘껏 소리 지른다. "교황님(Papá)! 교황님!"

이러한 가난한 사람들이 참석하여, 앉고 일어서고 꿇어앉고 무지와 미신의 전적인 헌신으로 응답하는 광경에는 설명할 수 없이 마음을 움직이는 것이 있다. 여전히 교회의 분위기에서도 외부를 망각할 수는 없다. 그리고 종탑의 커다란 종은 시간을 명확히 알리며 목소리와 악기의 소리를 통해 부드러워지고, 세상과 살과 악마가 다시 햇빛으로 되돌아가기 위한 욕망의 끊임없는 동요로 예배자들을 휘젓는다.

주교의 성좌 위의 독수리는 코르소에서 봤던, 미세리코르디아의 협회(Fraternity of the Misericordia)가 주관하는 장례식에 더 어울려 보인다. 이는 플로렌스에서 수세기 전에 유래했다. 사실 운명의 여신은 행렬 중 하나이다. 왜냐하면 이 여신은 무거운 먼지를 통해 여유롭고 느긋하게 거닐며, 때때로 예복을 휘날리며 성직자의 화환의 향기를 회오리쳐 올려 보내는 가벼운 열풍에 흔들리기 때문이다. 비극과 희극은 가엾은 시종의 손에 꼭 쥐어 있다. 길드의 소년 회원들은 즐거워하며 무서운 마스크를 비틀어 당겨보는 사람들에게 충격을 주고, 얼굴을 징그려 일그러뜨리고, 커다란 눈구멍을 통해 불길하게 윙크를 한다. 남자 어린이가 더 낫지도 않다―상여꾼조차 웃고, 농담을 하고, 거리 혹은 창문에서 지인들에게 자유롭게 말을 건네고, 무모하게 관을 기울여 상단의 십자가와 왕관이 미끄러져 떨어진다. 이들의 백색 끈은 너무 짧고, 스커트 아래에서 매우 헐렁한 바지 다리와 더러운 양말이 튀어나오거나, 심지어 몇 인치의 맨살의 다리를 당장 신은 신발로 급히 쑤셔 넣고, 매달린 끈은 먼지에 남겨준다. 호기심 많은 염소와 변덕스러운 닭이 가로막아 한쪽으로 치워지거나 같이 데려가거나 잠시 귀여워하거나, 발로 부드럽게 길 밖으로 밀어낸다.

우리가 무더운 오후에 봤던 이중 장례는 참 이상하다. 선두에는 기이한 이중 십자가가 있는 고대의 길드가 행진했고, 아마도 8피트 높이에 매우 무거울 것이다. 팔에—물론 삐딱하게— 작은 십자가를 고정해놓았다. 남자들 뒤에 18명의 작은 소녀들이 일반적인 거리의 복장을 하고 걸어갔고, 그 뒤에 6살 이상의 소녀들이 검은 못을 입고 짝을 지어 행진하며 각각 커다란 화환을 들고 있다. 중앙의 싹은 서로 구별할 수 없는 분위기의 화환을 들고 있다. 왜냐하면 망자의 사진을 둘러싸고 있기 때문이다. 이 사진의 바로 뒤에 사제가 오며, 그의 손은 미사전서를 움켜주고 있으며, 잘 먹은 배에 단단히 고정하고 있다.

산 자들 뒤에 죽은 자들이 뒤따랐다. 첫 번째 관은 타는 듯한 핑크색 관이며, 길드의 네 명의 튼튼한 청년들이 들고 있다. 이들은 마치 시장에 레몬상자를 들고 가는 것처럼 관과 이 절차에 대해 관심이 없어 보인다. 바로 뒤에 네 명의 매우 큰 길드원이 십자가와 은 왕관을 위에 놓은 크고 검은 색의 관을 들고 있다. 한편에는 가족의 여성들이 터벅터벅 걷고, 각 종렬에서 한 명이 거의 숨이 막힐 듯 한 향로판을 들고 가는 반면, 다른 두 개의 친구들의 종렬은 뒤에서 따라오며, 그 뒤에 일반 사람들이 따라온다.

무거운 아프리카의 공기를 통해, 대성당의 종이 형언할 수 없이 슬픈 음조로 울리며, 작은 말의 대열이 거리를 따라간다. 그러나 뒤에서 직무를 수행하는 사제의 성복을 입은 약 열 명의 헐떡거리는 소년들이 직무를 수행하며 전속력으로 달릴 때에는 친척들조차도 웃어야 했다. 의복은 품위 없는 방식으로 뒤에서 휘날렸고, 한쪽 모서리에서는 때때로 돌을 쓰는 것처럼 먼지들이 뿜어져 나왔다. 그리고 몇 개의 계단마다 소년들이 알아들을 수 없는 소리로 비명을 내질러, 행렬에 참가한 사람들이 속도를 늦추도록 명령을 내렸고 사제가 대성당에 들어가기 전에 그를 따라잡도록 했다.

그러나 울음이 웃음으로 변하는 우스꽝스러움은 시칠리아에서 결코 먼 옛날의 일이 아니다. 타오르미나의 샛길 대부분을 이루는 작은 계단 혹은 미끄러운 돌계단으로 접어들고 장례에 대해서만 생각하면서 우리는 갑자기 이방인을 기다리거나 거리를 행진하며 마음을 빼앗기는 것을 찾는 두 명의 청소년 서정시인 때문에 멈추게 된다. 그들은 우리가 다가가자 달려들었고, 비극적인 태도를 취하며, 얇고 작은 피리로 오래된 해적의 노래를 부르기 시작했다. 그들은 작은 이마의 혈관이 청색으로 부풀어 오를 때까지 활발하게 노래를 불렀고, 옛날 소곡(小曲)의 잔인한 말들을 소리 지르고, 베테랑처럼 행동했다. 이 모든 것은 너무 갑작스럽고 너무 우스꽝스러워서, 우리는 울 때까지 웃었다. 우리가 웃기 시작한 순간, 더 많은 소년들이 눈살을 찌푸렸고, 노래를 멈추고 우리에게 무례하게 통통한 주먹을 흔들며 말했다. "저는 가수입니다! 매우 훌륭한 가수입니다. 내 노래를 들어봐요!"

세계적인 테너도 모욕을 당한 위엄과 격한 성미를 저항으로 표현할 수 없다. 그러나 이들은 기운차게 시작했다. 여기저기서 우리는 애지중지하는 부모로부터 사랑스러운 처녀를 훔쳐서 멋진 보트로 데려가 미소 짓는 바다를 방랑하는 사악한 선장에 대한 문구를 알아들었다. 유치한 노상강도들이 노래를 부르는 동안 군중에서 떨어져 있던 소년에게 내가 보상을 하기 직전에 그 애가 내 팔을 쳤다.

"저기, 저한테 돈을 주셔야 하는데요. 저는…."

"오-호! 그래서 너는 그들의 이야기가 인상적이라고 생각했구나, 그렇지?" 내가 물어보았다.

"선생님! 선생님! 선생님!" 그 애는 적어도 자기가 공연하는 것이 무엇인지 이해하지 못한 것 같아 보였지만 즐겁게 소리쳤다.

"너는 위대한 해머스타인(Hammerstein)의 친척이니?" 내가 물었다.

"아마도요. 전 몰라요. 그분이 타오르미나에 살았나요?"

바로 다음에 노파가 내 팔을 찔러 매우 놀라게 하며 자신에게 선물을 달라고 쩌렁쩌렁 요구했다. 이 노파는 이빨이 없고 머리가 좋으며 '사악한 눈'을 가졌다. 짜증이 났지만, 군중이 조롱하며 크게 웃는 동안 가능한 부드럽게 물어보았다. "하지만 제가 돈을 드려야 하는 일을 하신 게 있나요?"

"했지!" 그녀는 반박했다. "했지! 이걸로 충분하지. 내가 여기 있잖아?"

찌른 것에 대해 돈을 주는 것을 거부한 뒤, 우리는 호텔의 마당 쪽으로 끈질긴 군중—돈을 시끄럽게 요구하는—을 천천히 빠져나 갔다. 이 호텔은 한때 기도와 금식을 하는 콘벤토 디 산 도메니코 (Convento di San Domenico)라는 경건한 집이었다. 이 호텔은 더 오래된 마을의 경계를 지나, 절벽의 울퉁불퉁한 모서리에 회반죽을 바르고 청결하게 정돈된 거대한 돌 더미를 유지하고 있다. 여기서 향기로운 장미가 기어 올라와 화분에 담은 식물이 풍부한 색상으로 모든 쪽 난간을 장식한다. 층을 이룬 해안의 기묘한 파노라마와 바로 밑에서 자고 있는 바다와 함께 여기 앉아서 차를 마시는 것은 즐거운 일이다. 산 도메니코는 사랑스러운 만큼 춥고, 손님들은 한때 수도승의 조용한 독방이었던 방들 때문에 부러움을 받지 않는다. 하지만 손님들은 동굴의 성가대석과 연단이 있는 커다란 홀 그리고 아름다운 꽃으로 장식된 회랑의 매력 때문에 부러워한다. 그러나 저녁 예배, 아침 예배, 판가 예배가 울려 퍼졌던 비잔틴 아케이드를 오르면, 이제 경솔한 여행객의 웃음과, 아이들의 재잘거림, 스커트가 휘둘리는 소리, 카메라 셔터 소리가 들린다.

테라스의 돌난간에서는 바늘이 있는 배나무를 대못으로 박아넣은, 보기 흉한 바위들이 날을 세우고 있는 경사를 볼 수 있다. 이 바위들은 용맹한 디오니시우스 I세가 기원전 395년의 어느 겨울밤 힘찬 부대를 이끌고 경사를 올라 시장에 자신의 방식을 강요했다가 영웅적인 시민들에 의해 격퇴되어 쓰러졌을 때 거기 있었던, 눈 덮인 오르막의 6백 피트 길이의 바위와 가시가 틀림없다. 디오니시우스가 그 이후 타오르미나를 증오했다는 것은 의문의 여지가 없다! 그는 이전에는 싫어했고, 타오르미나 직후 혹은 이후에 그는 준비 없이 급락하여 모든 것을 참주처럼 결정하게 되었다. 4년 이후 그는 촌락을 폐허로 만들었지만 영원히 손상을 입히지 못했다는 것에 무지막지한 분노를 터뜨렸을 때 자신의 맹세를 지켰다.

한때 산토 스테파노(Santo Stefano) 공작의 붕괴되어가는 궁전 또한 이 마을의 서쪽 끝에 있다. 그러나 거기서 볼 것은 헝클어져 있지만 상쾌한 정원과 이전의 주인이 연인에 대한 사랑을 유창하게 말했던 깊은 우물과 치장 벽토 위의 거무죽죽한 모자이크에 오래된 때가 엿보이는 궁전 아래의 황량한 방밖에 없다. 한쪽 모서리에는 깊이 약

30인치에 지름 2피트의 모르타르를 바른 구덩이가 있다. 관리인은 고대의 목욕탕과 같이 간단한 것을 이해하지 못하는 것을 업신여기며, 자신이 사치품을 사용할 수 있지만 경제적이기 때문에 스파르타의 미덕을 갖춘 사람들이 채택한 이론을 철저하게 이해하고 있다는 우월한 분위기를 풍긴다.

이 외에 아무것도 없다! 핵심은 팔레르모이다. 건물과 관문을 분리하는 시칠리아인의 독특한 취향 때문에 공작은 기둥머리에 이를 남겨놓았고, 마을의 다른 쪽 끝에 있는 극장에서 가차 없이 벗겨낸 그리스와 로마의 대리석은 대개 볼 수 없다.

그러나 대리석을 볼 수 없지만, 대리석을 가져온 극장은 볼 수 있다. 길에서 코르소는 항상 사람와 동물의 만화경이었다. 여기서 사람은 고삐로 큰 말을 잡고 있는 반면에 그의 아내는 지친 짐승에게 따뜻한 음료와 빵, 야채, 염소젖으로 만든 영양분이 많은 수프를 주기 위해 검은색 수프용 쇠주전자를 들고 있다. 저기에 어리둥절한 늙은 고양이가 그늘진 문 앞에서 새끼 고양이를 핥고 있는 반면, 오래된 닭은 적절히 일이 진행되고 있는지 살펴보는 데 흥미가 있는 것처럼 보인다. 고양이와 고양이 새끼와 개는 일상적인 적의를 무시하고 서로 뒤범벅이 되어 누워 있으며 이는 사자와 양의 우화를 떠올리게 한다.

색다른 옷을 입은 농부가 피아나에서 방문객을 쳐다보며, 골동품 상인은 산들바람이 즐겁게 당길 때마다 달그락거리는 자신들의 '고대의' 도기를 광고하면서 벽의 작고 검은 구멍에서 느긋하게 방문객을 부른다. 『베데커』 여행안내서를 보면서 시칠리아를 지나가는, 가득 짐을 실은 관광객들은 말 그대로 경황없이 목을 길게 빼고 두툼

하고 작은 빨간 책을 요란하게 참고하면서 지나가서, 이 땅에서는 평온함이 핵심적이며 누구도 사실 그가 아무 것도 모른다는 것을 실토하고 싶어 하지 않는다는 것을 모른다. 살수차가 삐걱거리며, 물품이 아직 모두 팔리지 않은 행상인은 우렁차게 "아-아-아르—카—치오-오-오—피-이-이-이!"라고 소리치며, 그 뒤에 대성당의 차임벨 소리가 부드럽게 울려와 멋진 시간이라는 것을 알려준다. 이젤과 스케치 도구를 가지고 온 예술가들은 타오르미나가 자랑할 수 있는 유일한 폐허인 극장 뒤에 자리를 차지한다.

산산이 부서진 극장에서 그리스 시절의 영광을 되살릴 수 있는 것은 거의 없다. 왜냐하면 이 극장이 서 있을 때 이 극장은 로마의 폐허였기 때문이다. 정복자들은 이 섬 전체에 원형경기장을 건설했지만, 거의 모든 경우 극장은 이전의 건축물을 확장 혹은 개조했을 뿐이었다. 여기 타오르미나의 건물은 로마인들이 무대에서 무엇을 했는지를 완벽하게 보여주며, 보존 상태가 완벽하다. 이 극장은 자연 그대로의 바위의 큰 부분을 잘라낸 것이며 지름이 357피트로 측정되는 반면, 구덩이나 오케스트라의 지름은 115피트 이하이다. 무대 자체는 꽤 좁고, 경기장이 넘칠 때 사용되는 아치형 채널이나 물이 아래로 지나갈 통로가 있다. 왜냐하면 타락한 로마인들이 그리스 드라마보다 해군 전투를 선호했기 때문이다. 무대 뒤에는 그들이 세운—초기의 더 비용이 많이 드는 대리석 대신에 평평한 붉은 벽돌로 된— 2층 높이의 벽이 있고, 이 벽의 코린트식 화강암 기둥 네 개는 창틀의 일부와 함께 장식을 보여주기 위해 다시 건설되었다. 바로 뒤에 무대의 입구가 있고, 우측과 좌측에도 입구가 있다. 그리고 중앙에는 벽에 거대한 틈이 있고, 이곳은 한때 세 번째 혹은 중앙 입구였다. 각 측면에 석상이 있는 벽감이 있고, 무대의 각각의 끝부분의 측면 벽에 배우의 분장실이 있다. 객석에 남아 있는 것은—로마인들이 추가한 상부구조물은 사라졌다— 좌석이 쐐기와 같은 형태로 아홉 개의 부분으로 나누어져 있었다는 것을 보여준다. 그리고 구조물은 파괴되었지만 음향은 완벽했다. 무대에서 살짝 말해도 좌석의 가장 먼 윗층까지 명확하게 들을 수 있다.

제일 위층 좌석으로 올라가려면 작은 꽃이 총총한 잔디와 잡초를 지나가야 하며, 이 길엔 시간의 상처가 뒤덮여 있다. 그리스인과 로마인과 사라센인이 이전에 즐겼던 자리에 앉았을 때, 기억이나 아래에 펼쳐진 놀라운 파노라마에 황홀감을 느끼지 않은 사람에게는 이곳은 사실 춥다. 오른쪽에, 따뜻한 갈색의 불변의 언덕의 층층에 사라센으로 보이는 성의 문장이 군대의 분위기를 엄정한 아름다움에 덧붙인다. 그 아래에 타오르미아의 지붕과 첨탑, 도로와 꾸불꾸불한 벽이 혼란스럽게 이어진다. 모든 창조물 중에서 가장 위대한 풍경 중 하나를 통해 에트나는 하늘과 땅을 가르며, 에트나의 발은 아래에 완만하게 경사진 농지의 엷은 안개 속에 있고, 에트나의 장대한 가슴은 봄 오후 구름 가운데 사라졌다. 그리고 무한한 곳, 노래와 이야기의 이오니아 해(Ionian Sea)에 도달하여 다른 날들의 사라진 영광에 대해 속삭이는 장송곡을 웅얼거린다.

15

도시의 옛 모습

포도밭과 올리브밭을 통과하여 여름에 먼지투성이지만 겨울과 봄의 홍수에 대비해 양면에 무겁게 벽을 두른 넓고 물이 얕은 곳, 건조한 강과 피우미(Fiumi) 호수를 지나 타오르미나에서 메시나 (Messina)까지 열차가 위험할 정도로 빠른 속도로 급하게 간다. 이제 언덕이 뚜렷하고 가파르게 솟아올라 있으며, 뒤얽힌 숲을 통해 반짝이는 반딧불처럼 셀 수 없는 작고 연기 나는 터널로 우리는 돌진한다. 산허리 위에 오래된 묘지가 아래로 보인다. 엄청나게 먼지가 쌓인 오래된 비둘기집들이 녹초 가운에 버려져 있다.

이제 마을이 나온다. 이상하고, 색다르고, 역한 냄새가 나는 어촌, 알리(Ali)이다. 이 마을의 독특한 냄새는 창문을 닫아도 퍼진다. 모든 집은 분위기, 특성, 보기 흉한 차이점이 있다. 더 멀리 염소 무리—염소 중에서 가장 큰 무리—가 해안을 따라가는 길에 쉴 새 없이 우적우적 씹어 먹으며, 우리가 시끄럽게 지나가고 방해받지 않고 구절(fetlock)*까지 찬물에 들어가 걸어가며, 해초를 먹고, 소금기 있는 맛

---

* 말굽 바로 윗부분 뒤쪽 돌기.

메시나(Messina)—"도시의 옛 모습!"

있는 음식에 쪼그랑 할머니 같은 머리를 흔들거린다. 이들의 우유에 얼마나 풍미가 있는지! 그러나 레기오(Reggio)에서 스트레이트(Strait) 까지 거대한 카페리 스킬라가 빠르게 움직이면서 염소들은 잊혀졌다. 왜냐하면 이탈리아 해안의 광범위한 곡선을 따라 북쪽으로 6마일 떨어진 곳에 스킬라 자신의 험악하고 으스스한 바위가 회갈색의 철 해안을 배경으로 웅크리고 앉아 있었기 때문이다.

초기 헬라스 전설에서 유명한 괴물인 스킬라와 카리브디스는 투키디데스가 우리에게 이야기한 키메(Kymé)의 해적들에게는 두려운 것이 아니었다. 이들은 사람들이 이용했던 가장 훌륭한 자연 위치 중 하나인 잔클(Zankle)로, 이후에는 최초로 메시나에 정착지를 수립한 자들이었다. 이곳은 산들이 뚝 떨어져 있고, 물 근처에는 작은 언덕만 있었다. 이 마을이 세계에서 가장 좋은 항구가 빛나기 전에, 시칠리아 그리스인들이 단클론(Danklon) 혹은 잔클이라고 부른 원형 낫과 같이 커다란 원형 만이 낮고 모래가 많은 길쭉한 조각으로 가려져 있었다. 이곳은 동양과 서양이 만나서 하나가 되는 자연스러운 상업의 중심지였다. 전략적으로 이상적인 위치였고 상업과 사회의 중심이었다.

이 도시는 항상 유명한 도시였다. 이제 우리는 해적의 고향, 카르타고의 사냥감, 마르메티노(Mamertine)의 산적(bandit) 중심지, 돌격하는 노르만인의 첫 번째 영광스러운 정복지라는 역사의 진홍색 페이지에서 이 도시를 본다. 세상의 왕들이 불가능한 것과 얻을 수 없는 것을 쫓아 지나친 것처럼 십자군들은 부를 자랑하며 무릎에 부어 넣었다. 이제 우리는 참주, 부재 군주의 먹이로, 특권을 퍼부은 왕이 좋아하는 곳이라는 이야기를 듣는다. 이제 앙주의 샤를(Charles of Anjou)이 저녁 예배 이후에 바이런(Byron)의 아시리아인처럼 메시나를 벌할 때 본토의 급습에 대해 시칠리아를 보호했다는 이야기를 듣는다. 이 도시에서는 모든 사람이 병사가 되며 모든 여성—자신들의 운이 좋지 않은 자매들뿐만 아니라 편안함과 부유함에 익숙한 여성들—이 노동자가 된다. 시칠리아에서는 다음의 노래가 여전히 인기가 있다.

Deh com' egli è gran pietate
delle donne di Messina,
veggiendo iscapigliate,
portando pietre e calcina!

"오, 돌과 분필을 나르는 메시나의 여성들을 보라, 얼마나 안타까운가!"

메시나에 재앙을 불러온 것 중 하나는 에트나와 베수비우스의 1차 및 2차 형성 사이의 접촉선에 메시나가 위치하고 있다는 것이었

다. 여기는 지진의 충격이 가장 격렬하고 빈번하다. 그리고 지난 2세
기 동안 포위 공격, 화재, 침수, 콜레라, 흑사병, 지진과 같은 도시에
들이닥칠 수 있는 모든 불운이 들이닥쳤다. 그러나 이로 인해 방문이
어려워졌지만 이 도시는 위대했고 굽히지 않았고, 모든 파국으로부
터 영웅적으로 다시 시작했다. 시민들의 영웅적인 정신뿐만 아니라
상업에서도 위대했다. 비극적인 이야기에도 불구하고 최근에 이 도
시는 먼지가 자욱한 상업 도시였으며, 정신을 자신의 사업으로 두드
러지게 설정하고 영업시간 동안에는 영업에만 주의를 기울였다.

그러나 저녁에는 전체 마을이 문 밖으로 나와 빽빽하게 군중이 모
여 피아자 디 무니시피오(Piazza di Municipio)에서 밴드 콘서트를 듣는
다. 이들은 검은 이탈리아 궐련을 뻐끔뻐끔 피우는 근엄하고 존경할
만 한 선생들, 멋진 보석을 팔에 차거나 뒤뚱거리는 뚱뚱한 아내들,
방탕하게 모자를 쓴 젊은 남성들과 페티코트(petticoat)*에 전문가의
판단의 장난기 어린 분위기가 나는 가족의 딸들, 얼굴이 자신의 특성
을 배반하거나 혹은 특성이 결여된 게으름뱅이, 이러한 야외 콘서트
가 한 주의 여흥거리인 근엄한 가족들, 그리고 흡연자에게 담배꽁초
를 큰소리로 간청하는 것처럼 보이는 장난스럽고 작은 부랑아들이
다. 그러나 군중은 바로 이탈리아인이며, 매우 좋은 성품을 갖고 있
고, 매우 빈둥거리며 기뻐한다. 부지런한 악대원을 제외하고 무위의
즐거움이 지배하며, 모든 사람들이 자신의 방식으로 즐겼다.

18세기에 스트레이트의 깨끗한 물을 따라 넓고 멋진 산책로에 라
팔라자타(La Palazzata)라는 이름이 붙었다. 왜냐하면 위엄 있는 고귀

---

* 여성용 속치마.

함의 작은 저택은 전체 길이가 정렬되어 있으며 각 궁전의 높이, 양식, 건축방법이 이웃과 동일했기 때문이다. 그러나 도시로 상업주의의 정신이 슬그머니 다가왔다. 오만한 귀족들은 불의에 쓰러져 죽었다. 이들의 궁전은 상점, 호텔, 가게가 되었다. 옛 영광은 빠르게 사라져갔고, 저속한 모방이 새로운 영광이 되었다. 팔라자타의 화려함은 산과 정유를 제조하기 위해 망친 레몬 통이 부두를 채우도록 무역이 활발히 확대되기 이전에 시들해졌다. 메시나에 바로 이런 분위기가 가득 스며들었고, 금으로 변한 과일의 신랄한 본질을 떠올리게 되었다.

그러나 이것이 끝은 아니다. 팔라자타—안녕, 메시나—는 수 세기 동안 최고의 불운에 빠지게 될 운명이었다. 베수비우스 관측소의 페렛(Perret) 씨가 정확하게 예측한 끔찍한 지진이 1908년 12월 28일 아침에 도시를 때리는 동안 도시는 잠들어 있었다. 지구는 다시 뒤흔들리는 오래된 카펫이 되었고, 소름 끼치게 벗겨지고, 찢어지고, 갈라지고, 폭음을 내며 폭발했다. 바다가 멀어지고 물의 산들이 쌓이고, 해변이 발가벗겨졌다. 지하 세계의 잔인한 신들이 웃었다. 그들은 바다와 파도를 신의 번갯불처럼 더 높이 쌓아올렸고, 인간의 경솔함에 대해 대가를 받기 위해 이를 무력한 마을에 저항할 수 없도록 내던지고 거품을 일으켰다. 궁전과 호텔, 상점과 교회는 흔들려서 심하게 부서졌고, 이것들의 잔해에 도시의 절반이 파묻혔다. 이 도시에서 약 77,283명의 사람들이 죽었다. 파국 앞에 인간은 겁에 질렸고, 너무 엄청나서 지성으로는 이 공포의 중요성을 포착할 수 없었다. 그리고 마지막 구제 작업이 완료되고 최종 보고서가 작성되었을 때, 스트레이트의 양쪽—시칠리아뿐만 아니라 칼라브리아

(Calabria)—에 대한 에트나의 피해는 20만 명으로 증가했다.—거의 백만 명의 1/4 수준이다!

메시나는 수면과 기도, 울음과 저주, 무의식과 공포로 인해 마비되었다. 메시나는 영웅적인 도시가 이제까지 알지 못했던, 가장 소름끼치는 재앙의 지독한 잔인함으로 사망했다.

1098년에 건축되어 로저 왕에 의해 완성된 대성당은 도시의 불운을 함께 나누었다. 지진과 화재 그리고 복구전문가의 더 파괴적인 조치로 인해 로저 왕의 건축 계획과 비슷해지기 훨씬 이전에 약탈을 당했다. 그리고 땅의 신들은 건축물을 존중하지 않기 때문에, 도시의 가장 흔한 오두막처럼 이를 파괴해버렸다. 대성당의 거대함과 화려함도 공동의 운명에서 이를 구하지 못했다. 금 세공인의 작업과 조각과 예술 작품과 같은 보물들도 구하지 못했다. 그러나 대성당은 쓰러졌지만 불굴의 시민들은 뒷걸음치지 않았다. 그들은 무너지고 어리벙벙했지만, 그들이 처음 세운 건물 중 하나는 새로운 기도의 집이었다. 거친 판자를 허둥지둥 두드려서, 희망과 믿음의 승리의 상징을 확고하게 고정시켰다. 비참한 교회는 도전이 패해했고 명예가 승리했다는 정신에 대해 극적으로 이야기했다.

이 도시는 이제 어울리는 교회들이 있는 65,000명 이상의 대도시로 새로 성장했다. 더욱이 사람들의 상업 정신이 즉각 역설되었고, 수출이 지연 없이 시작되었다. 파괴된 건물과 꺾인 희망의 혼돈으로부터 일어선—약간 더 남쪽에 그리고 약간 더 안쪽 섬에서— 새로운 메시나에는 적어도 안전 수단이 있다. 이 도시는 대개 목조 도시이다. 건물들의 높이가 제한되었고, 벽돌로 지어진 부엌 이외에는 불이 허용되지 않는다.

미국의 구조 작업은 특히 우리에게 흥미롭다. 방 두 개와 부엌 한 개의 집 1,336채 정도가 미국인들과 미국의 자재와 자본으로 새로운 메시나에서 레지오 디 칼라브리아의 스트레인트에 걸쳐 5백 개 이상 세워졌으며, 전체 1836개이며 12,000명 이상을 수용할 수 있다. 각각의 가족은 엘레나 여왕(Queen Elena) 자신이 승인한, 엄격한 공공 안전 및 위생 규칙을 추방을 각오하고 준수해야 한다. 뽕나무로 그늘이 지는 낮고 흰색 미늘벽 판잣집은 확실히 뉴잉글랜드 마을의 외양을 갖고 있다. 이 외에 미국 자금으로 75개의 방과 13개 혹은 14개의 욕실이 있는 호텔을, 350명의 사람들이 예배를 드릴 수 있는 교회를, 각각 80명의 학생들 돌볼 수 있는 학교를, 설계 및 건축에 현대 위생 기술의 가용한 모든 자원이 채택된 엘리자베스 그리스콤 병원(Elizabeth Griscom Hospital)을 지었다. 이 병원은 흰색 벽에 적색 지붕으로 산허리에 높이 서 있으며, 만에서 보는 풍경이 매력적이며, 창문은 그 자체로 강장제인 광범위한 풍경을 보여준다.

도시의 몰락에 이어 공포가 지배하는 동안, 화재와 눈, 비, 역병이 이미 넘쳐흐르는 비극으로 인한 고통에 더해졌다. 그러나 영국, 미국, 러시아, 프랑스 수병들은 폐허에서 떨어지는 위험이나 매장하지 못한 수천 개의 시체의 악취에 아랑곳하지 않고, 이탈리아 동포들이 상처 입은 사람을 구조하고 죽어가는 사람을 살리는 것을 돕기 위해 영웅적으로 수고했다. 빅터 엠마뉴엘레 왕(King Victor Emmanuele) 자신은 편안함과 개인의 안전을 무시하고 현장에 급히 와서 구조 작업을 감독하기 위해 생명의 위험을 무릅써서, 멋진 용감함과 이재민에 대한 풍부한 지원을 마다하지 않았고, 이 덕분에 국가의 사랑을 받았다. 그러나 왕뿐만 아니라 그와 함께한 엘레나 여왕도 매일 폐허와 씨름했고 어려움과 위험에 맞섰으며, 자신의 손으로 부상자와 사망자를 도와주었다. 모든 이탈리아가 일어나 그녀를 축복했다. 그들은 그녀에게 새로운 이름을 주었다. 그녀는 더 이상 단순히 레기나 디탈리아(Regina d'Italia)—이탈리아의 여왕—가 아니라 레기나 디 피에타(Regina di Pietà)—연민의 여왕—가 되었다.

16

북쪽 해안

메시나에서 서쪽의 팔레르모로 가는 북쪽 해안을 따라가는 모든 발자국들은 역사적인 관심에 따른 것이었다. 현재 로메타(Rometta) 역 위에 가파른 절벽 중에서 가장 높은 절벽에서 기독교인들이 침입하는 사라센인에 맞서―827년에 섬에 들어왔을 때부터 965년까지― 싸웠다. 로메타는 마지막으로 함락된 곳이었다. 암석 해안을 따라 약간 더 가면 섹스투스 폼페이(Sextus Pompey)가 메시나에서 16마일 떨어진 밀라조(Milazzo)에서, 기원전 36년 나우로쿠스(Naulochus) 전투 당시 아그리파(Agrippa)에 의해 전멸을 당했던 곳인 고대의 밀래(Mylae)가 있다. 이곳은 메시나의 최초의 식민지였고, 수세기 동안 번화한 시간을 보냈다. 이곳의 역사에서 가장 큰 사전은 가리발디가 나폴리인들에게 거둔 승리였고, 이로 인해 이 도시는 증오했던 부르봉의 규칙에서 자유로워졌다.

이 기차는 피유마레(fiumare)를 지나 피유마레를 넘어 달리며―여름에는 강바닥이 건조하며, 겨울에는 급류가 돌진한다.―낮고 덥수룩한 덩굴이 광범위하게 퍼져서 준비가 다 된 포도밭이 철로 옆에 뻗어 있다. 그리고 엔진이 새된 소리를 지르며 디오니시우스 1세가 세

"팔레르모 고속 선 차장에서 바라본 첼라푸."

운 그리스 식민지 틴다리스(Tyndaris)가 세워진 벼랑을 통과하여 타다 남은 재 같은 구름으로 우리를 데려간다. 이 마을은 우리가 뚫고 가는 검은 구멍으로부터 900피트 위에 세워져 있다. 그리스인은 기차, 즉 그리스인들이 뚫을 수 있을 것이라고 꿈도 꾸지 못한 단단한 바위를 돌진하는 검은 벌레를 통해 이처럼 세차게 부딪치고 휘어지는 느낌을 알 수 있을 것이다. 더 많은 터널들이, 또 다른 곳이, 그리고 집에 있는 과수원을 생각하게 하는 즐겁고, 개방적이며, 명랑한 국가가 빠르게 따라온다.

카로니아에 도착할 때까지 어두운 시대에도 불구하고 여전히 생명을 유지한 그림처럼 아름다운 마을, 서양협죽도의 숲, 뭉개진 오래된 로마의 다리, 중세의 성이 급속히 지나간다. 거의 2,600년 전에 칼레 악테(Kalé Akté)—아름다운 해안—라고 불린 시켈 정착지는 내륙에서는 여전히 자유롭지만 그리스에 흡수될 자신의 나머지 백성들을 구원하기를 바랐던 야심적인 지도자 두세티우스(Ducetius)에 의해 세워졌다. 그러나 한 번의 패배가 이러한 토착민의 반란을 진압했고, 444년 두세티우스의 사망으로 인해 시켈의 독립의 희망은 사라졌다. '아름다운 해안'은 지금 칼락테(Calacte)가 가장 평범한 이름의 시칠리아 마을이 될 때까지 시들해졌고, 철저한 망각 속에서 구해질 때까지 기억 속에만 있었다.

그다음 우리는 먼지, 거지, 대성장으로 유명한 세팔루(Cefalù)에 도착한다. 그리고 먼지나 탁발에 대해 변명하지 않는다. 왜냐하면 이 도시는 번화한 상업 및 제조 도시이며 도시를 깨끗하게 유지하고 거지를 몰아낼 자원이 충분히 있기 때문이다. 이 도시의 이름은 위치에 대해 이야기해준다―그리스어로 케팔레(Kephalé)는 머리를 의미한다. 즉 이 경우에는 벼랑이다. 그리고 오래된 시켈 시가 바다로 직선으로 나아가며 높이가 1200피트 이상인 거대한 튀어나온 곳의 산마루를 차지하고 있었다. 이 고도에서―이제 뭉우리돌과 암설을 타고 올라 도착하는 데 70분이 걸린다.―시켈 사람들은 안전한 도시를 건설했고, 바다로 명확하게 연장되는 크고 무겁고 총안이 있는 흉벽이 주변에 뻗어 있었다. 흉벽의 일부는 여전히 상태가 좋다. 확실히 수세기 동안 흉벽이 계속 다시 복원되었다.

머리는 지금 벗겨져 있으며―흙에 눈이 덮혀 있으며 소량의 잔디만 있다.― 연대가 불확실한 건물이 우뚝 솟은 장소를 지배하는 다른 집단을 증명하기 위해 남아 있다. 그리스인들이 여기를 인수한 이후에, 이곳은 섬의 북부 해안의 서쪽 전초지로 중요했다. 여전히 서 있는 작은 폐허는 시켈의 건물 중 하나로 보이며 독특한 구조를 가지고 있고 많은 관심의 대상이다. 이 건물의 일부인 거대하고 불규칙한 돌들은 최초의 형태를 보여주는 반면, 깔끔하게 절단되고 모양이 잡힌 벽돌은 그리스인의 복원을 보여준다. 이 높이에서의 조망은 모든 것을 아우른다. 서쪽으로 40마일 거리에 팔레르모 위에 솟아 있는 펠레그리노(Pellegrino), 한때 에올루스(Æolus)의 바람 센 섬이었던 북서쪽의 바다로 직선으로 이어지는 리파리(Lipari) 섬의 황량하고 검은 불 봉우리, 그리고 우리 뒤에 농장과 포도밭으로 뒤섞여 완만하게 굽이치는 비옥한 지역, 바위투성이의 봉우리에 세운 일련의 마을들, 안개 낀 구름 속에 울퉁불퉁한 구멍이 상단에 찢어져있는 산들이다.

푼토 델라 칼다라(Punto della Caldara)가 가까운 거리에 있는데, 이곳에서 튀루스(Tyre)와 시돈(Sidon)의 기민하고 교활한 상업에 대한 본능이 충만하여 자손들은 싸우지 않고, 자신들의 빈약한 선박을 해변으로 끌어올렸고, 시켈 토착민에게 물물 교환을 배우게 했다. 토착민이 흙벽에서 거무스름하고 검은 수염의 가나안 사람의 시장에 대해 훌륭한 시각으로 바라보았다는 것은 의문의 여지가 없다. 그리고 그때까지 그들은 튀루스의 왕권, 서쪽 저 멀리 타르쉬시(Tarshish)의 금, 유리와 장신구를 보여주고자 하는 유혹에 빠져 있었다. 페니키아인들은 이들에게 어떻게 만들고 팔아야 하는지를 알고 있었다.

우리가 황량한 높이에서 내려왔을 때 비가 오기 시작했다. 마을의 몇백 야드 내로, 우리는 나이든 이탈리아 소작농의 집을 지나갔다. 그는 황마로 벽을 만든 집 속에서 조용히 앉아 있었다. 그의 억센 아내는 부엌에 서 있었으며, 남편의 사발에 녹색 양파로 가득한 수프를 너저분하고 으르렁거리는 늙은 염소에게 주고 있었으며, 카우들 씨(Mrs. Caudle)의 방법을 따라 때때로 점잖은 철학자를 격렬하게 공격하여 기분 전환을 했다.

1129년에 로저 왕이 이탈리아 본토에서 돌아왔을 때—통제하기 어려운 남작들을 온순한 수준에 이르게 하기 위해 갔었다.— 그의 선박이 때때로 지중해에 사납게 휘몰아치는 사나운 폭풍에 압도되었다. 왕은 크게 놀라서 그리스도와 12제자를 기리는 교회에 자신과 동행자들이 해를 입지 않고 지상에 도착하게 해달라고 서원했다. 배는 세팔루로 향했고 모든 사람이 안전하게 해안에 도착했다. 2년 후에 로저 왕은 벼랑의 기슭에 마을을 세워서 자신의 서원을 이행했고, 그리스가 거대한 도리아 양식의 사원을 건축한 이후 가장 장엄한 성소를 시칠리아에 세우기 시작했다.

"어떤 이는 로저 왕이
이 눈부신 성당에서
얼마나 훌륭하게 서약을
이행했었는지에 대해
언급한다."

이 건물에 적합한 유일한 단어는 굉장하고 거대하다는 것이며, 정면을 세운 엄청나게 잘라낸 돌들은 여기에 한때 노르만 건축가에게 자신의 사원을 구축할 수 있는 토대를 제공했던 고대의 성채가 있었다는 것을 나타내는 것처럼 보인다. 쌍둥이 첨탑, 얽혀 있는 아치의 솜씨, 둥근 머리의 현관—특히 주목할 만한 가치가 있다— 이 모든 것은 북부 프랑스 건축가의 멋지고 일관된 재능을 보여준다. 사실로저 왕처럼 노르만 사람들도 시칠리아 환경에 철저히 적응했다.

내부에서는 로저 왕이 자신의 서원을 어떻게 이행했는지를 알게 된다. 자신의 종교를 진지하게 자신과 일상생활의 통합된 부분으로 삼은, 열심히 살고, 열심히 싸우고, 열심히 경배하는 영혼들에 의해 기적이 일어났다! 대성당의 본체는 평범한 흰색이었고 일반적으로 황량했다. 그러나 성당의 상층 행랑에 놓인 번쩍이는 모자이크는 색상과 디자인을 쌓아올리지 않고는 세부적으로 설명할 수 없다. 그림의 색상은 거의 인상주의자인 예술가가 만들었고, 부드러운 그림자는 너무 섬세하여 경계선에 좀 더 원초적인 색조를 돋보이게 하는 데 사용되었다.

성단소의 바닥에서 지붕의 갈빗대는 섬세한 에나멜 작업의 일부로 보인다. 멀리 떨어져 서 있으면 디자인이 정체성을 잃어버리는 지점 이전까지는 환영이 좀 더 완벽해진다. 사실 보석세공 장인은 복잡하게 색상을 섞고 색조를 혼합하여 좀 더 조화로운 효과를 만들 수 있다. 그러나 대성당의 더할 나위 없는 놀라움—몽레알(Monreale) 대성당과 카펠라 팔라티나(Cappela Palatina)—은 아치형 천장을 채운 그리스도의 반신상의 엄청난 모자이크이다. 나머지 애프스를 장식하는 멋진 색상 유리 조각을 구축하여 아로새긴 보석처럼 보인다. 신의 머리에 대한 인간의 구상에 대한 영감이 무수하고 섬세한 면에서 번쩍인다.

그럼에도 불구하고 세팔루 대성당은 보는 사람에게 인상을 주는데 실패했다. 다른 두 곳에서도 도로 포장에서 지붕에 이르기까지 조화되지 않는 혹은 일관되지 않는 특색이 없어서 인상을 주지 못하기 때문이다. 여기 세팔루에는 주요 부분에 벗겨지고 거무죽죽한 석고 반죽—양성을 지닌 수상한 성인으로 장식되어 있고, 먼지와 거미줄로 덮여 있고, 사지가 빠져 있다.—이 대조를 이루어 너무 유별나게 눈에 띄어 진가를 알아보는 영혼에게 실망을 안겨준다.

세팔루의 해변은 대성당만큼 오래되었는데, 오래되어 보이는 흥미로운 선박이 흩어져 있다. 기이하고 오래된 펠러커 배, 통 배가 있으며 큰 키 손잡이로 젖는 선미가 잘린 술통 같은 소형 어선, 닻줄 구멍에 색칠된 눈이 노려보고 있고, 용골 대신 중앙 사이드보드가 있는 주먹코의 지벡. 그리고 이 섬의 어디에도 수많은 그리고 독특한 다른 유형의 선조들을 볼 수 없다. 얼굴이 검고, 수염이 검고, 페니키아인의 날카로운 눈을 가진 독특한 셈족 유형, 조각할 만한 그리스인의 순수한 얼굴, 사막에서 탄 자손과 골 이외에 저기 보이는 로마인. 이들은 바쁘고 번창해 보인다. 왜냐하면 이들은 모두 더럽고, 불결한 상태에 무관심하여 나쁜 냄새가 나기 때문이다. 더욱이 여기에 만족해한다. 이들의 어선은 청어를 수 톤씩 가져와서 최고의 정어리로 된 기름 캔으로 세팔루에서 나간다. 의복과 잡화 판매 다음에 마을의 주된 산업은 내가 보기에는 저렴한 향수와 신발류의 제조 및 판매로 보인다.

철로는 세팔루에서 서쪽으로, 솜엉겅퀴 경지와 진홍색 옻나무 들판 옆으로 달려가며, '당나귀 귀만큼이나 긴 세월'에 걸쳐 뾰족한 산울타리와 커다란 바늘꽂이가 모든 곳에 만들어진다. 왜냐하면 캠피펠리치(Campi Felici)가 있고, 농장에서 수고한 노동에 대해 풍부한 보담을 되돌려주어 비옥하여 행복한 들판이 있고, 그리고 아랍에서 수세기 전에 도입되어 양동이를 끊임없이 두레질 하는 커다란 나무 바퀴가 삐걱거리며 항상 웅얼대기 때문이다. 이들의 또 다른 수입품은 만나(manna)이다. 천사들의 봉우리의 경사—그렇지 않으면 지빌만나(Gibilmanna) 혹은 만나 산—에서 이 나무들이 아프리카와 아랍처럼 여전히 자란다. 사람들은 상당한 양의 껌의 삼출액을 모은다.

10마일 아래로 내려가면 히메라에 가게 된다. 여기에서 그리스 역사에서 가장 위대한 사건 중 두 가지가 일어났다, 하나는 영광스러운 승리의 전투였고, 다른 하나는 무시무시한 패배와 재앙이었다. 우수한 참주인 아크라가스의 테론(Theron of Akragas)는 기원전 480년에 자신의 사위인 시라쿠사의 젤론 참주와 카르타고인들을 패배시킨 첫 번째 전투 이후에 엄청난 수의 신체가 튼튼한 노예들을 확보했다. 하밀카르(Hamicar) 자신은 전투에 참여하지 않았지만 구릉 정상에 홀로 서서 전투를 감독했고, 그리스인들이 자신의 부대를 뒤로 몰고 가는 것을 보았다. 하루 종일 그는 기도했고, 헛되이 제물을 바쳤고, 저녁에 조직이 해체된 어중이떠중이보다 조금 나은 그의 군대는 허둥지둥 전장을 흘러나갔고, 그는 카르타고의 피에 굶주린 신들에게 최고의 희생물로 자신을 제단의 불에 던졌다. 하밀카르의 손자인 한니발 기스곤(Hannibal Gisgon)은 시칠리아의 그리스인들에 맞서 또 다른 전투로 보내졌고—이 전쟁은 실질적으로 계속되었다.— 그는 도중에 셀리누스(Selinus)를 격파했지만 그에게는 낭비할 시간이 없었고 서둘

"어떤 이는 로저 왕이 이 눈부신 성당에서
얼마나 훌륭하게 서약을 이행했었는지에 대해 언급한다."

러 히메라로 가서 자식으로서 복수의 정신으로 돌진했다. 바알(Baal)
과 아스타로스(Ashtaroth)는 할아버지보다 자신에게 더 자비로웠으며,
그는 지도에서 히메라를 지웠고, 운명이 정해진 도시에 문자 그대로
돌 하나 남겨두지 않았다. 하루가 끝날 때 그는 소페트 하밀카르가
71년 전에 자신을 바쳤던 바로 그 장소에서 신들에게 희생물―전투
이후에 살아남은 3천 명의 히메라 남자―을 바쳤다.

행상인이 외치는 소리와 이를 외치는 사람의 관계에는 무엇이 있
는가? 물품을 판매할 때 내는 소리에 행상인의 특성이 영향을 받을
수 있다면 행상인에게는 어떤 단어 혹은 명칭이 가까운가? 아니면
사물의 이름이 그에 해당하는 정신을 갖고 있다면 일종의 자연이 그
런 물건들만 본능적으로 선택하는가? 아마 막스 뮐러(Max Müller)는
이 질문에 대답할 수 있었을 것이다. 그러나 누구도 이 사실을 관찰

할 수 있다. 이는 특히 라틴 국가의 신문 배달원에게 적용된다. 패싱 테르미니(Passing Termini)—히메라의 뜨거운 봄— 신문이 막 나오고, 객실의 창에서 작은 친구들의 목소리가 음악적으로 길고 느리게 들려온다—"로-오-오-오-라! 로-오-오-오-오-라아아아…!" 이 외침은 『라이프(Life)』를 판매하는 외침과는 매우 다르다. 그는 날카로운 스타카토로 서창(레치타티보, recitative)*을 빠르게 반복하여 외친다. "라 비타-비타-비타-빗-빗-빗!" 가장 태만한 것은 시칠리아아를 갖고 있는 더 나이든 소년이다. 입을 잘 열지 않고 꿈꾸는 듯한 눈으로 명칭의 각 음절을 느리게 말하며, 이를 확대하고, 강조하고, 편하게 한다. 그는 c를 부드럽게 하고 l을 좀 더 흐르는 듯이 매끄럽게 한다.—"시이이이-시이이이이이이잉-일-리-아아아아아아!"

페니키아인이 수역의 모서리의 풍부한 평야의 가운데 그들의 가장 위대한 도시 파노르모스(Panormos)를 세웠던 시기에, 그들은 만의 우뚝 솟은 다른 쪽 바위의 가슴에 또 다른 도시를 세우고 이를 솔루스(Solus)라고 불렀다. 아마도 이는 히브리어 혹은 페니키아어로 바위를 의미하는 sela에서 유래했을 것이다. 이 도시는 경계구역의 요새였고, 셈족 상인이 침략하는 그리스인들에 대해 감시할 수 있는 감시탑이었다. 그러나 페니키아인의 권력의 절정이 사라졌을 때, 솔루스 사람들은 정복하는 로마인들을 초대했고, 그리하여 파괴된 것으로 보이는 메마른 폐허는 페니키아의 솔루스가 아니라 소마의 솔룬툼(Soluntum)이었고, 이 도시의 정체성은 사라져버렸다. 부동맥에 생명을 주입하는 권력을 넘어서 살아 있는 팔레르모와 죽은 솔룬토, 두

---

* 오페라 · 오라토리오 · 칸타타 등에 쓰이는 창법으로 선율은 아름답게 부르는 아리아에 대하여, 대사 내용에 중점을 둠.

개의 도시 사이에 존재하는 것보다 더 큰 대조를 상상할 수 없다.

"솔루스는… 가두리에 위치한 요새로, 그리스인들이 침략하는지 살펴보는 감시망이다."

솔룬토—이는 현대 이탈리아식 이름이다.—에 갈 수 있는 세 가지 방법이 있다. 첫째, 급속 기차로 바게리아(Bagheria)역으로 가서, 산타 플라비아(Santa Flavia)에 숙박한다. 이곳은 아티치타 디 솔룬토 (Antichità di Solunto)까지 걸어서 5분 이내이다. 두 번째로, 아니면 팔레르모에서 마차를 타고 간다. 각각 10마일 혹은 12마일 거리이다. 점심을 먹어야 한다. 마지막으로 여러분이 생기 넘치는 시간을 즐기겠다면 축제 때 바게리아에서 급속 기차로 간다. 기차 플랫폼에서 나올 때, 즉시 엄청난 농부와 마부(hackmen)의 무리의 가운데 있게 된다. 모든 사람들이 성난 미치광이(lunatic)처럼 행동하며 모든 쪽에서 여러분을 잡는다. 이런 일이 내게 일어났을 때 나는 이전에 배운 축구 전술을 활용하여 무리 중에 가장 두터운 곳으로 돌진한 뒤, 우아하지 못한 방식으로 도로에 내던져졌다. 모든 패거리들이 내 뒷꿈치에서 조롱하며 고함쳤다.

내가 앞으로 터덜터덜 갈 때, 기름칠을 하지 않은 바퀴의 삐걱거리는 소리를 들었고, 네 명이 불편하게 타고 갈 수 있는 마차의 운전자가 소리쳐 불렀다—다섯 명이 이미 그 안에 있었다.

"헤이—여기 타세요!" 그는 즐거워하며 불렀다. "어디 가세요?"

"바게리아로요. 저는 걷는 게 좋아요!"

운전사는 웃었다. 그리고 그의 요금도 인정머리가 없었다. "바게리아로 걸어가려면 아주 멀어요. 시칠리아를 모두 돌아요!"

나는 멈춰 섰다. 그가 계속 말했다. "하지만 솔룬토에 가고 싶다면

3리라에 태워줄게요. 거기서 바게리아로 걸어갈 수 있어요."

"하지만 지금 역마차가 가득 차 있네요." 내가 반대했다.

"절대 안 돼요! 여기에 공간은 많아요. 이리 와요. 3리라를 줄 수 없다면 2리라에 태워줄게요."

불편하게 들어찬 다른 승객들 중 점잖은 젊은 농부가 나를 위해 공간을 만들어주었고 우리는 최고 속도가 걷는 속도인 반쯤 굶은 말 뒤에서 천천히 삐걱거리며 갔다. 비누 상자 모양의 커다란 갈색 빌라 때문에 한쪽으로 가는 길이 구부러졌다. 선사시대의 돌 유적처럼 보이는 진흙 구덩이에서 신선한 야채의 새싹이 자라났다. 건조한 벽돌과 푸석한 지푸라기로 가득 찬 목초지에서 일하는 벽돌공을 보았다. 길은 돌고 굽이쳐, 아티치타 디 솔룬토에 가까워질 때까지 천천히 유랑했다. 방문객들은 숙박시설에서 멈춰서 점심을 먹고 관리인이 판매하는 쓴 적색 포도주를 살 수 있었다. 역마차 뒤에서 불길하게 갑자기 기울어져 모든 사람들이 뭔가를 잡았다. 그러나 즐거운 목소리가 우리를 안심시켰고, 구알테리오의 밝은 얼굴이 후미판 위에 희미하게 보였다.

"여기에요!" 그는 기쁘게 소리쳤다. "제가 필요하면 지켜보세요."

나는 좀 어렵게 기어서 나갔고 모든 사람이 웃었지만 운전사는 그러지 않았다. 그는 2리라 대신 4리라를 요구했다. 갑자기 구알테리오가 이 상황을 지배했다.

"가세요. 내가 그에게 지불할 겁니다!" 그리고 그는 동료에게 가서 도둑과 죄수의 완벽한 혈통에 대해 열렬히 설명하고 2리라를 던져주고는 다시 출발하게 했다.

솔룬토로 올라가는 길은 훌륭하게 포장되어 있지만 로마인들이 군대의 공수로를 위해 놓은 불규칙하게 매끄럽고 큰 벽돌이 있었고, 급작스러운 산허리에서 모든 각도를 활용하도록 구부러져 있고, 가시투성이의 배나무 덤불 사이로 바람이 불고, 그라나다(Granada)의 긴 경사를 흘러내려오는 작은 운하에 속삭이는 메아리가 웅얼대는 레몬 숲 사이의 작은 관개수로를 지나갔다. 양쪽의 도로의 윗부분에 분해된 기둥, 석상, 벽기둥의 조각, 대리석 벽돌이 깔끔하게 쌓여 있었다. 시대를 분간하기 어려운 몇몇 건물의 토대와 나란히 있는 넓은 거리, 이와 유사하게 황량하며 거의 정확한 각도로 가로지르는 반 다스의 거리, 고고학자가 세운 김나지움이라고 불리는, 더 나은 제목이 필요한 삼각형의 구조물, 그리고 여기저기 모자이크 인도와 벽 장식으로 도시의 유적 자체는 만족스럽지 않고 빈약하다.

사실 1825년에 구릉 중턱을 파던 농부가 훌륭한 대리석으로 된 가지 달린 촛대를 출토하기 전에는 사라진 솔룬툼의 정확한 위치는 아무도 몰랐다. 이 촛대의 풍성함은 로마의 기원을 두고 있다는 것을 보여주며, 작은 아폴론과 이시스의 조각상도 있었다. 솔룬툼이 발견되고 고고학자들은 이를 파헤치기 시작했다. 솔룬툼은 폼페이를 강하게 연상시키지만 폼페이에는 훨씬 더 흥미로운 것이 그 속에서 발견되었다. 그러나 솔룬토에게는 풍경과 탁월한 파노라마가 있다.

언덕의 기슭에서 구알테리오—그는 축제를 위해 팔레르모에서 왔다.—는 나를 지나가는 경장 이륜마차로 밀어 넣고 바게리아로 보냈다. 여기서 가장 흥미로운 것은 팔라고니아(Palagonia) 왕자의 자산이다. 대문의 모든 면에 두 개의 이상하고 오래된 난쟁이(놈, gnome)*가 대리석 받침대에 설치되어 있고 굉장히 바뀐 사라센 의복을 입고 있었다. 수석 정원사의 아내는 이 트롤(troll)이 너무 끔찍해서 무단침입자뿐만 아니라 '다른 악령'을 놀라게 한다고 말했다. 그녀는 악령의 이름을 말할 때 열심히 성호를 그었고, 이 악령들은 바게리아를 너무 좋아하여 왕자가 조심했다고 말했다.

울퉁불퉁한 정원에 움푹 들어간 벽은 하인들의 거주지로 사용하기에 충분히 넓은 장소였다. 사실 그들은 벽에 장식된 형상 아래에서 쉬려면 용감해야 한다. 미친 후원자의 명령으로 미친 조각가가 돌에 장식한 것 같은 기이한 악령의 동물들이 모여 있었다. 세월과 기후로 검게 된 기괴한 피리 부는 사람, 트롤, 기사, 신사, 숙녀, 요정, 원숭이, 용, 꼽추, 고양이, 수탉, 악령을 표현하기 위한 것들, 천사와 케루빔의 여러 종류의 파편, 동정녀, 왕자의 후원 성인이 서 있고, 뛰고, 걷고, 날며, 자세를 취하고 있다.

내가 방문하기 며칠 전에 어떤 사람들이 큰 바람이 몇몇 인물들을 엉망으로 만들어놓았다. "에크!" 정원사의 아내가 앞을 지적하여 설명했다.

가장 경건한 마리아의 벽에서 그녀의 손은 색이 바란 청색 가슴에 겹쳐져 있고, 그녀의 머리에 서 있는 댄서를 슬프게 응시하고 있었고, 어깨는 더러운 흙에 거의 묻혀 있었다. 불변의 동정녀가 세상에 내려왔을 때 뒤집어져 있다면 얼마나 겁에 질려 있겠는가!

"놀랍지요. 그렇지 않나요?" 내 가이드에게 물었다.

---

* 놈에 속하는 요정으로 드워프, 고블린, 피그미, 브라우니 등이 있는데 대체적으로 키가 작은 것이 특징이다.

"오, 스파벤토사(spaventosa)! 언제 벽에서 제자리에 다시 갖다놓으실 건가요?" 내가 물었다.

그녀는 슬프게 머리를 흔들었다. "몰라요. 아마도 아닐 걸요. 왕자는 타락한 여성에 대해 신경 쓸 만큼 부유하지 않아요!"

바게리아에는 동일한 종류의 '겁을 주는 악마'가 있는 텅 빈 다른 집이 있었다. 하지만 죽어 있는 연기자보다는 살아 있는 연기자를 선호했다. 축제를 기다렸다. '페스타 디 산 기우(Festa di San Giu).' 토착민들은 이렇게 불렀다. 그러나 기차역의 철도 공지사항에는 산 주세페 (San Giuseppe)를 기리는 마을 축제였다. 바게리아 자체는 깨끗하고 잘 보존되어 있었지만 특별히 매력적인 도시가 아니었고, 19,000명 혹은 20,000명의 거주자들은 성인을 기려 자신과 건물을 장식하기 위해 최선을 다했고, 수천 명의 흥청거리는 사람들이 팔레르모와 전국에서 모여들었다.

코르소의 한쪽에는 두 명의 노동자가 바람개비, 물뱀, 세트 피스 (set piece), 그 외에 폭발물에서 카스텔로 디 푸오코(castello di fuoco, 불꽃 성) 세트와 동시에 길고 얇은 이탈리아 시가를 진열하고 있었다. 내가 도착했을 때 한 사람이 작은 도화낭에 시가의 재를 털어 넣으며 즐겁게 인사했다.

"뭐가 문젠가요?" 내가 뛰어 물러났을 때 그가 물었다. "뭔가가 물었나요?"

"아니요." 내가 천천히 뒤로 걸어가며 대답했다. "하지만 이거 폭발물 아닌가요?"

"맞아요!"

케이크 상점, 달달한 막대 빵, 캔디, 보관된 수박 씨, 견과, 다양한 종류의 열매, 소화불량을 일으키는 패스트리(pastry) 빵이 거리에 가득 차 있었다. 그 주위로 일요일 복장을 한 사람들이 몰려들었다. 회색 머리를 하고 점잖은 다른 사람들은 연석에 쌍을 지어 앉아 있었으며, 일반적으로 뚱뚱한 남성이 우스꽝스럽게 작은 만돌린(mandolin)을 치고 여성이 노래했다. 그리고 카페와 인도의 군중은 손뼉을 치거나 여전히 앉은 상태로 발, 손, 머리로 춤을 췄다. 창고보다 조금 더 큰 포도주 가게에는 축축한 돌에 펼쳐놓은, 매우 깨끗하지 않은 짚 12더미가 있었다.

"외국 분은 잠자리가 필요하신가요?" 주인이 싱긋이 웃으며 물었다. "제일 쌉니다. 선생님. 아주 좋고 하루에 2솔도입니다. 이미 11명이 찼습니다. 소지품을 주의하세요!" 그리고 그는 옷 덩어리와 구석에 묶여 있는 커다란 손수건을 가리켰다. 확실히 음식이 들어 있을 것이다. 이 꾸러미의 주인은 자기 소지품을 짚에 넣어서 잠자리를 확보했다. 나는 친절한 여관 주인에게 감사하며, 초대를 거부하고 지나갔다.

산 주세페에서 유쾌하고 무관심한 사람들이 기도의 집에서 도둑들의 동굴로 들어갔다. 시칠리아인에게 알려져 있는 모든 종류의 도박이 진행되고 있었고, 입구의 한쪽 면에서 진행되는 두 개의 게임은 최대한도로 진행되는 중이었다. 친숙한 숫자를 적는 검은 고무판의 로또, 친숙하고 오래된 셸 게임, 대충 만든 룰렛이 있었다. 교회와 거리 사이의 경사진 광장에 이러한 좌판이 19개 있었는데 이 주위에, 수백 명의 소년과 청년이 있었고, 대부분은 10살에서 12살이었다. 이들은 평균적으로 게임을 1솔도 혹은 1페니로 했고, 최소는 반 솔도, 최대는 4솔도였다.

교회의 정면은 수백 개의 기름통으로 덮여 있었다. 내부에는 임시로 회반죽을 바른 벽이 걸려 있었고, 갈피를 잡기 어렵게 뒤범벅된 야한 색상의 천이 회랑에 매달려 술로 장식되어 있고, 저렴한 벽지처럼 금박 선으로 십자무늬가 만들어져 있었다. 산 지우(성 요셉)의 그림은 커다란 이동식 무대차에 설치되어 신도석의 한쪽에서 남자의 어깨에 걸려 행렬이 끝나갈 때 밖으로 나갈 준비를 하고 기다리며 주변에 18개의 촛불을 세워두었다. 이 그림은 지름이 6인치이며 높이는 6피트 이하인데, 무대차 정면에는 봉헌물이 걸려 있고 판지에 그은 기름이 있는 그림이며 암살자에 의한 베네딕트 주세페(Benedetto Giuseppe)의 죽음을 보여준다.

아이들은 짐수레와 막대와 고무공으로 노는 동안 노인들은 돌바닥에서 무릎을 꿇고 기도하며 어린 소녀들은 낄낄 웃으며 돌아다닌다. 4백 개 이상의 촛불이 교회를 연기와 떨어지는 그을음 조각으로 채웠고, 소용돌이치며 '온 세상'을 안팎으로 편안하고 만족스럽게 채웠고, 성스러운 주세페를 동료로 삼고, 결혼할 때 한쪽에 앉아서 지켜보는 카메라를 든 외국 침입자 등 모두 창조물과 평화를 이룬다.

17

서쪽 해안

팔레르모에서 서쪽으로 가면 철로가 몬테 펠레그리노(Monte Pellegrino) 뒤의 섬을 자르고, 많은 집을 지나 콘카 도로를 가로지르며, 10마일 이전에는 다시 해안과 만나지 않으며, 그 후에 주요 도로가 너무 심하게 패여 있어서 마을에 그에 상응하는 이름—언쇼-어-하우스(Unshoe-a-Horse)—이 붙은 스페라카발로(Sferracavallo)에 도착한다. 이 철로는 약간 떨어진 해안의 가장자리를 따라가는데, 이른 아침의 수역의 오른쪽 풍경은 매우 사랑스럽다. 어부들은 무거운 선박을 진수(進水, launching)할 때 흰 날개가 달린 보트나 그물을 갖고 휙 움직인다. 모든 마을의 해안 지역은 산업의 중심지이다. 그림 같이 아름답고 굉장한 풍경은 한 시간마다 휙 지나간다. 우리는 반짝이는 흰색 모래로 반짝이는 엄청난 벨트를 두른 카스텔라마르 만(Gulf of Castellammare)의 해안의 시니시-테라시니(Cinisi-Terrasini)에서 나왔다. 만에서 과수원과 곡식밭이 언덕을 향해 위로 올라가며, 산으로 가는 겹겹이 피라미드가 안개가 자욱한 거리에서 어둑해지며 푸른색을 띤다.

파르티니코(Partinico)에서 우리는 해안을 버리고 울퉁불퉁한 내륙

242

으로 들어가서 물가 쪽으로 다시 돌아오기 전에 한 마을에서—이 마을은 석유와 포도주 거래가 지대한 영향을 미치는 곳이었다—잠시 멈췄는데, 파더 넵튠(Father Neptune)보다 매력적이지 않았다. 물가 가까이에 다른 마을 발레스트레이트(Balestrate)는 갈대와 잔디가 무성하게 자라는 모래 언덕 사이의 해안을 따라 뻗어 있었고, 이엉으로 엮은 오두막과 열심히 일하는 농부 가족이 있었다. 오래전에 지상에서 사라진 시칸과 시켈의 후손이 있을 수 있는가? 그리고 이 오두막은 좀 더 원시적인 사람들이 사랑하고 먹고 죽었던 원시적인 집과 같은 것이 아닌가? 철을 사용하고 담배를 피운다는 것 이외에 그들은 선조를 넘어서는 것이 없어 보였다. 매우 힘든 세금을 지불하고 병역을 제공하는 것은 그리스 참주의 돈와 사람의 요구에 휘둘리는 것만큼 옳지 못하다.

만의 머리에 철로에서 3마일 이전에 한때 엘리미안 세게스타(Elymian Segesta)의 항구였던 카스텔라마르에 도착했다. 이 마을은 남쪽을 향하고 있고, 피유메 산 바르톨로메오(Fiume San Bartolommeo) 계곡을 올라간다. 주요 공납물은 피유메 프레도(Fiume Freddo, 콜드 스트림[cold stream])이다. 한때 크리미소스(Krimisos) 근처에서 카르타고인과 구원자 티모레온 치하의 그리스인 사이에 놀라운 전투가 일어났다. 카르타고는 그의 솜씨와 활동에 놀라서 성스러운 부대(Sacred Band), 선발된 민방위군을 시칠리아로 보냈다. 크리미소스 근처에서 티모레온은 절망적인 가능성에도 겁내지 않고 11,000명의 그리스인으로 70,000명의 야만인에게 달려들었다. 충돌 직전에 그리스인은 장례식에 사용되는 식물인 셀리논(selinon)을 실은 노새 행렬을 만났다. 더 나빠질 수 있다는 징조였을까? 공포의 분위기가 감돌았다. 그러나 티모레온의 재치는 빠르고 확실했다. 그는 이 식물로 화환을 만들고 왕관을 쓰고, 이스미언 게임에 사용되는 왕관이라고 말했다. 그의 모범으로 인해 안심한 장교와 사람들이 큰소리를 질렀고, 주인이 행진하는 것처럼 자신감이 생겼다. 그 이후 전쟁에서 그리스의 신들이 구원자를 위해 싸웠다. 제우스는 하늘을 어둡게 하고 무서운 번개로 달려들었다. 비와 우박이 카르타고인의 열정을 꺾었다. 천둥으로 귀가 멀고 번개로 눈이 벌었다. 폭풍은 얼굴에 직접 들이닥쳤다. 그리고 그리스인들은 신의 아이기스(aegis) 아래에서 천천히 행진하여 카르타고의 무리를 갈라놓았고, 성스러운 부대를 전멸시켰다.

역사는 1806년 5월 15일에 칼라타피미(Calatafimi) 언덕에서, 다시 사람들의 구원자 주세페 가리발디가 외국의 적과 압제자에게 돌진할 때 반복되었다. 많은 군대가 행진했고 캠프를 치고 언덕과 계곡에서 싸웠고, 우유처럼 하얀 도로의 가루투성이의 먼지가 엘리미인(elymian)과 페니키아인, 그리스와 로마 군단의 발에 푹푹 올라갔다. 그러나 군대가 필사적으로 무장했지만 승리는 단호한 자들 그리고 회색 머리의 선원인 영웅을 따랐던 불멸의 천 명의 공으로 돌아갔다. 그리고 역사 자체는 티오레온과 같은 가르발디가 자신에 대해서는 모든 것을 거부하고 시칠리아를 섬기는 것으로 충분하다고 말했을 때 다시 반복되었다.

카스텔라마르에서 주변에 관심 있는 곳을 모두 운전해서 갈 수 있는 반면에, 기차로는 알카모-칼라피미(Alcamo-Calatafimi)로 가는 것이 더 좋다. 기차역이 주변에 있는 마을은 없었지만 화물은 태워 보낼 수 있었다. 이곳은 여전히 동양적 특성을 지니고 있으며 오래된 사라센 마을인 알카모(Alcamo)까지 4마일 혹은 칼라타피미까지는 6마일

244

이 소요된다. 카스텔라마르로 가는 고속도로를 따라 북쪽으로 직진하면 비극적인 기억으로 가득한 세게스타(Segesta)의 유적이 나온다.

세게스타—그 이후 에게스타—는 두 개의 위대한 엘리미인 도시중 하나이며, 카르타고, 시칠리아 그리스, 아테네 등 목적에 적합하면 아무나와 거래를 했다. 하지만 바로 이러한 연합을 통해 세게스타는 완전히 실패로 끝났다. 사실 세게스타는 자신의 남쪽 해안에있는 먼 이웃인 그리스 셀리누스와 지속적으로 다투었고, 그리하여처음에는 아테네인들이 시칠리아에 참견하게 되고, 간접적으로 아테네와 시라쿠사 사이에 큰 전쟁을 유발했다. 현재 도시에는 엘리미인의 유적이 남아 있지 않다. 불운한 대도시에 남아 있는 것은 그리스와 로마이다.

그리스의 기념비와 유사한 최고의 사원은 아주 높은 고원에서 생겼다. 방심하지 않는 백발의 산에 둘러싸인 제단 위의 빛나는 황금사원이다. 도리아 양식의 구조물의 육중함은 자연의 장엄함과 완벽하게 조화되어, 발에서 굽이치는 사나운 풍경을 통해 광대함과 침묵을 적절히 보여준다. 계시록이 사원의 위치에 영감을 주었고 한 천재가 도시가 있었던 시대가 지난 후에도 여전히 사랑스럽고 더 놀라움을 유지하도록 이를 세웠다.

그리스인들은 정확한 예술적 감각을 가지고 장엄한 풍경이 보이는 위치에 극장을 건축했고, 비록 시라쿠사의 크기의 절반이지만, 세게스타에서는 몇 마일 떨어진 바다 위에서 보인다. 그리고 다른 쪽에서 언덕과 숲의 장엄한 파노라마가 보인다. 마을에 얼마 안 되는 폐허가 된 집들은 아직 드러나지 않았다.

도시의 역사에서 가장 무서운 에피소드 중 하나가 참수 아가토클레스(Agathocles)—그는 즐거운 영혼인 척 가장했지만 사실 마음속으로는 학살자였고, 자신의 주된 여흥거리가 학살이었다!—가 만 명의 거주민을 괴롭히고 학살하고, 소년들과 소녀들을 노예로 팔고, 자신의 식민지 사람들이 도시를 다시 채우고, 이를 디카이오폴리스(Dikaiopolis), 정의의 도시라고 불렀을 때였다! 사실 아가스토클레스는 많은 측면에서 시칠리아가 낳은 가장 인상적인 폭군이었으며, 그의 경력은 현대의 낭만적인 소설처럼 읽힌다. 도공으로 태어나 군대에 들어가서 추방당했고, 시라쿠사로 호출되어 거기서 부유한 과부와 결혼했고, 자신의 삶의 계속된 계획에 실망했고, 대량 살인에 참가했고, 자신을 자격을 갖춘 참주로 내세웠고, 자신의 영토에서 카르타고와 전쟁을 했다.—처음에는 페니키아의 오만한 딸을 적을 통해 은신처까지 추적하기조차 했다. 아가스토클레스는 적의 해골의 왕좌 위에서 기만과 학살로 자신을 높여 자신을 시칠리아의 주인으로 만들었고 17년 이상 권력을 유지했고, 결국 학살자이자 사기꾼으로 끝이 났다. 그러나 대중의 선한 의지를 유지하기 위해서는 항상 어느 정도 관리를 해야 한다.

기차가 칼라타피미에서 성에 보석을 장식하고 높은 곳에 위치한 큰 마을인 오래된 할리시애(Halicyæ)를 지나 카스텔베트라노(Castelvetrano)를 향해 남쪽으로 간다. 카스텔베트라노는 7마일 떨어진 해안의 셀리누스의 유적을 위해 갔다. 이 여행은 원한다면 마차나 말로도 할 수 있다. 셀리누스의 핵심인 아크로폴리스(acropolis)는 비어 있는 껍데기다. 우리의 발아래에 페니키아인과 그리스인의 2륜전차가 덜거덕거리며 다닌 역사적인 도로가 붕괴해가는 잔해에 묻혀 있다. 몰락한 사원, 유적이 있는 큰 언덕은 이 도시가 파괴자 한니발이 자신의 분노를 쏟아붓기 전에 얼마나 크고 얼마나 위대했는지를 조용히 알려준다. 거리와 평야에서 도시의 이름이기도 한 셀리논은 초기 정착자들을 따뜻하게 했던 바로 그 태양을 향해 여전히 위로 솟아오른다.

아크로폴리스의 동쪽 언덕에 세 개의 가장 큰 사원, 거대한 건축물의 유적이 있지만, 부서진 조각이 아니다. 이 엄청난 건물은 황폐화되어도 시칠리아 기념물 중에서 가장 인상적이다. 특히 우리가 그리스 공동체 중에서 이 도시가 첫 번째 혹은 두 번째 도시가 아니었다는 점을 기억한다면 말이다. 그리고 셀리누스의 사원들은 놀라운 메토프—현재 팔레르모 미술관에 있다—를 갖고 있어서 그리스-시칠리아 사원 조각의 발전을 그래픽으로 보여준다. 셀리누스인들은 동쪽 언덕에서 침입자가 들어왔을 때 포에보스 아폴론에게 사원을 세우는 데 바빴고, 그리고 자신의 도구를 떨어뜨리고 직공들은 자신들의 운명을 재촉했다. 이 건축물은 길이 371피트, 너비 177피트이다.—너무 엄청나서 이 건축물의 토대에 높이 58피트 두께 12피트의 거대한 기둥 46개를 세웠다! 한 건축물이 너무 광대하고 거대해도 달걀껍질처럼 붕괴하는 것은 거의 불가능하다. 그러나 이 건물을 파괴한 지진성 충격은 살짝 옆에 있는 거대한 벽과 기둥에 전달되어, 한 번의 큰 진동으로 천재처럼 계획하고 타이탄처럼 수행한 건축가들의 작업이 무효화되었다. 우리는 실리누스가 전쟁의 신뿐만 아니라 강력한 지상의 신들을 어떻게 성나게 했는지 궁금하다. 그리고 지상의 신들이 땅에 충격을 주어 야만인이 시작한 파괴 작업이 완료되기 전에 이 건물이 얼마나 오래 있었을까?

카르타고인들이 작업 시 사원의 건축가들을 일찍 죽게 했다는 사실은 내륙에 약간 떨어진 채석장을 방문하면 알 수 있다. 네크로폴리스에서 강의 서쪽에서 채석장에 도착하기 전에 우리는 사원으로 수송하는 동안 버려진 돌무더기를 계속 통과했다. 이 거대한 구덩이에서는 다양한 작업 단계에서 시간이 무시되는 것처럼 보인다—8피트에서 10피트 길이 및 8피트 두께의 거대한 블록이 있고, 이는 방문자가 사용할 계획에 따라 G라고 표기된 사원의 기둥 몸통에 정확히 해당하며, 분명히 이 건축물을 위한 것이다. 이는 바로 잊을 수 없는 전쟁의 숨결에 대한 객관적인 교훈이며, 말로 표현할 수 없는 비극이다.

셀리누스의 남서쪽에는 푼타 디 그라니톨라(Punta di Granitola)가 있으며, 이곳에 아랍인이 기원후 827년에 한 손에 코란을 다른 한 손에 칼을 들고 상륙했다. 이들은 이 섬을 정복하러 온 마지막 아프리카 침입자이다. 더 들어가면 해안과 철로에 노르만 대성당과 파괴된 성이 있는 마자라(Mazzara)가 있다. 작은 절벽의 북서쪽에는 마르살라(Marsala)가 있는데, 카르타고인 릴리바이온(Lilybaion)의 현대의 후계자보다는 달고 풍부한 보조부로 더 잘 알려져 있다. 마르살라—이 마르사 알리(Marsa Ali, 알리의 항구) 이름은 아랍식이다.—는 그리스인들이 소유한 적이 없었지만 그럼에도 마르살라의 이야기는 생생하고 다양하다. 카르타고의 주요 중심지로서 이 섬의 '야만인 구역'의 패권을 위해 싸우는 데 핵심적인 역할을 했다. 피로스(Pyrrhus)는 이를 포위했으며 30년 이후에 로마가 역사상 가장 고집스럽고 놀랄 만한 전투에서 8년 동안 포위했지만 성공하지 못했다. 결국 로마 시기 동안 이 도시는 '가장 훌륭하다'라고 알려졌으며, 시라쿠사가 동부의 중심지라면 시칠리아의 서부의 중심지가 되었다. 이 도시는 중요한 조선소 및 해군 기지가 되었고, 아프리카에 대한 로마의 전투가 벌어졌다. 오스트리아의 돈 존(Don John)은 터키를 향한 원정을 여기서부터 출발했다.

1860년 5월 11일에 두 명의 작은 기선 롬바르도(Lombardo)와 피에몬테(Piemonte)가 마르살라의 항구에 들어왔는데, 이 기선은 한 주 전에 제노아(Genoa)에서 혁명주의자들이 루바티노(Rubattino) 회사로부터 뺏은 것이었으며, 가리발디와 그의 적색 여단이 상륙하기 위해 살금살금 들어왔다. 부르봉의 순양함에도 불구하고 그들이 칼라타피미를 떠나기 전에, 가리발디는 빅터 엠마뉴엘레 왕에게 시칠리아를 요구하는 유명한 선언서를 발표했다.

물론 대성당, 카르타고와 기독교 무덤, 남아 있는 예전의 벽과 항구, 라토미에(latomie) 등이 있다. 하지만 현재 마르살라는 사실 포도주로 유명하다! 영국인 잉햄(Ingham)와 우드하우스(Woodhouse) 그리고 시칠리아인 팔레르모의 플로리오(Florio)의 설립이 가장 크고 중요했다. 그러나 잘 알려지지 않거나 사업을 크게 하지 않은 수많은 다른 사람들이 있다. 길고, 싸고, 하얀 식품 잡화점이 열려서, '엄마' 포도주를 사용하여 혼합하고 변환하는 절차, 기계를 통한 병입 및 코르크 처리, 라벨링 및 포장, 끝이 없는 큰 통의 행렬, 강한 포도주 분위기를 방문객들이 면밀히 살펴보도록 개방되었고, 이를 한 번도 보지 못했던 사람들에게 개방되었다. 이 모든 것은 특별한 매력을 갖고 있었다. 각각의 시설마다 흥미로운 점이 있었다. 그러나 더 이상 말할 필요가 없다! 분위기, 여러분을 초대한 시험에 유의하라. 포도주를 가장 잘 만드는 국가에서는 열정이 신중함을 넘는다. 그렇기에 포도주에 대한 신중하지 못한 미국인을 당황스럽게 하는 농담은 합법적인 것으로 간주된다. 포도주는 한 모금 혹은 두 모금 품위 있게 마신다. 그러나 스페인의 사촌인 셰리(Sherry)와 같은 마르살라는 취하는 포도주이며 포도주 양조장과 상품 전시실의 풍부하고 무거운 분위기는 즐거운 기억을 따끔따끔한 의식으로 망치지 않으려면 조사관의 주의를 요한다.

마르살라 북쪽의 오랜 항구 주변에 큰 제염소가 있고, 제염소와 트라파니(Trapani) 사이는 45분 이상이며, 이곳은 개인 자본에 의해 운영된다. 왜냐하면 이탈리아 왕실의 독점이 시칠리아로 확대되지 않았기 때문이다. 소금은 섬에서 가장 중요한 수출품 중 하나이며 트라파니에 있는 바다의 염전—카르타고 시절에 드레파나(Drepana)—은 도시를 섬에서 번영한 곳으로 만들어주었다. 멀리서는 더미가 사라센의 침략 군대가 평지에 텐트를 쳐놓은 것처럼 보이며, 기묘한 풍차가 풍경에 독특한 네덜란드의 특징을 더한다. 무거운 소금물은 얕은 굴착지 혹은 '염전'으로 펌핑된다. 시칠리아의 뜨거운 햇빛과 아프리카가 따뜻한 산들바람이 나머지 일을 한다. 물이 증발할 경우 염전이 수정으로 두껍게 코팅되며, 인부가 반짝이는 더미로 삽으로 퍼올려서 이를 보호하기 위해 타일을 덮는다. 조생 성물로 정제하거나 대용량으로 수송하기 위해 소금을 기다린다.

트라파니 자체는 이 섬에서 가장 깨끗하며 가장 번창한 마을 중 하나이며, 물론 시칠리아의 모든 도시의 우애를 증명한 비아 가리발디(Via Garibaldi)가 있다. 실제로 이 마을에는 건축물이나 예술 작품은 대단한 것이 없는 반면에, 그럼에도 불구하고 도시에는 소소한 관심거리가 있고, 중세에서 현재의 빅터 엠마뉴엘레 II세와 가리발디의 조각상에 이르는 다양한 예술 작품이 있다. 이 중에서—대성당,

반 다이크의 십자가에 못 박힌 그리스도, 성가대의 훌륭한 동물 좌석, 템플 기사단이 수세기 전에 경배했던 산트 아고스티노(Agostino)의 기묘한 장식, 산타 마리아 디 게수(Santa Maria di Gesù)에 있는 루카 델라 로비아(Lucca della Robbia)의 대리석으로 만든 마리아, 산 미셸(San Michele)의 기도실에 있는 트라파니의 자손이 만든 17세기의 다색채 나무 조각상, 게토(Ghetto)의 스페다델로(Spedadello)의 기이한 탑을 어슬렁거리며 볼 수 있다. 나무가 그림자를 드리운 수역의 가장자리의 산책길을 따라 어슬렁거리거나 토레 디 리그니(Torre di Ligny) 정도로 트라파니가 바다로 뻗은 '낫(sickle)'(드레파나)의 가장 위까지 멀리 나가보는 것도 즐거운 일이다.

앞바다에 바다의 보석처럼 아름다운 애가디안 섬(Ægadian Isles)이 있다. 18세기 중엽에서 19세기 마지막 분기까지, 이 섬은 제노아의 귀족 팔라비치니(Pallavicini) 가문이 소유했다. 이 섬은 여전히 개인 재산이다. 왜냐하면 1874년 증기선 제작자이자 포도주 재배 농장주인 팔레르모의 시뇨르 플로리오(Signor Florio)가 이 섬에 다채로운 흥밋거리를 추가했고 시칠리아에서 가장 중요한 다랑어 어장의 본사를 만들었기 때문이다.

트라파니에서는 섬의 소유를 두고 싸운 집단 사이의 간헐적인 갈등이 역사적으로 있었지만, 이 전설의 이야기는 더 흥미롭다. 베르길리우스는 트로이가 몰락한 이후 영웅 아이네아스(Æneas)와 트로이인의 도시 설립, 덕망 있는 안키세스의 죽음, 아이네아스가 그의 아버지의 불안한 마음을 기려 제정한 축제를 그려낸다. 이 시인의 원대한 상상력은 영웅을 안개에 싸인 산으로 데려가서, 그의 어머니 아프로디테의 신전에서 경배를 드리게 한다. 이 구름에 싸인 봉우리를 에릭스(Eryx)—힘센 레슬러(wrestler), 부테스의 아들—라고 명명했다. 에릭스는 힘을 시험하기 위해 헤라클레스(Hercules)에게 도전했으며 훌륭한 도둑에게 완패를 당했다, 게리온(Geryon)의 훔친 가축 떼를 쫓아버리는 동안 경기에서 이길 정도로 충분히 오래 멈춰서 산을 상으로 받았다.

역사의 시작과 함께 이곳은 트로이 사람의 후계자라고 주장하는 에리미안이 소유한 것처럼 보였다. 에릭스, 현재 몬테 산 기우리아노(Monte San Giuliano)는 25,000피트로 솟아 있으며, 끝없는 바람을 통해 트라파니에서 도착하지만 돌아갈 때는 오를 때보다 50배로 쉬운 길이다. 협곡의 보라색 그림자를 거쳐, 놀라운 경사의 날카로운 모서리를 따라 바람이 산길을 휘감으며 모든 멋진 꽃과 식물이 있는 평온한 들판이 있고, 곡물, 레몬과 오렌지의 녹색과 금색, 경작지의 적색이 뒤섞인 넓은 구역이 있다. 샌들을 신고 무거운 망토를 걸치고 두건을 쓴 농부와 양치기는 오디세우스나 아이네이드(Æneid)에서 바로 걸어 나온 것처럼 보이며, 물이나 포도주 휴대용 병을 들고 우리에게 유쾌하게 인사하며 지나간다. 우리가 정상에 가까워지면, 무거운 의복의 이유가 낮은 온도에서 명확해진다. 에릭스는 봉우리이며 안개의 도시이고, 지상에서 높이 있는 작은 세계이며, 눈을 뜨고도 보지 못하는 도시에서는 보이지 않으며, 미끄러지는 안개의 촘촘한 흰색만 아래로 보인다. 고대의 벽의 거석 파편과 자연의 벼랑이 혼합되어 또 다른 마을의 벽이 된다. 트라파니의 문, 헤럴드(Herald)의 문, 스워드(Sword)의 문의 입구로 가는 경사진 출입구보다 위에 현재 에릭스에 존재하는 입구는 세 개이며, 오래전에 제단이 부서져 망각되어 버린 사원의 유적과 가장 가까운 마을에서 3만 명의 사람들이 살고 있다.

엘리미언이 주인이었던 시절에, 산은 로마의 비너스와 같은 역할을 하는 여신에게 신성한 곳이었다. 그녀의 엘리미언 이름이 무엇인지 우리는 모르지만 페니키아인이 그리스의 아프로디테와 로마의 비너스를 아스타르트(Astarte)라고 불렀기 때문에 우리는 원래 이름이 무엇이든 사랑과 아름다움과 살림의 신으로 이후의 여신과 구별할 수 있다. 그리고 수 세기가 지나는 동안 그녀의 제단에 희생제물의 피가 허락되지 않았으므로 여성 사제의 이상은 이 신성한 바위 위에 여전히 존재하며 안개 가운데 높이 있다. 이방인이 알지 못하는 여신에게 경배를 드리기 때문에 현재 처녀는 변하지 않는 세월의 희생과 남성의 마음을 내려다보고 있다.

이 마을은 울퉁불퉁하고 불규칙적이며 무감각한 관광객의 마음을 사로잡을 수 있을 정도로 개인적이다. 이곳은 비뚤어져 있고 좁은 도로, 동양식의 진기한 건물이 풍부하다. 여기에 격자를 단 여닫이창은 베일에 가려인 여성과 신비를 암시한다, 저기 있는 아지메즈(ajimez) 창문은 섬세하고 작은 기둥으로 나뉘며, 조각된 기둥 중앙과 회랑의 노르만 및 무어 양식의 조화로운 혼합을 보여준다. 마을에 마음을 뺏긴 사람들은 희극에 나오는 산적처럼 이래저래 활보한다.

잎사귀는 풍부하고 다양하여 마을을 소개하는 책자에서는 사원 내부의 정원에 무성하며 오래된 돌들, 부분적으로 파괴된 성 사이에서 싹이 돋아난다고 설명할 수 있을 뿐이다. 우리는 전설을 통해 다이달로스(Dædalus)보다 못하지 않는 사람이 이를 건축했다고 믿는다. 현재 이 성은 부분적으로는 감옥으로 사용된다. 부서져가는 성채와 커튼, 지붕 없는 홀, 곰팡이가 핀 지하 감옥, 조용한 복도, 황폐한 성곽이 강력한 마법을 자아내어 이 성에서 갑자기 생명이 생성되거나 여신이 사원의 분수에 웃으며 서 있어도 놀랍지 않을 것이다.

이 마을은 도시, 성, 위치로만 스케치할 수 있다. 색상도 세부사항도 너무 결정적이며 정의하기 어려워 한 번에 매력을 그려낼 수 없다. 에릭스를 보라!—여러분이 비행기가 없고 '타거나 걸어야' 한다면 하늘로 가는 멋진 길이 펼쳐질 것이다.

18

안녕, 시칠리아여!

시칠리아에서 모든 도로는 팔레르모로 이어진다. 그리고 그렇지 않다면 여러분은 겨우 다른 곳에 갈 수 있을 것이다. 여러분이 이 도시에 몇 번을 돌아오든 항상 여러분이 놓쳤던 흥미로운 혹은 유익한 것이 있다는 것을 알게 된다. 아마도 그림처럼 아름다운 피아나 데이 그레치(iana dei Greci)의 알바니아 식민지, 혹은 6세기에 그레고리 대제가 설립한 산 마르티노의 베네딕트 수도원, 혹은 해수욕장 주변의 아쿠아산타(Acquasanta) 마을, 혹은 약 5시간 떨어져 있으며 18세기 중반까지 사람들이 해적 때문에 죽거나 도망간 우스티카(Ustica) 섬, 항상—여러분이 도시에서 1년을 보내지 않는다면— 여러분의 눈을 기쁘게 하고 귀를 먹먹하게 할 새로운 축제를 알게 될 것이다. 지루한 하루 이후에 일어날 시간 한참 전에 아침잠을 무례하게 방해받게 된다. 서서히 뒤집고, 뒤집고, 다시 잠을 자려고 한다. 야단법석이 일어난다. 점점 여러분은 하녀를 부르는 소리에 관심을 갖게 되고 왜 관리인 모르페오(Morfeo)의 이름이 나오지 않았는지 물어보게 되고, 소란을 완전히 멈출 수 없을 때 소프트 페달을 누른다.

"왜요!" 소녀가 중요한 사건을 몰랐다는 것에 놀라 소리를 지른다.

"지금 페스타 델라 마돈나 데이 카프리(Festa della Maddona dei Capri)에 가요. 우리는 매년 해요. 모든 사람이 나와요!"

이렇게 들린다! 자려고 해도 소용이 없어서 일어나서 셔터를 연다. 먼지 긴 길을 따라 장엄한 행렬 속에서 소들이 행진하며 꽃으로 에워싸이고 화환으로 장식되어 있다. 그다음 붉은색과 흰색 장미로 된 세 발 편자를 착용한 송아지들이 위로 뿔을 들고 느긋하게 걷는다. 성자의 향기가 아니라면 적어도 정확한 향기를 내뿜는다. 다른 소들은 녹에 색칠한 나무 포크 칼라(poke-collar)*를 하고 꽃무늬 편자에 놓여 있거나 그저 꽃으로 된 끈을 쓴다. 그러나 점잔 빼는 염소는 이 놀라운 행진에서 가장 웃기는 구성원이다. 왜냐하면 염소는 꽃다발에 전선과 파편이 뿔에 꼬여서 부착되어 있다. 때때로 모두 뒤에 힘들게 비척비척 걸으며 역겨움과 피로함을 푸념한다.

이들 앞에 '밴드'가 행진하는데, 이들은 모든 방식의 악기, 바람, 줄, 놋쇠를 다루는 아마추어 연주자의 조직이다. 다행스럽게도 우리는 이 독특한 축제 행렬을 아침에 보았다. 나는 사진을 찍고 싶었으나 타오르미나에서의 경험 때문에 사진 찍기가 꺼려졌다. 그때 아아! 장식한 동물들이 모두 옆에 지나갔고, 나는 어머니 같은 소로 만족해야만 했다. 나는 가능한 느리게 사진을 찍었고, 작은 송아지에게 5분 동안 휴식 시간을 주었다.

팔레르모 주변에서 목장을 본 사람은 빈약한 짐승의 우울한 분위기에 놀라지 않을 수 없을 것이다. 여러분이 도시의 성녀, 로잘리아의 사원을 방문하려고 할 때 몬테 펠레그리노의 경사에서 들판을 찾을

---

* 셔츠 옷깃이 돌출된 디자인의 싱글 칼라.

수 있을 것이다. 필그림의 작은 산은 항상 이 이름을 갖고 있었던 것이 아니었다. 사실 이름을 갖게 된 것은 1624년 흑사병 이후였다. 그전에는 헤르크테(Herkte) 혹은 헤어크테(Hertke)였다. 기원전 248년에 카르타르인 하밀카르가 팔레르모의 로마인들을 확인하기 위해 헤르크테에 캠프를 켰고, 그의 배고픈 군인들을 먹이기 위해 곡식을 들판에 키웠다. 산에는 여전히 얼마 안 되는 경작된 들판이 있다. 지금 약간 멀리서 보면 펠리그리노는 더 벗겨진 것처럼 보이지만 대규모의 가축을 힘든 노동을 통해 잔대와 목초에서 수확하여 그럭저럭 꾸려나갈 수 있다.

펠레그리모의 윗경사와 산타 로잘리아의 작은 동굴을 방문하는 것은 콜로세움이 로마의 일부인 것처럼 팔레르모의 일부에 불과하다. 그러나 팔레르모의 다른 여행들처럼 쉽지 않다. 왜냐하면 경사를 오르는 것은 마차와 협상을 할 수 없기 때문이다. 네 발로 혹은 두 발로 걸어 올라가야 한다.—대부분의 사람들이 네 발로 걷는다. 떠들썩한 동키보이(donkeyboy)들은 피아자에서 기다리고 자신들의 짐승의 장점에 대해 "고함치는 반면 당나귀는 체념한 분위기로 짐을 쳐다본다. 대부분의 안장은 중세식이며, 그 위로 카펫이 깔려 있어서 요셉의 유명한 코트처럼 보인다. 운이 좋은 방문자 혹은 아침이나 점심 이후에 충분히 일찍 시작한 사람들은 좀 더 일반적이며 편안한 안장을 고른다. 그렇지 않으면 벽난로의 선반에서 먹거나 그 후에 먹어야 한다!"라고 소리친다.

언덕까지 올라가는 도로는 그림처럼 아름답고 낭만적인 도로일 뿐만 아니라 화려한 공사의 결과물이다. 어떤 라틴 사람들이 엄청난 비용으로 단순히 순례자의 편의를 위해 사원으로 가는 길을 구축하고 이를 비아 알 산투아리오(Via al Santuario), 성소로 가는 길이라고 불렀을까? 부분적으로는 산의 단단한 바위 때문에, 부분적으로 아치형 다리 때문에, 짧게 정확한 각도로 위로 도약할 수 있다.

피아자 팔데(Piazza Falde)에서—팔데(falde)는 이탈리아어로 옆구리 (flank)을 의미한다.—2백 혹은 3백 야드 지속되는 쉬운 오르막길로 위로 올라갈 수 있다. 그러나 세 번째로 이곳을 돌면, 갑자기 20도 경사가 생기며 더 이상 수평이 아니게 된다. 정말로 등반이, 그리고 풍경이 시작된다. 팔레르모, 콘카 도로, 아래의 바다, 뒤의 산이 늘 변화하는 영화의 필름처럼 돌 때마다 나타났다 사라진다. 일본인은 이렇게 말한다. "두 가지 종류의 바보가 있다. 후지 산을 올라가보지 않은 바보와 후지 산을 두 번 올라가는 바보." 이 속담은 펠레그리노에 완벽하게 적용된다. 여기를 한 번 여행하지 않는 것은 실수지만 두 번 여행할 필요는 없다. 왜냐하면 당나귀 등에서 지그재그로 된 도로를 올라가면서 본 그림 같은 풍경을 절대 잊을 수 없기 때문이다. 작가가 위로 올라갈 때 미니어처의 행진을 본 사람들은 모두 웃을 것이다. 우리 셋, 짐승, 소년, 남자는 세르반테스가 보면서 웃었던 것을 보았다. 튼튼한 곤봉을 장비하고, 통통한 소년은 산초 판사에게 잘 대답했다. 목표 대신에 내 어깨 위의 카메라와 삼각대 다리로, 나는 돈 키호테처럼 했다. 그리고 충실한 당나귀는 목 위로 긴 귀를 펄럭이는 로시난테의 미니어처 복제품이었다.

오르막에 더 경사진 부분에 대해 동물이 짖을 때 다른 소년들처럼 짐승을 때리는 대신 '산초'는 앞으로 살짝 뛰었고 짚통에서 한 줌을 꺼내서 산으로 가는 길에 떨어뜨렸다. 그가 한 줌을 들고 유혹하듯 사료를 쥐고 소리 질렀다. "아아아아아아-아-아!" '로시난테'는 콧김을 내뿜고 코를 쿵쿵거리고, 갑자기 도로로 '돈 키호테'를 미끄러지듯 지나가 맛있는 음식으로 빠져나갔다. 한 번에 한 입씩 주었고, 길에서 가장 힘든 부분은 불지 않고 때려서 빠르게 지나갔다.

"모든 동키보이가 이렇게 하니?" 진행 과정의 자비로움에 놀라서 물었다.

"산초는 그렇게 해요." 그는 솔직하게 대답했다. "오, 아니요. 제가 유일해요. 저는 새로운 당나귀를 살 여력이 없어요. 그래서 당나귀를 못 쓰게 되면 어떻게 펠리그리노의 포레스티어리(forestieri)로 데려다 드릴 수 있겠어요? 다른 소년들은 당나귀를 때려요. 맞아요! 하지만 그들은 조금 뒤 새로운 당나귀를 얻을 수 있죠!"

도랑과 틈을 넘어서 오르막길의 도로를 유지하는 긴 구름다리 위에서, 길이 중단되었다. 바위의 경사에서는 스위스 소가 바위를 노려보았다. 여분의 잔디가 떨어지면, 열심히 일한 소는 뭉우리돌에서 방향을 바꾸어 큰 돌의 아래에 달려 있는 작은 달팽이를 조용히 먹기 위해 공격한다. 나는 여기서 나를 보았다. 소는 어려운 시간을 보내고 있다. 매일 아침에 도시 밖으로 터벅터벅 걸어나와 하루 종일 바위 사이에 있는 것을 보고, 밤에 내려와 집집마다 우유를 짠다.

그러나 염소는 더 어려운 시기를 보내고 있다. 어떤 사람은 매일 아침 바로 산의 정점이 있다. 이들은 저녁에 여행에서 무엇을 해야 하는지 생각하지 않고 전신 및 수기 기지국와 반대로 기어 올라간다. 무거운 가방을 짊어지고 마을에 돌아오면 주인이 무자비하게 계단으로 올려서 게으른 고객들에게 줄 튼튼하고 풍부한 젖을 짜게 한다. 비아 델 산투아리오의 상단 근처에는 지붕이 없는 크로체 채플이 있다. 여기서 매년 수도원의 사제가 아래의 골든 쉘, 녹색과 금색의 바다를 볼 수 있는 곳에 서서, 지난 계절 동안의 풍요에 감사를 드리고 다음 해에도 계속 이어지도록 천국에 간청한다.

산타 로잘리아 채플은 우울한 동굴이며, 팔레르모에서 귀여운 소녀가 삼촌의 유혹에서 빠져나와 도망 온 곳이다. 그녀는 신비하고 흥미로운 인물이다. 그녀는 공작 시니발도의 딸이자 윌리엄 왕의 질녀이다. 어떻게 그녀는 이제까지 자라왔던 정교한 문명의 편리함과 호화로움을 버릴 수 있었을까? 그리고 이 물이 떨어지고 차가운 공기가 올라가면 박쥐와 작은 산동물만 안식처를 찾는 종유석 동굴에 올수 있었을까? 로잘리아가 여기에 숨어서 얼마나 오래 버텼는지는 아무도 모른다. 하지만 그녀의 사망일은 약 1170년으로 보인다. 그녀는 1624년에 일부 뼈가 동굴에서 발견될 때까지 평화롭게 잊혀 있었다. 흑사병이 창궐했을 때, 도시가 공포에 빠졌을 때 뼈를 대성당에 가지고 오니 흑사병이 멈추었다. 이 우연의 일치는 너무 충격적이어서 무시할 수 없었다. 그래서 그녀는 로발리라는 성자의 반열에 올라서 도시의 수호자로 임명되었다. 왜냐하면 사람들에 대한 그녀의 영광스러운 개입이 있었기 때문이다.

팔레르모는 십자군에서 현재에 이르기까지 극적인 종교적 열정으로 채워져 있으며, 모든 팔레르모 사람은 그녀가 죽은 작은 동물의 벽감 앞에서 경배를 드리고자 한다. 연이은 기적이 일어났다. 현재 전 도시는 종교적이든 아니든 이 여성 성인에게 헌신하며, 대성당의 보물로 보관된다. 단단한 은색 기념물은 무게가 14,000파운드 이상 나간다. 매년 그녀의 축제가 축하되며, 신자들의 환호 속에서 거리에 울려 퍼진다. 성인의 유품은 동물의 뼈일 뿐이라는 과학자들의 정보에 주의를 기울일 필요가 없다. 앤드류 화이트(Andrew D. White)는 『과

학과 신학의 전쟁사』라는 책에서 이렇게 말했다. "골학자이자 지질학자인 부클랜드 교수는 팔레르모의 로잘리아의 유골이 오랫동안 질병을 치유했고 전염병을 막았다는 것을 발견했을 때, 이것이 염소의 뼈라고 하더라도 이 사실이 기적의 힘을 축소시키지 않는다." 확실히 현재 이러한 이야기를 하는 사람에게 귀를 기울이는 사람들은 없다. 이단적인 미국인조차 '과학적' 태도는 이해하기 어려운 것이다.

결국 채플은 산 위에 작은 동굴의 가장 자리에 인공 벽을 설치하고 완전히 둘러싸여졌다. 정문 외에는 외부 부분에 지붕이 없다. 그래서 햇빛이 입구와 성가대석 사이의 바닥으로 들어오며, 즐거운 분위기를 준다. 멋진 흑색 철제 장막이 내부 동물과 외부 안마당을 나눈다. 자연스러운 바위 지붕은 신비하고 환상적이며, 종유석 펜던트로 덮여 있고, 알칼리성이 높은 물로 인해 갈색과 녹색 그림자로 채색된다. 그리하여 장식이 파괴에서 보존되었다. 채플 뒤에는 멋진 하얀 대리석과 모자이크 제안이 있고, 정면 근처에는 유리 케이스로 싸여 있다. 대리석 막대 사이로 깜빡거리는 작은 초의 빛으로, 내부의 이미지가 조금씩 어두워진다. 머리와 손은 대리석이며 의복은 금박이다. 그녀는 자연스럽게 자고 있는 것처럼 보이며, 18살 혹은 20살로 보이고, 머리를 편하게 베개에 놓고 입출을 벌리고 있다.

반대편 벽에는 뼈를 놔둔 벽감을 표기한 흰색 대리석에 다음의 문구가 포함되어 있다.

VT QVO LOCO, ET SITV D. ROSALIAE SACRVM CORPVS
ADMIRABILI OPERE LAPIDEIS THESIS INSERTVM
ANNOS FERME CCCC DELITVERIT,

*QVOD MAIORES NOSTROS LATVIT, NOBIS DIVINITVS
INNOTVIT
POSTERI NON IGNORARENT:
IPSIVS EXPIRANTIO IMAGO VBI IACVERAT SITA EST:
ARA SUPERIMPOSTA ANNO IVBILAEI M DC XXV*

모든 외국인이 돈을 가지고 있다. 왜 그들은 돈을 내는가? 이것이 이탈리아인의 논리인가? 시칠리아를 제외한 모든 곳에서 이는 불합리하다. 예를 들어 누더기 옷을 입은 사람이 염소젖을 주문하기 위해 16센트를 나한테 지불했다.

"산초." 그 거리는 있는 그대로 웃음거리로 간주되었다. "박카스에 따르면 모든 외국인들은 바보에요!" 그는 말했다. "왜 당신은 저에게 당신을 위해 이것을 가져가라고 말하지 않나요? 나는 4센트에 당신이 원하는 모든 것을 할 수 있어요!"

그러나 그가 '산초'를 관대하게 철학화했지만 나는 일상적인 감사만으로 말했다.

하루 뒤에 우리는 이 섬을 두고 떠나야 한다는 것을 슬퍼하며, 마지막으로 네 개의 바람의 장소로 가서 아름답고 작은 마르코 폴로 선박을 통해 출국하기로 했다.

부두에서 눈물과 웃음이 있었다. 대중들의 수가 점점 늘어났고 친구들을 전송하는 건널 판자에 공간이 거의 없어졌다. 구불구불한 굵은 밧줄이 비틀렸고, 우리는 항해하기 시작했다. 그러나 마지막 순간에 네 개의 바람의 공간에서 소리를 질러 우리를 멈춰 세웠다. 회색의 커다란 자동차가 굴러왔다. 상당히 젊은 사람이 건너야 할 판자에 올라왔고 여성은 소리를 지르는 반면 남성은 웃었다. 그의 두 명의 동행은 1초 동안 갑판에 있었다. 자동차가 사라지는 동안 스크류가 다시 회전하기 시작했고 하얀 마르코 폴로는 밤을 향해 미끄러져 갔다. 우리는 조용히 항구를 출발했다. 이제 춤추는 빛이 점으로 뒤덮였다. 바위에서 900피트 뜬 곳에 산타 로자리아의 조각상이 무릎을 약간 구부리며 절을 하고 있었다. 언덕 외부에 음영진 주머니에서 작은 덩어리의 밀이 몰려왔다. 다시 바다에 있었다. 지중해가 우리의 발밑에 있었고, 콧구멍으로 기분 좋은 소금기를 들이마셨다.

소년이 저녁 노래를 부르며 우리에게로 와서 갑판에서 냠냠거리며 음식을 먹는다. 우리는 그를 마음에 두지 않았다. 우리의 귀에는 다른 후렴구가 요동치는 것처럼 들렸다.

당신은 세상의 정원, 집에 있네
모든 예술은 산출해내거나 자연은 명령하네.
당신의 사막에서 당신은 어떤가?
당신의 잡초는 아름답고, 당신의 쓰레기는
다른 지역보다 더 비옥하네,
당신의 좌절된 영광이여, 당신의 파괴된 미덕이여
패배할 수 없는 완전한 매력이여.

시칠리아 풍경 지중해 번역 시리즈 7

초판 1쇄 발행 2015년 6월 30일

지은이 아서 스탠리 리그스
옮긴이 김희정
펴낸이 강수걸
편집장 권경옥
편집 양아름 문호영 정선재
디자인 권문경 박지민
펴낸곳 산지니
등록 2005년 2월 7일 제14-49호
주소 부산광역시 연제구 법원남로15번길 26 위너스빌딩 203호
전화 051-504-7070 | 팩스 051-507-7543
홈페이지 www.sanzinibook.com
전자우편 sanzini@sanzinibook.com
블로그 http://sanzinibook.tistory.com

ISBN 978-89-6545-304-8 03920

*이 저서는 2007년 정부(교육과학기술부)의 재원으로 한국연구재단의
지원을 받아 수행된 연구임(NRF-2007-362-A00021)